「コロナ危機」を
乗り越える
将来社会論

楽しく、やさしさへ

鈴木 敏正

筑波書房

はしがき

　われわれは今、パンデミック＝「コロナ（COVID19）危機」の渦中にある。この「はしがき」を書いているのは、日本では新型コロナウィルス感染の「第2波」が始まりつつあると言われている最中、国民の多くが反対しているのを押し切って、東京都を除く全国いっせいの「Go To トラベル」事業が前倒しで始まる前日（7月21日）である。必要なデータに基づく根拠も十分な予防対策も示されていないのに、生命・健康より経済を優先するのか、1.7兆円もの税金にはもっと違った使い方があるのではないのか、そもそも大手と中小零細の格差と地域的差異がある観光業の再建に効果があるのか、コロナ禍の下でこの事業そのものがどの程度広がるのか、そして見切り発車の泥縄的制度の問題など、マスコミでも大きな問題とされている。

　すでに「第1波」の経験から、21世紀のIT不況やリーマンショックをも越え、世界恐慌（1929年）に次ぐ、戦後最悪の経済縮小と失業・半失業者の増大が予想され、にもかかわらずその対策をめぐって政治的混乱と国家間対立の中にあるのが現状である。国際的連帯が求められているはずなのに、米中対立にみられるように、相互協力とは真逆の動向がある。感染収束への鍵を握るとされるワクチン開発においてさえも、グローバル企業の開発競争や自国中心主義の「ワクチン・ナショナリズム」が取り沙汰されている。世界に広がる「権威主義的ポピュリズム」の一環としての官邸主導国家・日本では、政策的・行政的対応の立ち遅れ、実態把握の不十分さ（PCR検査数の絶対的少なさ！）、地方自治・住民自治や科学者・専門家（「専門家会議」や「分科会」が本来の専門性を発揮してきたのかも問われるが）を軽視するトップダウン的・官僚主義的対応の限界が目立っている。

　進行中の「コロナ危機」は、経済的グローバリゼーションに対応した「グローバル国家」戦略が抱えてきた諸矛盾の反映とも言える。市場化・民営化・「選択と集中」を進めてきた公的保健・医療体制あるいは社会福祉施設が危機的状況になったことが、端的な例である。危機対応を口実にした国民動員、デジタル技術を利用した国家的・企業的統制の側面も現れてきている。もちろん、そ

れらに対する批判も展開されつつあるが、こうした動向を乗り越えていかなければ「コロナ後社会」の展望は拓けないであろう。「コロナ危機を乗り越える将来社会論」が求められる所以である。

　「新型ウィルス」は、自然と人間との物質代謝の撹乱＝環境問題（人間内の問題＝生命・健康問題を含む）の現れであり、人間にとっては「自然の反乱」と見ることもできる。人間の内的・外的自然の中に遍在するウィルスとは、本来「共生」することが自然的存在としての人間のあり方であろう。しかし、経済的グローバリゼーションに伴う経済的開発、多国籍企業とくにアグリビジネスなどによる自然生態系破壊が、その「自然の反乱」＝開発原病をもたらし、急激化・深刻化させた。そもそも守るべき「経済」とは何かが問われ、あらためて「脱成長」論の主張がなされている。中世のコレラや第一次世界大戦末期のスペイン風邪などに立ち戻らなくとも、エボラ出血熱や新型インフルエンザ、SARSとMERSなど、21世紀の感染症の経験もあり、それらが引き起こす世界＝ディストピアの予測もあった。そうした経験をどう活かすか。グローバリゼーションがもたらした「人類連帯」の可能性、それをどう現実化して、「エコロジカル」な将来社会への道を切り拓くことができるのか。感染の始まった中国や感染者・死者数が最大のアメリカとブラジルなど、自国第1主義と覇権主義が支配的な現代世界の政治的状況を克服する国際連帯、あらためてWHO・国連の役割も問われている。

　本書は、教育学を含んだ社会科学とくに「実践の学」としての社会教育学の視点から、「コロナ後社会」に向けた「将来社会論」について提起する。本来、教育学は将来社会論としての側面をもっている。教育の近未来像は、良かれ悪しかれ「教育計画」に具体化される。教育基本法「全部改定」（2006年）以降の日本の教育の政策的近未来は「教育振興基本計画」に現れているが、「第2期教育振興基本計画（2013-2017年度）」では東日本大震災後の「危機対応」が前面に出ていた。しかし、現行の「第3期教育基本計画（2018-2022年度）」では、AIやIoTとビッグデータを前提にした「Society 5.0」という未来社会像が中軸となっている。もちろん、計画はあくまで計画であり、具体的な政策はそれぞれに対応した政策理念・教育理念を前提にした国家的な政策として進められている。

　「コロナ危機」への政策対応は危機管理国家的性格をもつが、21世紀におけ
る日本の基本的政策理念は「新自由主義プラス新保守主義＝（対米従属のもと
での）大国主義」であり、現政権はそれらに支えられた「権威主義的ポピュリ
ズム」の傾向を強めている。経済的グローバリゼーションの下での経済成長を
最優先させるそうした政策（アベノミクス！）が、一方でグローカルな環境問題、
他方で格差・貧困・社会的排除問題を引き起こし、その結果としての「コロナ
危機」の深刻化をもたらしている。将来社会は、そのような権威主義的ポピュ
リズムに抗して現代的民主主義を具体化するために、すべての大人と子どもが
情報を得て、事実を知り、問題と課題、対応する術を考えることができる「現
代的学習権」を保障することから出発しなければならないであろう（本書序章）。
　もちろん、いかに21世紀の今日的状況をふまえるとしても、教育や学習の
権利を主張するだけでは現実は変わらない。まず、これまでの「教育」の枠を
超えた社会構造（政治的国家、市民社会、経済構造）、それを支える自然－人
間関係の全体を視野に入れた「最広義の教育学」の視点が必要であろう。その
上で、課題解決に向けた社会的実践、とくに21世紀の「民主主義と教育」を
具体化する社会的協同実践の展開をふまえ、パンデミックとしてのコロナ危機
に対応できるような、グローカル（グローバルにしてローカル）な市民性形成
の課題が明らかにされなければならない（第Ⅰ編）。
　将来社会論は、これらをふまえて初めて考えることができる。しかし、これ
まで将来社会論はユートピア論やディストピア論として議論されることはあっ
ても、また教育活動や教育計画に事実上含まれていたとしても、明示的に位置
付けられ、その現代的意義が正面から検討されることはなかった。あらためて、
コロナ後社会を念頭においた、近未来への将来社会論が検討されなければなら
ない（第Ⅱ編）。それを現実的なものにするためには、新しい理念や論理に基
づくというだけでなく、現場の具体的実践において見られる「すでに始まって
いる未来」から学び、それらを発展させるものである必要がある。本書ではそ
のために、「持続可能で包容的な（誰もが安心して暮らし続けられる）地域社会」
づくりを進めている北海道の実践例を紹介し、ともに考えることにしたい（第
Ⅲ編）。

　われわれが求める近未来の将来社会は、少なくとも冷戦体制崩壊後の経済的
グローバリゼーションがもたらした「双子の基本問題」、すなわちグローカル
な環境問題（自然－人間関係）と格差・貧困・社会的排除問題（人間－人間関係）
を克服する「持続可能で包容的な社会」である。「コロナ危機」には両問題が
集中的・集約的に現れ、より深刻化している。移動の制限と経済活動の縮減が
思わぬ CO_2 削減をもたらし、「グリーン・ニューディール」から「脱成長」の
未来への期待を膨らませつつある一方、「コロナ禍」の厳しさは職業的・地域的・
階層的に弱い立場にある人々に集中して現れている。

　「コロナ危機」にあたって、事実も科学的根拠も理念もない説明、そもそも
国会を閉じ、まともな記者会見すらしない日本の首相の姿勢が、丁寧な説明を
する他国の（とくに女性の）リーダーの対応と比較された。とりわけドイツの
メルケル首相の 3 月 18 日の演説は、「国民それぞれの知識の共有と協力によっ
て成り立つのが民主主義」だという基本をふまえた一時的措置としての対応策
説明で、首相への国民の信頼を高めるものとなった。「コロナ危機」に際しては、
何よりもまず、近代以降積み重ねられてきた基本的人権に基づく民主主義の価
値を切り下げるものであってはならない。

　その際、ユネスコ成人教育会議の「学習権宣言」（1985 年）が言うように、
学習権が「人権中の人権」であり、「人々がなりゆきまかせの客体から、みず
からの歴史をつくる主体に変えるもの」であることを再確認する必要がある。
その上で、21 世紀的な学習権の発展が考えられなければならない。国連の
21 世紀教育国際委員会報告『学習：秘められた宝』（1996 年）は、その教育原
則で「生活全体をとおした学習 learning throughout life」を提起し、それま
での「知ることを学ぶ」と「なすことを学ぶ」に加えて、「人間として生きる
ことを学ぶ」と「ともに生きることを学ぶ」を 21 世紀的学習だとした。いま「コ
ロナ危機」下にあって、まさにこうした学習が求められているのである。

　「新型コロナウィルス」とは何か、それはなぜパンデミックを引き起こした
のか、日本での感染の実態、自分たちの地域はいかなる状況にあるのか。さら
に、政府・行政の対応はなぜこれほどにまでチグハグで立ち遅れているのか、「緊
急事態宣言」や「新しい生活様式」提案の根拠は何か、それらとは別に自分た
ちでできることは何か。「知る権利」を具体化し「なすことを学ぶ」ことから

始まって、この危機の中で「人間として生きること」と「ともに生きること」を考えながら、その先に「持続可能（エコロジカル）で包容的な（誰をも排除しない）社会」をどう構想するのか。「ともに世界（将来社会）をつくる学び」が求められているのである。まず、他者を遠ざけ排除しないこと、すなわち人間と自然に“やさしさ”を持って親密に接することである。これまで環境にやさしくすることや、子どもをはじめとする社会的弱者にケアリング・マインドで接することの重要性が主張され実践されてきたが、いま必要なことは“やさしさ”の文化を育て、「やさしい社会」を創造することである。そのためには最も人間的な実践に立ち戻って考え直さなければならない。

　本書第8章で具体的に述べるように、最も人間的で楽しい実践とは諸個人の「自己実現と相互承認」である。自己実現を目的とするのが自己教育、相互承認を目的とするのが相互教育である。「国民の自己教育・相互教育」を本質としてきたのは、戦後日本の社会教育であった。両者は不可分でありながら相互に緊張関係が存在するから、両者を意識的・実践的に統一する活動（自己教育主体形成の実践）が必要である。これらを含む広義の自己教育活動が一人ひとりにとって「生活の第一の本務」となるような社会、16世紀のトーマス・モアから20世紀のウィリアム・モリスやルイス・マンフォードまでが提起してきたユートピアを実現する社会、それこそ「持続可能で包容的な社会」の先の将来社会として考えることができるのではないか。

　本書では、「生活の（社会）教育化」「（社会）教育の生活化」によって「自己実現と相互承認を統一する人間的実践」、21世紀的には「生活全体をとおした学習」によって「人間として生きること」と「ともに生きること」を主流化し、「やさしい社会」を創造していくことが、そのような将来社会への道につながると考えている。忘れてならないことは、人間は自然的存在であり、「ともに生きる」相手には自然を含めて考えることが今日的課題となっていることである。“やさしさ”は学校の理科教育実践でも求められている（たとえば、露木和男『「やさしさ」の教育――センス・オブ・ワンダーを子どもたちに――』東洋館出版社、2019）。

　筆者は4年前、本書と同じ筑波書房から『将来社会への学び―― 3.11後社会教育とESDと「実践の学」――』を上梓している。副題に見られるように、

社会教育学の立場から、東日本大震災の経験をふまえて将来社会に向けた学びのあり方を考えたものである。本書はその成果を引き継ぎながら、「『コロナ危機』を乗り越える将来社会論」を提起する。

　将来社会論は本来、当該社会の過去の遺産を踏まえて、現在生きている社会を批判的・反省的に捉え直し、未来のあるべき社会像を提起するものである。そのことを考えるためには、旧来の教育学や関連する諸社会科学、そして、すでに存在する多様な未来社会論を批判的に再検討し、具体的な実践の中に「すでに始まっている未来」を探ることが必要である。しかし、「コロナ危機」は現在進行中であり、「コロナ危機」そのものの中に将来社会像を探る本格的作業は次の課題としなければならない。本書では遠回り、あるいは焦った先回りになるかも知れないが、将来社会論（第Ⅱ編）についての提起をすることにした。その前に現代民主主義論（第Ⅰ編）を置いたのは、将来社会は民主主義の徹底・進化の先に展望できると考えているからである。その後に「誰もが人間らしく暮らし続けられる地域づくり」に向けた実践例を紹介（第Ⅲ編）しているのは、「コロナ危機」以前から展開されてきたそうした活動の中に「すでに始まっている未来」を見ることができると確信しているからである。

　もちろん、本書はどの編のどの章から読んでいただいても構わないが、新型コロナウィルス感染そのものに強い関心がおありの方は、「あとがき」で「コロナ危機」をめぐる諸議論との関わりで本書をまとめてみたので、こちらを先に読まれてから興味のあるところをご覧になっていただけたら幸いである。

2020 年 7 月 21 日　札幌の自宅にて

鈴木　敏正

目次

序章

権威主義的ポピュリズムに抗する民主主義と「現代的学習権」

はじめに

　「コロナ危機」のもとで、健康・生命の維持と経済発展のディレンマにどう対応するか、日本の民主主義の成熟度が問われている。しかし、「ポスト真実」や「イリベラル（反リベラル）」、そして「自国第一主義」や「異質の排除」が跋扈する権威主義的ポピュリズムの世界的広がりの中で、「民主主義の危機」が叫ばれてきた[1]。権威主義的ポピュリズムは、科学的・理性的対応が求められる新型コロナウィルス対策を困難にさせ、それぞれの国内における社会的・政治的対立を深めるだけでなく、それらの国際的相互排除・対立は、パンデミックを乗り越える地球レベルの連帯が強く求められていることにまったく逆行するものとなっている。

　この序章では、こうした時代における民主主義再生の課題をふまえながら、各人が人間らしく生きていくために、問題と置かれている状況を知り、課題解決の手立てを考えていく学びの必要性を出発点に考えたい。その際に、「学習の自由」を守るだけでなく積極的に発展させていくために、「人権としての学習権」の今日的展開論理を提示する。とくに権威主義的ポピュリズムの基盤となっている「新自由主義＋新保守主義＝大国主義」の理念を批判しつつ民主主義を再生するためには、戦後日本の憲法・教育基本法・社会教育法体制が前提としてきた教育権・学習権の論理を、「第3世代の人権」以降の現代的人権の展開をふまえつつ、「現代的学習権」としてより豊かに、新たに発展させてい

（1）中谷義和ほか編『ポピュリズムのグローバル化を問う―揺らぐ民主主義のゆくえ―』法律文化社、2017、水島治郎『ポピュリズムとは何か』中公新書、2018、樋口陽一『リベラル・デモクラシーの現在―「ネオリベラル」と「イリベラル」のはざまで―』岩波新書、2019など。

2

くことが必要だと考えるからである。

第1節　権威主義的ポピュリズムと「民主主義の危機」

　まず、「権威主義ポピュリズム」時代の「民主主義の危機」の動向を確認し、それに対する「民主主義再生」、そのために必要な社会教育・生涯学習、とくに市民性教育の今日的課題について述べておこう。

　政治的なポピュリズムには右派だけでなく左派のものもあるが⁽²⁾、今日の「権威主義的ポピュリズム」は、経済的グローバリゼーションを背景にした「新自由主義＋新保守主義＝大国主義」の政策理念による右派的なものが支配的である。それは、移民・難民問題を契機とするヨーロッパ（EU を離脱する英国を含む）や開発独裁的な発展途上国、とりわけ米国トランプ政権に代表されるように、理性よりも情動に訴えるプロパガンダを伴い、市民社会にも広がる「ポスト真実」や「イリベラル」、そして「自国第一主義」や「異質の排除」といった特徴をもつ。もちろん、それには反発する動きもあるが、政治的・社会的・文化的な分断と分裂が社会問題化しているのが現状である。小選挙区制による一強的政治体制、強権的な官邸主導型政治運営、もっぱらトップダウンの行財政改革、そして事実と真実の隠蔽、公文書秘匿・改竄と忖度の官僚制⁽³⁾などによって権威主義化が進み、民主主義の劣化が問題にされている日本も例外ではない。

　戦後日本の教育は、平和で民主的な「国家及び社会の形成者」の育成を目的として掲げてきた（新旧教育基本法第1条）。しかし、戦後改革期はともかく、1950年代の「逆コース」以降、必要となる主権者教育や政治教育、あるいは市民性教育の積極的位置付けはなされてこなかった。最近の公的社会教育においては、むしろ、政治的なテーマ、とくに現政権を批判するようなテーマを取

（2）C. ムフ『左派ポピュリズムのために』山本圭・塩田潤訳、明石書店、2019（原著2018）。左右のポピュリズムへの批判については、S. ジジェク『絶望する勇気』中山徹・鈴木英明訳、青土社、2018（原著2017）、第6章。ムフ（およびラクラウ）の民主主義論については、本書第3章第1節。
（3）新藤宗幸『官僚制と公文書—改竄、捏造、忖度の背景—』ちくま新書、2019。

り上げる学習は避けられ、むしろ公共的諸施設の利用から排除されるような行政的動向すら見られる。権威主義的ポピュリズムのもとでの「忖度」政治・行政と、教育・文化行政における専門性理解の希薄化がその背景にある。

　現代先進国の国家は、法治国家・社会国家（福祉国家、日本の場合は開発国家）・企業国家・危機管理国家・グローバル国家の重層構造をなすが、政策理念としてはそれぞれ、自由主義 vs 人権主義、改良主義 vs 社会権主義、新自由主義 vs 革新主義、新保守主義 vs 包摂主義、大国主義 vs グローカル（後述）主義という基本的対立をもっている。おおまかに言って、それぞれのうち前者の理念にもとづく右派と後者の理念を推進しようとする左派の対立が、政治的対立の基本構造をなしてきた。今日の権威主義的ポピュリズムは危機管理国家化のあらわれと言えるが、政策理念としては「新自由主義＋新保守主義＝大国主義（日本では対米従属的な「グローバル国家戦略」）」に親近性をもっている。

　1990 年代以降の経済的グローバリゼーションは市場関係、すなわち商品・貨幣的世界とその背景にある資本・賃労働関係を普遍化し、階級的・階層的格差を拡大してきた。「新自由主義＋新保守主義」の理念は、市場の自由、すなわち「選択の自由」と「自己責任」（公助なき自助・共助）を強調するがゆえに、市場競争の中での格差拡大を超えた「社会的排除問題」を深刻化させる。こうした中で、旧来の保守層だけでなく、没落しつつある中間層、社会的排除の危機にある諸階層の多くが、権威主義的ポピュリズムの支持者になり、中には「異質を排除する」社会的排除活動にかかわってきた人々もある。そうでなくとも、若者の保守化傾向と政治離れが問題とされる中、政治教育・主権者教育を含む「市民性 citizenship 教育」の必要性が叫ばれてきた。

　たとえば、ソ連型社会主義の崩壊後、自由民主主義の勝利による『歴史の終焉』を主張していた F. フクヤマは、トランプ政権に代表される「憤りの政治」＝ポピュリズムによる自由民主主義の危機を問題にせざるを得なくなり、人間諸個人の「尊厳（アイデンティティ）の民主化」に立ち戻って、「ポピュリストに対抗しうる公共政策」の必要性を訴えている [4]。それは「個人の尊厳」（日

（4）F. フクヤマ『IDENTITY—尊厳の欲求と憤りの政治—』山田文訳、朝日新聞
　　出版、2019（原著2018）、第14章。

4

本国憲法第 13 条）をふまえ「人格の完成」を目的としてきた戦後教育の新たな発展を迫るものでもあろう。筆者は、「人格の完成＝自己実現と相互承認の実践的統一による主体形成」と理解してきたが [5]、その拡充が必要である。

　また、専門家・専門知を否定するポピュリズムに民主主義の危機を見る T. ニコルズは、その背景に現代の『大衆の反逆』（オルテガ・イ・ガゼット）、高等教育の劣化、高度情報化社会、「ニュージャーナリズム」があることを指摘し、民主主義と専門家との適切な関係のもとでの「活気のある知的かつ科学的な文化を創出する」課題を提起している [6]。そのためには、当然、高等教育・成人教育の改革が求められる。高等教育の劣化については日本でも多くの指摘があるが、今日の教育改革で焦点になっているのは高校教育であり、とくに 18 歳選挙権（2016 年）以後当面する主要課題は主権者教育・市民性教育の発展である。高校教育の基本的問題として「自律的システム化」、とくに「職業社会からの疎隔」と〈階層的序列化〉による高校そのものの社会的存在意義の喪失が指摘されている [7]。「自律システム化」がもたらすより重要な問題は、「地域社会からの疎隔」であろう。人口減少社会に対応した地域の内発的発展の課題に応える高校教育と多様な高等教育への接続、「地域と学校を結ぶ仕組み」創設の課題が提起されている [8]。これらの推進のための「専門性」、今日の「実際生活に即する文化的教養」（社会教育法第 3 条）を含む市民性教育による「実践知」の発展が問われているのである。

（5）拙著『新版　教育学をひらく―自己解放から教育自治へ―』青木書店、2009、第 2 章および第 3 章。なお、承認論については A. ホネットの 3 つの形式（愛、法、業績）が知られているが、筆者の相互承認論は自然的・社会的・意識的な存在としての人格を前提としたもので、ホネットを批判する横田栄一がいう人間的生への承認要求、すなわち「共に生き、生活し、その中で固有の生活史を織りなして行くという要求、人間的生の自己への関心に由来するもの」を基盤とするものである（横田『ハーバーマスとホネットを超えて―コミュニケーション的行為の理論から人間的生の理論へ―』梓出版社、2019、p.64）。
（6）T. ニコルズ『専門知は、もういらないのか―無知礼賛と民主主義―』高里ひろ訳、みすず書房、2019（原著2017）、p.282。
（7）児美川孝一郎『高校教育の新しいかたち―困難と課題はどこから来て、出口はどこにあるか―』泉文堂、2019。
（8）荻原彰『人口減少社会の教育―日本が上手に縮んでいくために―』幻冬舎、2019、第 5 章。

　内発的発展は、地域と地域住民の多様な文化を尊重した「多元的普遍主義」を求める。労働者文化にはじまり、フェミニズムやエスニシティ、ポスト・コロニアルなど多様な文化研究や「専門知」批判に取り組んできたカルチュラル・スタディーズは、「〈文化〉と〈政治〉の関係を問う批判的な知の営み」（吉見俊哉）だとされている。しかし、英国サッチャーリズムにはじまりトランプ政権に至る新自由主義的・新保守主義的なポピュリズムと「〈分断〉の政治」に有効に対応できなかったことをふまえて、吉見は「〈連帯〉の政治」につながるような「アフター・カルチュラル・スタディーズ」を提起している。すなわち、求められているのは「国民的な統合の回路にも、単なる階級的連帯の論理にも、またグローバル資本主義による消費社会的訓致にも回収されるのではない〈連帯〉の地平がどこにあるのかを示していくこと」である[9]、と。現代生涯学習では「学習ネットワーク」にはじまり、地域間・世代間の連帯、グローカル（グローバルにしてローカル）な社会的実践、住民的公共性といった基本的視点にたって、人権中の人権としての「学習権」を具体化することが基本的課題となってきた。そして、SDGs 時代の今日、ローカル・ナショナル・リージョナル・グローバルな連帯に広がるグローバル・シティズンシップ教育（GCED）にも応えるような新たな発展が必要となってきている[10]。

　今日の「民主主義再生」にかかわる社会教育・生涯学習の理解については、以上のような動向をふまえて考えていく必要がある。J. デューイに始まる「民主主義と教育」論、21 世紀型民主主義の提起（討議型民主主義から、根源的民主主義・絶対的民主主義へ）に伴う実践的課題については第 I 編で詳述する。以下では、「現代的学習権」の展開論理に焦点化させるかたちで考えていく。

第 2 節　民主主義の主体化と「現代的学習権」の課題

　「民主的制度のもとでの民主主義の危機」、いわゆる「民主主義の逆説」については、20 世紀前半の「公衆の大衆化」（J. デューイ）や「大衆の反逆」（オ

（9）吉見俊哉『アフター・カルチュラル・スタディーズ』青土社、2019、p.45。
（10）北村友人・佐藤真久・佐藤学編『SDGs 時代の教育—すべての人に質の高い学びの機会を—』学文社、2019。

ルテガ）、さらには19世紀のフランス革命後のボナパルティズムあるいは「専制的民主主義」[11] に遡って検討する必要がある。そこまで問わなくとも今日の権威主義的ポピュリズムには、普通選挙制度・議会を前提としながらファッシズムへの道を歩んでいった、戦前のドイツ・イタリア・日本をはじめとする政治的・社会的動向、不都合な事実・真実を隠し、戦争への道を進んだ諸団体・組織、そして知識人・文化人が加担したイデオロギー[12] をも想起させるものがある。「コロナ危機」の現在、第一次世界大戦末期からのパンデミック（「スペイン風邪」、日本でも 2,380 万人 = 人口の約半分が罹患、38 万人が死亡）に始まる歴史的教訓としてふまえておくべきことである。

　戦後民主主義については、たとえば、「人間の生活の中に実現された民主主義のみが、ほんとうの民主主義」だとし、法制度だけでなく歴史・政治・社会生活・経済生活さらには国際関係にわたって総合的に民主主義の課題を説明し、1953 年まで中・高校生の教科書として使用されてきた文部省『民主主義』（1948 − 49 年）にまで立ち戻って、戦後を振り返ってみることも有益なことであろう[13]。戦後社会教育は、労働省との職掌分担で「公民教育」を担当するものとされ、公民館では「憲法学習」がなされ、「生活方法としての民主主義」を問うことから出発した。

　あらためて、戦後民主主義のもとでの教育のあり方が問われる。ここでは教育権と学習権の視点から考えてみよう。

　「国民の教育権」は、戦後の憲法・教育基本法体制のもとで位置付けられた「社会権」の一環である。この枠組みの中で、とくに子どもの教育権をより積極的に「学習権」として捉え直す試みがなされてきた。堀尾輝久を代表とする「国

---

(11) タウンシップとアソシエーションによる「アメリカ民主主義」とともに、トクヴィルが提起した問題である。この点、冨永茂樹『トクヴィル―現代へのまなざし―』岩波新書、2010。デューイとオルテガについては、本書第2章第3節参照。

(12) たとえば、子安宣邦『『近代の超克』とは何か』青土社、2008、廣松渉著作集第14巻『近代の超克』岩波書店、1997（初出1980）、戸坂潤『日本イデオロギー論』『戸坂潤全集』第2巻、勁草書房、1966（初出1937）。

(13) 文部省『民主主義』角川文庫、2018（初出1948-9）、p.5。解説した内田樹は、「今でも十分にリーダブルであり、かつ批評的に機能」していると評価している（p.446）

民の学習権・教育権」論は、近代的理念に基づく「戦後教育学」としてポスト
モダン論的な議論から批判されることが多い。しかし、憲法理念をふまえた『人
権としての教育』(1991年)は、福祉国家や「教育企業国家」をも乗り越えて「市
民的（人権論的）公共性」を追及する「未完のプロジェクト」である。堀尾は
最近復刊された同書の追補論文で、国家教育権論者も「国民に固有の教育権が
あることは一応認めながら、議会制論と国政の国家への信託論を援用して実質
的に国家教育権論を主張する場合が多い」ことをふまえ、教育実践者の実践的
な働きかけの「自由 liberty」の内実、たとえば、当事者間の利害の衝突を乗
り越えて「子どもたちの最善の利益」を保障するより質の高い合意をつくり出
し、「地球時代にふさわしい国民的・人類的英知を結集する教育課程の作成シ
ステムをどう作り出すことができるのか、教育条件システムをどうすればいい
のか」と問うている。解説した世取山が言うように、近代市民革命がもたらし
た「公民と人間の分裂と、アトム化、孤立させられた人間への公民の従属」に
対して「人間の類的存在としての性格を市民社会において回復すべきだ」とい
う「堀尾テーゼ」に立ち戻って再検討する必要があろう[14]。

　21世紀の政治的国家・市民社会・経済構造の関連の中では、とくに「市民社会」
と「市民（国民）」の矛盾とそれらを克服しようとする実践を踏まえた理論的
発展が必要である。堀尾の学習権論はもともと「国民主権の実質を保障するも
のとしての国民の学習権」を主張するものであった。社会教育の領域でこれを
具体化する理論を展開したのは、小川利夫の「社会教育行政と国民の自己教育
運動の外在的・内在的矛盾論」であったが、ここでも、社会教育行政の内在的
矛盾だけでなく、「国民の自己教育運動」の内在的矛盾を踏まえた学習権論の
発展が残された課題であった[15]。その後のグローバリゼーション時代の生涯

---

(14) 堀尾輝久『人権としての教育』岩波書店、2019（初版1991）、「追補」（堀尾）
　　と「解説」（世取山）、pp.3-4、226-228、375、380、393。世取山は以前、堀尾
　　教育権論を評価しつつ、子どもの主体性をふまえた「関係論的子どもの権利論」
　　の発展が課題だとしていたが（「堀尾教育権論の"継承と発展"―共同のための
　　自由と子どもの主体性―」『人間と教育』第65号、2010）、ここではそのことに
　　はふれていない。
(15) 拙著『増補改訂版　生涯学習の教育学―学習ネットワークから地域生涯教育計
　　画論へ―』北樹出版、2014、第Ⅱ章第3節および第Ⅴ章。

学習政策の展開をふまえるならば、社会教育・成人教育における「学習の自由」を保障しようとしてきた「学習権」の現代的理解においては、次のようなことが求められている。

第1に、教育の目的＝「人格の完成」に立ち戻って考える必要がある、ということである。それはまず、第1節でみたフクヤマのような民主主義理解の再検討だけでなく、「9条俳句」裁判や東日本大震災にともなう「原発訴訟」などで「人格権」が提起され、いま「コロナ危機」の中であらためて問われていると考えるからである。筆者は戦後教育の目的である「人格の完成」＝主体形成＝「自己実現と相互承認の実践的統一」と考えてきたが、社会教育の本質＝「自己教育（その目的は自己実現）と相互教育（同じく相互承認）」は「人格権」の中心をなすものであり、「自己教育・相互教育権＝社会教育権」[16] が提起されなければならない。

戦後高度経済成長を経て、環境問題や心身の現代的病理の広がりを考えるならば、「心身ともに健康な国民の育成」という教育目的も改めて見直す必要がある。もちろん、日本国憲法の基本的人権の視点からは、第26条の「教育権 right to education」を学習権として考え、それを第13条「個人の尊厳」「生命、自由及び幸福追求」や第23条「学問の自由」の視点から捉え直すことも必要となるであろう。

第2に、国際的な成人学習権理解においては、何よりもユネスコ国際成人教育会議の「学習権宣言」（1985年）の精神をふまえておく必要がある。それは、学習とは人々が「なりゆきまかせの客体から、自らの歴史を創る主体に変えていくもの」という（「人格の完成」に向けた）「主体形成の教育学」の宣言であった。具体的な学習権としては、人間存在にとって不可欠な6つの権利項目が提起されている [17]。この宣言を起点として、21世紀教育国際委員会報告『学習：秘められた宝』（1996年）をくぐり、ハンブルク宣言（1997年）からベレン行

---

(16) それは、諸個人の自己関係と相互関係の形成という「関係論的権利」であり、主体形成過程に位置付けられた「過程論的権利」である。その意味で、相互関係としての「関係性」（自律性と共同性の上位概念）を重視する権利論（大江洋『関係的権利論―子どもの権利から権利の再構成へ―』勁草書房、2004、p.64）は拡充されなければならない。

表序-1　学習権宣言と学習４本柱と社会的協同実践

	対象 (have)	行　為 (do)	自　己 (be)	人間関係 (communication)	社会的協同実践 (association)
『学習：秘められた宝』 （1996年）	知ることを学ぶ	なすことを学ぶ	人間として生きることを学ぶ	ともに生きることを学ぶ	ともに世界をつくることを学ぶ
「学習権宣言」 （1985年）	質問し熟慮する権利、あらゆる教育資源に接する権利	構想し創造する権利、個人的技能を発展させる権利	自分の世界を読み取り、歴史を綴る権利	読み書く権利、集団的技能を発展させる権利	現代的人権（連帯権、環境権、移動権、個人的・集団的アイデンティティ権等）

（注）拙著『新版　教育学をひらく』前出、序章４表 0-1 に加筆、「社会的協同」実践については拙著『教育の公共化と社会的協同―排除か学び合いか―』北樹出版、2006。

動枠組み（2009年）へと発展していく学習権の展開を示すならば、**表序-1** のようになろう。

　第3に、自由権として考えられてきた「学習の自由」は、社会権、さらには現代的人権（連帯権、環境権、移動の自由、集団的アイデンティティと文化権）の発展にともなうものとして検討し直すことが必要である。社会権の保障が、「福祉国家からの排除」と「福祉国家における排除」を生み出すというアポリア（「包摂と排除の弁証法」）を持っていたこと、それをふまえて代表的な社会権＝「生存（survival ではなく aliveness）権」の見直しがあったことなどは踏まえておかなければならないことである[18]。現代的人権のうち連帯権は、近代フランス民主革命のスローガン「自由、平等、友愛」のうち、もっとも立ち遅れていた「友愛」に関わるが、東欧型社会主義の崩壊以後、その重要性が改めて提起されてきた。「持続可能な社会」づくりが課題となっている今日、環境権が基本的な社会権となってきていることは周知であろう。「移動の自由」は、「居住の権利」とともに環境権の展開でもあり、難民・移民問題や東日本

(17) 鈴木敏正・朝岡幸彦編『社会教育・生涯学習論―すべての人が「学ぶ」ために必要なこと―』学文社、2018、pp.9-10。ユネスコ成人教育会議の学習権宣言（1985年）からハンブルク宣言（1987年）に至る動向の理解については、拙著『エンパワーメントの教育学―ユネスコとグラムシとポスト・ポストモダン―』北樹出版、1999、第１章および第２章など。
(18) たとえば、山森亮編『労働と生存権』大月書店、2012、序章、第１章。

大震災そして「コロナ危機」下で問われてきたことであるが、一般に現代社会に生きる上での基本的人権となってきている。集団的アイデンティティ・文化（宗教を含む）権をどう展開するかは、ポピュリズム政治への対応に直接かかわっている。

第4に、個人主義を超える「共同の自由」を位置付ける必要がある。今日の教育改革の最大のキーワード「キー・コンピテンシー」は、あくまで大競争時代を生き抜く個人的な「人格まるごと」の能力である。しかし、社会的・共同的存在としての人間には、共同においてのみ発揮しうる力能がある。求められている共生社会を実現するためにも、旧来の能力主義を超えた「能力の共同性」の視点から、「共同（協働）の教育」が実践的に追及してきた成果を念頭におく必要がある。戦後社会教育の歴史をふまえるならば、「学習の自由」は「共同学習の自由」の固有の価値を含んだものとして展開されなければならない。

第5に、民主主義の再生という視点からみれば、「自由と平等の緊張関係」をふまえて「学習の自由」の意義と発展課題を考える必要がある。近現代の民主主義の二大原理は「自由と平等」であるが、両者には緊張関係があり、しばしば矛盾・対立する。民主主義はほんらい、両者のバランスの上に正常に展開する。これまで支配的であった「自由民主主義」の限界が明らかになってきている今日、あらためて平等の内実を重視した、いわば「平等民主主義」を提起しなければならない。緊張関係にある自由と平等を統一するものこそ、民主主義の実践である。それは今日、グローカルな諸課題に取り組む社会的協同実践をとおしてはじめて現実的なものとなる。

それゆえ第6に、権利論から実践論への方向が示されなければならない。市民性教育においては、権利や義務に関する政治リテラシーや道徳価値形成、あるいは民主主義的手続きの理解を超えて、学習者が「民主主義の主体化」（G. J. J. ビースタ）を遂げることができるような教育実践が求められてきている。それは、自己教育・相互教育権を現実化する「参画型市民性教育」として具体化されるであろう[19]。

---

(19) 拙稿「市民性教育と児童・生徒の社会参画」『北海道文教大学論集』第20号、2019。

　第7に、その際の試金石は社会的排除問題への取り組みであり、権威主義的ポピュリズム時代の今日、排除型社会の克服に取り組み、民主主義を再生していく上でとくに大きな課題となっている。社会的排除問題に取り組む「社会的包摂 Social Inclusion」の政策と実践は、「ベレン行動枠組み」の主要テーマとなった[20]。そうした実践を展開していく上で不可欠となる学習権を、教育の根幹にかかわる人権として位置付けることが必要である。

　最後に、近未来社会としての「持続可能で包容的な社会」づくりに必要な学習活動が念頭におかれなければならない。国連のブルントラント委員会報告（1987年）にみられるように、「持続可能な発展（SD）」は、世代間および世代内の「公正」を求めるグローカルな活動であった。格差拡大を容認し、地球的環境問題への取り組みに背を向け、「自国第1主義」「異質の排除」を進める権威主義的ポピュリズムに対置して、「公正な正義」を実現する「ともに〈持続可能で包容的な〉世界をつくる学び」を促進するような学習権＝自己教育・相互教育権（以下、自己教育権と略）の具体化が図られなければならない。

第3節　「現代的学習権」の展開構造

　21世紀の民主主義再生のために不可欠な市民性教育とは何か。SDGs時代＝新グローカル時代の生涯学習としての市民性教育の課題と展開方向については別稿[21]で検討している。ここでは、とくに「現代的学習権」の展開との関わりについて述べてみたい。

　近現代社会は、政治的国家と市民社会の分裂を基本的特徴とする。近現代的人格は、前者に属する「公民」と後者に属する「市民」の2面性をもつ。既述の教育基本法の目的で言えば、「国家の形成者」と「社会の形成者」の分裂である。それゆえ、この分裂を克服するための「公共性」を形成することが「市民性教

(20)社会的排除問題の基礎構造と政策・実践については、拙編『排除型社会と生涯学習―日英韓の基礎構造分析―』北海道大学出版会、2011、鈴木敏正・姉崎洋一編『持続可能な包摂型社会への生涯学習―政策と実践の日英韓比較研究―』大月書店、2011。
(21)拙稿「新グローカル時代の市民性教育と生涯学習」『北海道文教大学論集』第21号、2020。

育」の第1の目的となる。「国家の形成者」は文字通りの意味であれば「主権者」であるが、国家の構成員としてみれば「公民」である。「市民」は、国家によって「基本的人権をもつ主体」として平等に承認される。この「主権者」であることと「人権主体」であることを媒介する制度が「民主主義」である。

　ところで、「社会の形成者」＝市民は、「私的個人と社会的個人の基本的矛盾」をかかえている。この基本的矛盾は「協同性」の形成を通してはじめて解決しうる。それゆえ、公民と市民の分裂を克服しようとする「公共性」の形成は、協同性の形成を基盤にしてはじめて現実的である。かくして「協同性を基盤にした公共性」の形成が、公民と市民の分裂を克服するための「市民性教育」の基本的課題になるのである。ここに、主権者（公民）と市民（人権主体）を媒介する民主主義の再生にとって、人権理念を発展させつつ「市民性教育」を展開することが必要となる理由がある。

　第2節で述べたように、現代民主主義の課題は、緊張関係にある民主主義の２大原理（自由と平等）を、連帯にはじまる社会的協同実践をとおして実践的に統一する方向で「民主主義の民主化」、とくに「民主主義の主体化」を進めることである。こうした理解をふまえた民主主義は、教育学的視点から「人権理念を現実化する社会的協同実践によって、近現代的人格の自由と平等を統一する運動であり、公共性を形成する自己教育活動（主体的な学習）を不可欠とする」と定義できる（本書第1章）。そして、このような意味での自己教育活動を発展させることが、学校教育・社会教育としての「市民性教育」の実践的課題だと言える。その取り組みは、自由権と平等権が相互規定的な「現代的学習権」の展開論理を求める。

　表序-1で示した現代成人教育運動の展開をふまえるならば、学習権＝自己教育権は「人権中の人権」であり、人格権の中心におかれなければならない。しかし、それは第1節で述べたような現代国家とそのもとでの生涯学習政策の動向をふまえて展開することが必要である。上述のように、現実的人格そのものも「公民と市民の分裂」、市民における「私的個人と社会的個人の矛盾」をかかえている。これらをふまえた人格権としての学習権の展開構造を、第2節でみたユネスコ成人教育運動の展開とあわせて示すならば**表序-2**のようである。この表の公民形成と市民形成、とくに主権者から社会形成者へ、消費者か

表序-2　現代的学習権の展開構造

現代国家		法治国家（自由主義vs人権主義）	社会国家（残余主義vs社会権主義）	企業国家（新自由主義vs革新主義）	危機管理国家（新保守主義vs包摂主義）	グローバル国家（大国主義vsグローカル主義）
主な生涯学習政策		条件整備 公民教育	生活力向上 労働能力開発	民間活力利用 参加型学習	道徳教育、ボランティア学習	グローバル人材、地域・学校協働
公民形成		主権者	受益者	職業人	国家公民	地球市民
人格＝学習権	自由権	選択・拒否	表現・批判	構想・創造	参加・協同	参画・自治
	平等権	機会均等	潜在能力平等	応能平等	必要平等	共生平等
学習実践	Inclusive Community	to know	to be	to do	to live together	To Create Inclusive & Ecological World
	Ecological Environment	About (Nature)	In (Environment)	For (Sustainability)	With (Ecology)	
市民形成		消費者	生活者	労働者	社会参加者	社会形成者

　ら地球市民へと、公民形成と市民形成をクロスさせながら結びつけ、近代的人格においては分裂している「公民と市民」の実践的統一をはかろうとする領域が現代市民性教育である。それは、人格の完成＝主体形成に向けた活動であり、「人権中の人権」としての学習権の現実化＝学習実践をとおして具体化する。

　戦後民主主義は、法治国家を前提とし、憲法で保障された基本的人権としての教育権を、「社会権」として位置付けた。それは福祉国家（社会国家）において、とくに「学習弱者」を支援する改良主義的諸施策によって具体化された。しかし、福祉国家というより開発主義国家の性格が強かった日本では、福祉政策は残余主義的なものであった。福祉行政的教育政策もパターナリスティックな性格を伴い、その克服が課題となった。そこで学習者に視点をおいた「学習権」が強調され、国民・地域住民が主体的に参加する「革新主義的」、さらに地域住民と行政の協働（パートナーシップ）による「改革主義的」理念に基づく教育制度改革が求められるようになる。しかし、「新自由主義＋新保守主義」的な政策の下では、それらもグローバル国家形成への動員政策の中に吸収されてしまいがちである。

　こうした中で、権利としての学習権を具体化し、「民主主義の主体化」を進める学習実践、それを援助・組織化する教育実践が求められているのである。「民主主義の主体化」は、緊張関係にある自由と平等を実践的に統一する運動である。そこでの「学習の自由」は「学習の平等」とともに進めてはじめて現実的である。

第4節　権利論から正義論・政策論をへて実践論へ

　知識基盤社会と呼ばれてきた21世紀、新自由主義的政策理念がもっぱら重視する「選択の自由」は、「知る権利」の保障を前提にして、たしかに自由の展開の出発点にはなる。機会均等、「あらゆる教育的手段に接する権利」が現実化されなければならない。生涯学習政策はほんらい、それを保障する「条件整備」政策である。しかし、消極的には財政的事情、積極的には新自由主義的政策の展開があり、それらの政策は市場全体に依存するようになった。新自由主義を補完する新保守主義は、学習内容の国家的管理を進めようとするが、それは新自由主義的理念と矛盾する側面も持つ。「選択の自由」は（与えられた選択肢に対する）「拒否の自由」を含むものでなければならない。さらに、「新自由主義＋新保守主義」的政策の展開は、社会経済的な格差拡大というだけでなく、貧困・社会的排除問題を深刻化させる。それは多様・多数の「学習弱者」を生み出すから、「知ること to know」をすべての人間に保障する「情報民主主義」さらには「知識民主主義」の課題が重要性をおびてくる。

　「学習弱者」の学習権を保障する改良主義的政策は、「社会国家」（福祉国家）の「再分配」政策の中で発展してきた。そこには、一定の条件を充たした者だけを対象とする「残余主義」と、すべての構成員に国家が責任をもって保障しようとする「社会権主義」の対立があるが、受益者としての国民の生活力向上と労働能力形成が主要な生涯学習政策となる。学習者には与えられた学習条件・内容の中に自分が必要とするものがあるのかないのか「批判する自由」（かかわる「学問の自由」）、そして、自らの欲求や必要を「表現する自由」が保障されなければならない。ここから、個人的・集団的アイデンティティ形成の権利、すべての人々が「人間として生きること to be を学ぶ」権利が主張されるようになってくる。多文化社会化の中での「アイデンティティ・ポリティックス」による生涯学習論がこれに応えようとしている。その具体化のためには、それぞれ個性的な人間的能力を平等に保障するための条件整備が必要となってくる。A. センらが提起した「潜在能力 capability」論、それを理論的基礎とする「国連・人間開発計画」もその一環として考えられる。

　しかし、これらの権利を保障しようとして国家的関与が強化されてくると、そのことによって福祉依存が生まれ、福祉の受益者の「主権者としての主体性」が失われてくるという批判がなされるようになる。福祉国家時代末期の財政的危機もあり、市場原理第一主義、企業的論理で国家運営をしていく「企業国家」が生まれ、民間活力の利用、参加型学習論がその批判を掬い取る。ここでの学習は「なすこと to do を学ぶ」ことが「自己責任」論を伴って要請され、何よりも「職業的自立」のための学習が強調される。ワークフェアやアクティヴェーションの理念にもとづく生涯学習政策が展開される。しかし、「ヨーロッパの道」とくにイギリスのニューレイバー政権に示されたように、職業的自立のためにはまず「社会的自立」が前提となることが明らかとなり、とくに社会的に排除された、あるいは排除されがちな人々に対しては、一人一人の社会的・経済的・文化的条件の中でのエンパワーメント過程を援助・組織化することが課題となってくる。人格としての「承認欲求」をふまえた、生涯学習政策の「承認論的転回」が求められた。一定の基準を充たした者の平等ではなく、それぞれに個性的な能力形成過程にみあってという意味で、「応能平等」の学習が必要となってきたのである。

　しかし、「同一労働・同一賃金」など労働報酬における「応能平等」の要求は、とくに能力主義的学習論の中では、人間的自由としての「構想・創造」の自由の実現は限定的であり、協働してはじめて具体化する「共同存在としての人間的諸能力」を位置付けることがないから、実質的不平等をむしろ拡大する傾向をもつ。そこで、すべての国民が社会形成に協同参加する権利をもったものとして承認しあい、諸個人の基本的生活要求を充足しようとする「必要平等」が主張されるようになる。あらためて「再分配」政策としての生涯学習が問われる。最低賃金の向上、ベーシック・インカムの主張を伴う学習論は、それらの具体化であろう。ここで、「承認か再分配か」論争を超えた福祉政策と生涯学習・教育政策が問われることになるのである[22]。そこでは、「民主主義の主体化」を求める「参画・自治」の自由の承認を必要とすると同時に、すべての人がこの世界でともに存在し、人生をまっとうすることを積極的に価値づける「共生平等」を伴うものとなるであろう。そこでは、参加する諸個人の自己実現と相互承認の相互豊穣的発展が課題となる。

　以上のことをふまえて、「現代的学習権」を支える学習論を展開することが残されたテーマとなるが、ここでは個々の学習活動に触れることは別の課題としなければならない。基本的な方向だけを確認しておきたい。

　権威主義的ポピュリズムが跋扈し「民主主義の危機」が叫ばれている今日、「人権としての学習権」はその普遍性が持っている積極性を生かしつつ、その抽象性を克服していかねばならない。そうでなければ、抽象的な「学習権」は権威主義的ポピュリズムを支える「新自由主義＋新保守主義＝大国主義」の論理（たとえば「第3期教育振興基本計画（2018 - 2022年度）」の重点事項、「超スマート社会」に向けた「生涯にわたる学習や能力向上」、「一人一人の可能性とチャンスを最大化」する学習）に吸収されてしまいかねない。そのような論理に基づく「グローバル国家」戦略の政策が、グローバリゼーションにともなう「双子の基本問題」、すなわちグローカル（グローバルにしてローカル）な環境問題と貧困・社会的排除問題を深刻化している。こうした現実と上述の経過を踏まえるならば、「人権としての学習権」は、まず現代の正義論（「公正としての正義」、分配論・承認論へと繋がる）の展開に支えられる必要がある[23]。

　表序-2では、今日の基本的学習実践として、上記「双子の基本問題」に取り組む学習の展開過程を示している。それは「世代間および世代内の公正」を

---

(22) 田中拓道編『承認—社会哲学と社会政策の対話—』法政大学出版局、2016、参照。そこで中心的に取り上げられているA. ホネットの承認論の3形式（愛、法、連帯）は、**表序-2**の全体にかかわる。筆者の理解では、教育学の目的は「自己実現と相互承認の実践的統一」＝主体形成であり、相互承認は人格の社会的承認様式と考えられるからである（拙著『新版　教育学をひらく』前出、p.112）。田中編著で「教育学の承認論的転回」をテーマとした神代健彦は、戦後教育学の代表としての勝田守一の「教育価値論」を「承認という新たな契機を含みこむかたちで拡張」することを提案し、それは教育学の「社会科学全体における位置付けを変えるのではないかという予感」を表明している（同書p.246）。筆者はそうした教育学は社会科学全体を変革する可能性があると考えるのであるが、そのためには、ホネットのいう「承認の毀損」を近現代的人格の自己疎外全体の中で位置付け、それを克服していく実践を位置付けた「実践の学」の展開を必要とするであろう。拙稿「批判から創造へ：「実践の学」の提起」北海学園大学『開発論集』第105号、2020、を参照されたい。

(23) その展開については、さしあたって、拙稿「新グローバル時代の市民性教育と生涯学習」前出を参照されたい。

実現する「持続可能で包容的な社会づくり」に向けた学習実践である。表では
それを「包容的な地域社会 Inclusive Community」づくりと「エコロジカルな
環境 Ecological Environment」づくりに向けた学習実践の展開論理に区別し
て示している。これらは、既述の21世紀教育国際委員会が提起した①「知る
こと」、②「人間として生きること」、③「なすこと」、④「ともに生きること」
を学ぶことの発展を踏まえて、現実的に「持続可能で包容的な社会づくり」を
進める諸実践に含まれる学習活動を組織化する教育実践である。

　21世紀の国際成人教育運動では、「ベレン行動枠組」（2009年）に見られる
ように、深刻化する貧困・社会的排除問題、すなわち人間－人間関係に関わ
る基本問題への取り組みへの重点化がなされてきているが、これまで自然環
境・資源問題として扱われてきたエコロジー問題、すなわち自然－人間関係に
関わる学習活動の蓄積にも目を向ける必要がある。それらを援助・組織化す
る教育実践はひろく「環境教育」と呼ばれてきた。日本では「持続可能な発展
のための教育（ESD）」と言えば、まず環境教育が想起されることが多い。**表
序-2** では、その環境教育の実践的蓄積をふまえて、「持続的な環境 Ecological
Environment づくり」に関わる学習実践の展開論理を整理している。それは、
自然環境(1)「についての学び（About）」から、(2)「における、ないし、を通
した（In ないし Through）学び」を経て、(3)「のための（For）学び」として
理解され実践されてきたものであるが、表ではこれに(4)「とともにある（With）
学び」を加えている。「自然再生」から「自然との共生」への発展にかかわる
諸実践である[24]。これらは、上記の①から④への学びを、自然－人間関係へ
の関わり方に即して展開するものである。

　当面する課題は、以上のような Inclusive Community づくりと Ecological
Environment づくりに関わる学びの展開をふまえ、両者を統一する「包容的
でエコロジカルな世界を創る To Create Inclusive & Ecological World」学び
を開拓することである。人間－人間関係においても自然－人間関係においても、
日本では「ともに生きること」を「共生」と言ってきたから、それはひろく「共

---

(24) 具体的実践例とあわせて、拙著『持続可能な発展の教育学—ともに世界をつく
　　る学び—』東洋館出版社、2013、とくに第Ⅰ編を参照されたい。

生への学び」ということもできる。これまでの蓄積を踏まえるならば、それは「共生平等」を地域に生きる全ての住民の多様な「参画と自治」のもとで具体化する学習実践である。そのような学習活動を地域レベルで援助・組織化する教育実践として、筆者が提起してきたのが「持続可能で包容的な地域づくり教育（Education for Sustainable and Inclusive Communities, ESIC）」である。したがって、それを自由と平等の実践的統一を現実化する「現代的学習権」の具体化として位置付け直すことが必要となってきている。

おわりに

　近現代の教育権は、他の人権や主権に基づく権利と同様、形式的・抽象的であることを免れない。第1節で見たように、それらの理解は誰がどのような立場からどのような政治理念で進めるかによって異なり、実際に変化してきた。教育権に対して学習権を主張する時、国家ではなく学習者である国民・地域住民の立場に立つということを含む。教育はあくまで「実際生活」に即して展開しなければならない（1947年教育基本法第2条）とするならば、その21世紀的課題に即した「現代的学習権」が必要となる。ここでは、第2節でその課題、第3節でその位置付けと展開構造を試論的に示し、第4節で学習権利論から学習実践論への基本方向を提起した。

　自由権と平等権を統一する民主主義の具体化を推進する「現代的学習権」は、**表序 -2** で示したように、公民形成と市民形成を実践的に統一して「民主主義の主体化」を進める「市民性教育」の展開とともに理解される必要がある。学習権＝自己教育（・相互教育）権を豊かに発展させていくのは、現実の社会的協同実践に伴う学習実践そのものの広がりである。それらの必要性を理解し現実化させる「現代的学習権」の展開は、現代民主主義を推進するための「民主主義の主体化」の実践に他ならない。

　現在支配的な新自由主義的な「選択の自由」を超えて、批判・表現、構想・創造、参加・協同、参画・自治の自由を展開するためには、平等民主主義の発展が不可欠である。個人の尊厳＝人格権（憲法第13条）をふまえて「健康で文化的な最低限の生活」（憲法第25条）を人権として保障する「潜在能力平等」

に始まり、先進国で最悪レベルの男女格差と正規・不正規労働格差に取り組む「応能平等」、再分配政策がほとんど機能していない福祉国家的政策の抜本的改善（「必要平等」）、そして誰もが安心して生き続けられるような地域づくり（「共生平等」）など、日本が抱えている課題は大きい。そして、「コロナ危機」下で格差・貧困・社会的排除問題がより深刻化している現在、**表序 -2** で示した課題に具体的に応えることの必要性がますます増大している。

　しかし、それ故にこそ、本書第Ⅲ編でその一部を見るように、こうした課題に取り組む社会的協同実践が広範に展開している。それらに含まれている学習的契機を育て組織化し構造化し、総合的視野から推進していくことが当面する理論的・実践的課題となってきている。

第 **I** 編

ヘゲモニー＝教育学的関係と現代民主主義

はじめに

　序章で見たように、現代的学習権とそれを支える民主主義は、内部に緊張・対立・矛盾関係を含んでいる。そのあり方を規定するのは現実的社会関係であり、そこで「民主主義」を誰（どのような社会集団）が主導権（ヘゲモニー）を持って、どのような考え方で推進するかが問題となる。現実的社会関係は、政治的・社会的・経済的・文化的なあらゆる生活領域に広がっている。それゆえ、「政治的民主主義」だけでなく「社会的民主主義」、そして「生活方法としての民主主義」（J. デューイ）が問われ、「憲法を暮らしに活かす」（蜷川虎三）ことが課題とされてきたのである。

　本編では、政治社会・市民社会・経済構造の３次元から成る「先進国モデル」を視野に入れて、そこにおける「ヘゲモニー＝教育学的関係」の展開の中で現代民主主義のあり方とその発展課題を考える。３次元モデルと「ヘゲモニー＝教育学的関係」については後述するが、その理解は戦前のイタリアで「権威主義的ポピュリズムの極致」＝ファシズムに抗し続けた政治思想家＝革命家の A. グラムシに始まるので、本書ではしばしば「グラムシ的３次元」と言う。ここであらかじめ、本編における「民主主義」理解についてふれておきたい。

　「民主主義」は本来、政治学的概念であると考えられてきた。『広辞苑』（第６版、岩波書店）によれば、民主主義とは語源的にはギリシャ語の demokratia、つまり demos（人民）と kratia（権力）を結合したもので、「権力は人民に由来し、権力を人民が行使するという考え方とその政治形態」である。近世の市民革命以後欧米諸国に勃興した民主主義では、「基本的人権・自由権・平等権あるいは多数決原理・法治主義などがその主たる属性であり、また、その実現が要請される」とされている。

　旧来、代表的な民主主義論者の一人とされてきたケルゼンによれば、民主主義とは以下のような理念と本質をもつ。すなわち、それは「（自由と平等という）２つの主義の総合」であるが、その理念を「第１番に決定するものは自由価値であって、平等価値ではない」。前提とする世界観は、個人的自由を重視する「相対主義」あるいは「批判主義、実証主義」である。それは「社会秩序を創造するための一定の方法」あるいは形式であり、社会主義者が主張する「社会的デモクラシー」や「正義イデオロギー」などのように「秩序の内容のために使用することは、明らかな術語の乱用である」、と[1]。しかし「格差社会化」「排除型社会化」が深刻化する今日、民主主義が問われているのはその形式・方法だけでなく、それがもたらしている「内容」であり、自由価値[2]というよりも「平等価値」である。

　たとえば重森暁は、人間の「発達的力」を重視して民主主義を考える C. B. マクファースンの民主主義論をふまえながら、「男も女も、子供も年寄りも、健康なものもハンディを背負ったものも、すべてが生活者としての発達を保障される民主主義」＝「生活者民主主義」を提起していた。「人民」の民主主義を、「生活者民主主義」として具体化しようとするものである。その際に、「革新型の生涯教育つまり働きつつ学ぶという権利を、労働者＝生活者のヘゲモニーのもとにあらゆる職場や地域で保障していくことが、生活者民主主義の実現にむけての最奥の基礎となるにちがいない」と述べていた[3]。この場合に、生涯教育については E. ジェルピ[4]、ヘゲモニーと教育の関係については A. グラムシが引用されているのであるが、具体的な内容展開はない。

　その後のグローバリゼーション時代における「新自由主義プラス新保守主

（１）H. ケルゼン『デモクラシーの本質と価値　第２版』西島芳二訳、岩波文庫、1966（原著1929）、pp.33、123-124、131。
（２）もちろん、冷戦体制崩壊後の自由な社会の理解にも多様なアプローチがあったのだが。たとえば、鬼塚雄丞ほか編『自由な社会の条件』新世社、1996、など。
（３）基礎経済科学研究所編『人間発達の民主主義』青木書店、1987、pp.23、34。
（４）その特徴と生涯学習論における位置付けについては、拙著『増補改訂版　生涯学習の教育学―学習ネットワークから地域生涯教育計画へ―』北樹出版、2014、第５章第５節を参照。

義」的政策、とくに権威主義的な「ポピュリズムのグローバル化」[5] のもとでの民主主義の衰退が見られた。とくに民主主義のもっとも強固な伝統があるとされてきたアメリカにおける民主主義の後退は深刻で、象徴的なものであるが [6]、日本でも進展するそうした動向がある。序章で述べたような、それらに抗する現代民主主義のあり方をふまえ、教育学的視点を大切にして、本編では民主主義を「人権理念を現実化する社会的協同実践によって、近現代的人格の自由と平等を統一する運動であり、公共性を形成する自己教育活動（主体的な学習実践）を不可欠とする」と定義する。「自由」と「平等」、自由権と社会権には緊張関係があるが、両者を現実的に統一するのは「社会的協同実践」（教育実践を含む）であり、それに対応した「協同性を基盤とする公共性」形成が求められているという認識が前提にある。

　本編はまず第1章で、グラムシ的3次元を統一するヘゲモニー＝教育学関係の基本理解、そこに残されていた民主主義論と教育的課題を確認する。そして第2章で、J. デューイに始まる「民主主義と教育」論を基軸に、プラグマティズム的民主主義の批判的検討から、「民主主義の民主化・主体化」を志向する民主主義的教育論の現代的課題を考え、その展開構造を理解する基本的枠組みを提示する。これらをふまえて第3章では、グローバリゼーション時代の革新的民主主義論として「根源的民主主義」（E. ラクラウ／C. ムフ）と「絶対的民主主義」（A. ネグリ／M. ハート）の諸議論を再検討して、民主主義論の21世紀的発展課題を提示する。

（5）中谷義和ほか編『ポピュリズムのグローバル化を問う―揺らぐ民主主義のゆくえ―』法律文化社、2017、水島治郎『ポピュリズムとは何か』中公新書、2016。
（6）たとえば、S.レビツキー／D.ジブラット『民主主義の死に方―二極化する政治が招く独裁への道―』濱野大道訳、新潮社、原著とも2018。同書では、二極化克服のために、「相互寛容と組織的自制心」にもとづく規範の重要性を強調するとともに、経済的不平等に普遍主義的福祉政策で対応してきた北欧などの諸経験に学びつつ、「民主主義と多様性」の共存をはかる方向を提起している（p.258以降）。

24

第1章

政治・社会・経済を統合するヘゲモニー＝教育学的関係

第1節　「グラムシ的3次元」

　グラムシによって提起されたヘゲモニー＝教育学的関係を検討していく際に、まず確認しておくべきは、「グラムシ的3次元」（政治的国家－市民社会－経済構造）である。先進国モデルとしての「グラムシ的3次元」とそれぞれについては、別に検討している[7]。ここでは、3次元総体の理解についてふれておこう。

　ソ連型社会主義諸国におけるいわゆる東欧民主主義革命、他方、先進資本主義諸国における新自由主義＝新保守主義的政策が展開する中、とくに1990年代には民主主義を推進する期待を一身に受けて、「市民社会」論が国際的ブームとなった。アメリカでは「健全な民主主義は多くのヴォランティア団体や地域活動を推進する」として「小さな政府と地域政治」を重視する「新トクヴィル主義」が市民社会論を席巻した。ヨーロッパ古典古代にはじまる市民社会論の歴史的展開をふまえ、これらの動向を厳しく批判したJ. エーレンベルクは、「市民社会は民主主義を促進するのと同程度に民主主義を妨害する」として、市民社会論を生産的に用いるためには「国家と市場のあいだにある社会諸関係と社会構造を捉えることが重要」だと強調した[8]。一方、それ以前にイギリスのJ. アーリは、経済・政治・イデオロギーの枠組みで現代資本主義社会を

（7）拙編著『排除型社会と生涯学習―日英韓の基礎構造分析―』北海道大学出版会、2011、および拙稿「資本蓄積体制と社会制度」北海学園大学『開発論集』第103号、2019。

（8）J. エーレンベルク『市民社会論―歴史的・批判的考察―』吉田傑俊監訳、青木書店、2001（原著1999）、p.316-319。彼は市民社会理解におけるグラムシの思想とくにヘゲモニー論の貢献を評価しているが、それは上部構造（中でもイデオロギー）論としてであり、グラムシ的3次元全体にわたるものではない（p.289）。

捉えて「市民社会」を拒絶するプーランツァスを批判して、グラムシにもとづく「経済構造－市民社会－国家」の枠組みを提起していた。その際、市民社会は「経済構造と国家との間に存在する社会的諸関係の総体」と理解されていた[9]。

　生命と生活の再生産とケアの論理、それを支える活動は個々の家庭を超えて地域社会に、今日ではボランティア・NPO・協同組合組織など、国家と市場の間にある社会的経済にひろがっている。「社会的協同 association」活動の展開である。もちろん、そうした領域にも「市場化・資本化傾向」と「官僚化・国家機関化傾向」が作用し、「制度化」が進展するのであり、それらをめぐるヘゲモニーの基本的な対立関係があると言うことができるのである。しかしアーリ自身はその後、ヘゲモニー論的視点から「社会的諸関係」を分析して、そこに「社会制度」の展開論理を位置付けているわけではない。

　東欧民主主義革命を経た1990年代の半ば、多元的・批判的共同体主義の立場に立つ M. ウォルツァーはその編著で、市民社会とは「非強制的な人間の共同社会 association の空間」であり、その空間を満たす「関係的なネットワーク」であると定義し、民主的シティズンシップ、社会主義的協働、個人的自律、国民的アイデンティティの「包括性」を強調した。同書でコーヘン（コーエン）は、国家－市民社会－経済構造の3項モデルに、それぞれを媒介する政治社会と経済社会を位置付けた「5項モデル」を提起している。「国家＝政治社会プラス市民社会」の理解を加えてグラムシ的3次元を具体化しようとする提起である。さらにニールセンは、共同体主義的な社会民主主義を評価しながらも、市民社会に独自な実践・組織・制度の現実的・具体的解明の重要性を強調していた[10]。しかし、これらはいずれも問題提起に終わっており、具体的な理論と実践は21世紀へ引き続く課題となった。

　21世紀には、グラムシ的3次元も冷戦体制崩壊以後のグローバリゼーションをはじめとする社会変動の中で考える必要がある。たとえば前掲のアーリは21世紀に入って、『グローバルな複雑性』をテーマとし、旧来の「線形的な社

（9）J. アーリ『経済・市民社会・国家―資本主義社会の解剖学―』清野正義監訳、1986（原著1981）、法律文化社、p.15。
（10）M. ウォルツァー編『グローバルな市民社会に向かって』石田淳ほか訳、日本経済評論社、2001（原著1995）、p.10、31、47、65。

会科学」を批判し、非線形な複雑性、そこから生まれる「創発性」の重要性を強調している。そこでは、いかなる「構造」も「エージェンシー」もなく、「マクロ」も「ミクロ」もなく、さらに「社会」も「個人」もなく、「システム世界」も「生活世界」もないこと、つまり、「他のものとは相互排他的な並列関係」にある「本質」などはないとされる[11]。そうした視点から、A. ギデンズや J. ハーバーマスなど旧来の社会理論が批判されているのである[12]。

　それでは今日、どのような社会理論が必要なのか。注目すべきは、社会科学における非線形的分析の最もすぐれた例として、グローバルに展開する資本主義と資本主義国家の創発的矛盾、「高次の」創発秩序の形成を促す労働者階級を分析した K. マルクスの理論があげられていることである（p.118-121）。そして終章では、それらを今日的に発展させる可能性をもったものとして、ネグリ／ハートの〈帝国〉と「マルチチュード」をあげている。アーリはその理論の機能論的性格の限界や、複雑性やハイブリッド化、グローカル化のアトラクタなどの検討の必要性も指摘している（p.193-197）。本編では、これらをふまえつつ、ネグリ／ハートの理論を第３章で取り上げてみることにしよう。

　しかしながらアーリは、マルクスの理論を発展させようとしたグラムシの社会理論についてはふれていない。以前はグラムシ的３次元の分析を重視していたアーリにとって、その再検討は避けられなかったはずである。グローバリゼーションや「複雑性の増大」によって、グラムシの思想は有効性を失ったと考えているのであろうか。しかし、グラムシ研究という視点からみると、グローバリゼーションに対応して以下のような展開があった。

　グローバリゼーション時代におけるグラムシ研究の新展開への大きな契機となったのは、グラムシ没後 60 周年記念国際シンポジウム「グラムシ・現代イタリア・現代世界」（1997 年）であろう。第１セッションでは、イタリア、北アメリカ、韓国そして日本から、50 周年以後の 10 年間のグラムシ研究の動向

(11) J. アーリ『グローバルな複雑性』吉原直樹監訳、法政大学出版局、2014（原著2003）、p.184。以下、引用ページは同書。
(12) ハーバーマスについては後述する。アーリは立ち入ってはいないが、ギデンズは〈民主制の民主化〉を主張し、「対話型民主制」や「感情の民主制」を提起していた。A. ギデンズ『左派右派を超えて―ラディカルな政治の未来像―』松尾精文・立松隆介訳、而立書房、2002（原著1994）、p.29-30。

と課題、第2セッションでは、7つの研究領域からの報告がなされている。第
3セッションでは現代イタリアがテーマとなっているが、まさにその報告書の
タイトル『グラムシは世界でどう読まれているか』についての総合的なシンポ
ジウムであり、グローバリゼーション時代のグラムシ理論の発展が課題となっ
た[13]。

　第1セッションの日本側報告者の一人である片桐薫はその後、こうした中で
の国際的政治動向をふまえて、21世紀は「ポスト・アメリカニズム」（アメリ
カニズムというヘゲモニーの終焉）時代だと評価し、サバルタン（被抑圧階級）、
ヘゲモニー、知識人などのグラムシ思想を再検討している。注目されるのは、「自
由と道徳」と「市民社会」についての指摘である。前者ではA.センとの対比
がなされ、労働者階級とその知的・道徳的指導を前提として「自由と道徳のい
わば螺旋的関係」を探っていったグラムシと、「さまざまな問題状況にある他
者への『同感』と『コミットメント』という民主主義を支える個人の主体形成
の重要性を強調」するセンとの差異はあるが、両者には方法論的共通性がある
という。①異端的指向、②人間への洞察、③非二者択一的思考、である。片桐
は、ネオリベラリズム的な「市民社会の脱政治化」や、国家－市民社会の二元
論的理解を批判しつつ、「グローバリゼーションの巨大な過程をコントロール
し、今日の複雑性・多様性に対応するための民主的ヘゲモニー形成の問題」を
提起していた[14]。本編では第3章で、これらの点にかかわる「民主主義」の
課題を考えてみる。

　もう一人の日本側報告者である松田博は、ヘゲモニー論の現代的展開の動向
をふまえつつ、グラムシの原典とくに「フォルミア特別ノート」のうち、いわ
ゆる「サバルタン・ノート」の今日的意義を強調している。スピヴァク『サ

---

(13) グラムシ没後60周年記念国際シンポジウム編『グラムシは世界でどう読まれて
　　いるか』社会評論社、2000。同書では、「番外編」としてスペイン、ドイツ、
　　ロシアからの報告も収録されている。このシンポジウムに参加した筆者の受け
　　止め方については、拙著『現代教育計画論への道程―城戸構想から「新しい教
　　育学」へ―』大月書店、2008、第6章を参照されたい。
(14) 片桐薫『ポスト・アメリカニズムとグラムシ』リベルタ出版、2002、pp.36、
　　185-198、212、225。

バルタンは語ることができるか』（1988年）[15]などの出版以来、「サバルタン（従属的社会集団）」論はグラムシ研究の重要テーマとなってきている。松田は、それは「支配的ヘゲモニーからのサバルタンの自律性獲得（反‐受動革命）がグローバルなオルタナティヴ・ヘゲモニーの主体的要因となりつつあることを示唆している」と言う[16]。そして、同ノートにおける「ホモ・ファーベル」（労働する人間）と「ホモ・サピエンス」（理性をもつ人間）の理論的・実践的統合（生産＝労働主体による内発的な精神的‐肉体的「均衡」の獲得）の課題をふまえた上で、「サバルタン論を欠落させた市民社会論」も「市民社会論を欠いたサバルタン論」も一面的なものとならざるをえないだろうと言っている。サバルタン論は、国際開発の反省的見直し、あるいは世界社会フォーラムはじめ第3世界からの国際的社会運動を支える一つの論拠ともなってきた[17]。グローバリゼーション下の国際的格差拡大、貧困・社会的排除問題の深刻化が背景にあるだろう。後述するように、ネグリ／ハートの提起する「マルチチュード」は「現代のサバルタン」ということもできる。

　以上のような動向をふまえつつ、以下では、グラムシの中心的思想とされてきたヘゲモニー論、とくにグラムシが同時に、ヘゲモニー関係は「教育学的関係」であると言っていることの意味を考えてみる。

第2節　ヘゲモニーによる3次元の統一

　前節をふまえると、第1に、ヘゲモニー論こそがグラムシ的3次元を統合するものだと言える。政治と社会と経済にまたがって展開されている「ヘゲモニー」こそが、それらを統合する政治的・実践的契機なのである。そのことは、第2に、3次元の全体を政治学的、社会学的、あるいは経済学的な視点からの

---

(15) G. C. スピヴァク『サバルタンは語ることができるか』上村忠男訳、みすず書房、1988（原著とも）。

(16) 松田博『グラムシ思想の探求―ヘゲモニー・陣地線・サバルタン―』新泉社、2007、pp.34、115、117、147。

(17) 国際開発の反省的見直しとの関係については、拙著『持続可能な発展の教育学―ともに世界をつくる学び―』東洋館出版社、2013、第5章。

みで展開することはできないことを示している。むしろ、第3に、「ヘゲモニー＝教育学的関係」だとすれば、広義の教育学こそが全体を統合する位置にあると言えよう。その展開のためには、第4に、「教育学」そのものの新たな発展が必要であろう。本節ではまず、第1および第2の点についてふれておこう。

　グラムシ研究には最近でも新たな展開があるが[18]、前提となる「ヘゲモニー」概念はこれまで多様に理解されてきた。前節でふれた松田博は、『獄中ノート』以前の前史からヘゲモニー論の展開をヘゲモニー装置、国家・市民社会論、受動革命論・トラスファルミズモ論にわたって整理した上で、その研究には2つの傾向ないし特徴が認められるとしている[19]。すなわち、一つは、「先進諸国」におけるオルタナティヴ・ヘゲモニーと変革主体形成の理論的・実践的課題に直結させたヘゲモニー論である。もう一つは、現代資本主義国家のヘゲモニー構造・体系・装置の強靭さの諸契機を解析していこうとする系である。そして最近では、陣地戦論やサバルタン論など多様な展開があるが、そこに共通するのは、原理ではなく「方法としてのグラムシ」が意識されていることだとしている。

　それでは「方法としてのグラムシ」からみたヘゲモニーとは何か。ここでは、グラムシ思想の「学的構造」を体系的に捉える試みをしてきた鈴木富久の整理をみておこう。

　鈴木は一階級が自己の「経済的－同業組合的段階」を超克し、「他の従属的諸集団の利害となることができるし、そうならなければならないという意識に到達」した段階を「ヘゲモニー段階」、そうして「国民的エネルギー全体の発展の原動力」となり「社会の全分野にわたって優位を占め、権威をもち、浸透しようと努める階級」を「ヘゲモニー階級」というグラムシの指摘をふまえた上で、ヘゲモニーの一般的理解として次のように言う。すなわち、「一階級が、自己が全社会に向けた指導に対して広範な住民大衆から恒常的に同意を獲得している状態であり、そこに成立している階級間の指導－同意の関係をさすが、そこに含意されているこうした状態を創造する指導階級の力量と、その行使に

───────────────

(18) たとえば、『季刊　唯物論研究』第139号、2017、の特集「グラムシ没後80年—グラムシと現代世界、グラムシと私」などを参照。
(19) 松田博『グラムシ思想の探求』前出、p.32-34。

よる同意組織化の機能をも表す包括的な概念として理解しうる」[20]、と。

　本編でも、この理解を前提とするが[21]、そうした意味での「同意組織化の機能」こそが「教育学的関係」であり、「教育的」機能を顕在的に働かせるのが「文化的ヘゲモニー」＝知的・道徳的ヘゲモニー（p.78）と考えられる[22]。しかし、グラムシはヘゲモニー関係を狭い意味での「文化」や「教育」に限らず、「3次元」の全体にかかわるものとして考えている。

　鈴木は、『獄中ノート』の4大主要テーマとして、①哲学、②政治学、③イタリア知識人史、④「アメリカニズム」とフォード主義、を挙げている。③は広義の教育労働者論であるが、④については、グラムシ理論を発展させたと言われているレギュラシオン理論にふれるまでもなく、まず経済学としての発展が大きな課題となっている。グラムシは、④について、一般的には「結果的には計画経済の組織に到達する内在的な必然性から生まれたものであり、検討されるさまざまな問題がまさに旧来の経済的個人主義から計画経済への移行をあらわす鎖の環にちがいないのではないか」とし、経済的問題として理解した上で、その「新しい諸目的にもとづいて『操ら』れ、合理化されるにちがいない従属的諸勢力（サバルタン）が抵抗するのは必至」だとしていた[23]。

　そして、「本質的にもっとも重要な、ないしはもっとも関心をそそられる問題」として次のような点をあげていた。すなわち、(1)工業生産に直接立脚した金融資本の蓄積と分配の新しいメカニズム、(2)性の問題、(3)アメリカニズムは一つの歴史的「時代」を構成することができるか、(4)ヨーロッパの人口構成の「合理化」の問題、(5)この展開は産業・生産世界の奥底に起点を持たねばならないか、

---

(20)鈴木富久『アントニオ・グラムシ―『獄中ノート』と批判社会学の生成―』東信堂、2011、pp.76-77。

(21)もちろん、「階級」の今日的特徴をふまえておかなければならない。さしあたって日本については、橋本健二『新・日本の階級社会』講談社現代新書、2018、小熊英二『日本社会の仕組み―雇用・教育・福祉の歴史社会学―』講談社現代新書、2019、など。

(22)筆者の文化的ヘゲモニー理解については、拙著『エンパワーメントの教育学―ユネスコとグラムシとポスト・ポストモダン―』北樹出版、1999、第4章。

(23)A. グラムシ『ノート22　アメリカニズムとフォーディズム』東京グラムシ会『獄中ノート』研究会編訳、いりす（同時代社）、2006、p.20-23。以下、引用は同書。

それとも「外部から起こる可能性」があるかどうかの問題、⑹フォード主義的
企業の「高額賃金」の問題、⑺利潤率低下の傾向的法則を乗り越えるための企
業の側からの相次ぐ試みの過程の極致としてのフォーディズム、⑻国家・社会
的装置による精神分析療法、⑼ロータリー・クラブやフリーメーソン、などで
ある。

　鈴木はノート「アメリカニズムとフォード主義」を、彼のいう「歴史分析の
３次元方法論」（哲学→「歴史と政治の研究と解釈の実際的諸基準」→「歴史
と政治の文献学」）の実例として位置付けている（前掲書第８章）。フォード主
義についてはグラムシが、マルクス『資本論』で解明された経済法則と関連さ
せて上記⑺の点を位置付けていることを指摘している（p.139）[24]。アメリカ
ニズムについては、新工業主義（工業社会あるいは工業主義）の諸問題として、
経済体制に還元することなく、ヘゲモニー論として捉えていることを評価して
いる（p.154）。

　国家の市民社会に対するヘゲモニー、市民社会におけるヘゲモニーをめぐる
「陣地戦」、そして「ヘゲモニーは工場から」というグラムシの言葉はよく知ら
れている。以上をふまえるならば、ヘゲモニー論は３次元の全体にわたるもの
であり、むしろ３次元を統合する理論であると言える。この確認の上でわれわ
れはまず、グラムシ自身が、あらゆるヘゲモニー関係は「教育学的関係」だと
強調していることに注目する必要があろう。

⑵⑷グラムシは、同上書がノート22の関連草稿として整理した「ノート10」で、利
　潤率の傾向的低下については、テイラー主義とフォード主義に基づいて検討さ
　れるべきだとし、「２つの生産と労働の方式、不変資本の累進的上昇という条
　件のもとでの変数を増やすことによって、傾向的法則をうまく迂回しながらそ
　の法則を克服しようという進歩的な試みではないか」としている。そして、そ
　の変数の目録として、１）次々と導入される機械、２）耐久性ある金属の使用、
　３）新しいタイプの労働者の養成と高額賃金による独占、４）製造原料の削減、
　５）副産物の利用、6）熱エネルギーの廃棄物の活用、である（同上、p.141）。２）
　と３）を除いてマルクス『資本論』の（第３巻の利潤率の傾向的低下に「反対
　に作用する諸原因」ではなく第１巻の）相対的剰余価値生産論で指摘されてい
　ることであるが、とくに３）がフォード主義を特徴付けるものであり、レギュ
　ラシオン理論が着目した点である。

第3節　「ヘゲモニー＝教育学的関係」における民主主義

　グラムシによれば、近代の政治的民主主義は、市民社会と政治的国家の分裂を前提にし、それまでの封建的な政治組織、あるいは経済的＝同業組合的な政治的組織の限界を乗り越えようとするものである。それは、普遍的な「国民」形成段階に対応し、基本的社会集団が他の従属的諸集団に対して、知的・道徳的なヘゲモニーを確立するために不可欠な歴史的政治制度である。こうした視点に立つならば、リベラル・デモクラシーあるいは近代民主主義諸制度は「政治社会が市民社会に再吸収される過程においてその歴史的任務を終え死滅する」のであるが、「政治社会と市民社会の分裂状態においては、リベラル・デモクラシーは絶対的に擁護されなければならない」ということになる[25]。この理解をふまえながら、ヘゲモニー＝教育学的関係にかかわる既述の第3及び第4の点、について見てみよう。

　グラムシは「教育理論と教育実践の現代的提起」にかかわって次のように言っていた。「教師と生徒の関係は積極的であり、相互的であり、したがってすべての教師は常に生徒であり、すべての生徒は常に教師である。しかし、教育関係を、新しい世代が古い世代と接触し、古い世代の経験と歴史的に必然的な価値を吸収して、自己の個性を『成熟させ』て、歴史的・文化的により優れたものに発展させるような、特殊『学校教育的』諸関係に固定することはできない。この〔教育〕関係は、社会全体を通して存在し、他の諸個人と関係するいかなる個人にとっても存在している。すなわち、知識人層と非知識人とのあいだに、統治者と被統治者とのあいだに、エリートとその追随者とのあいだに、指導者と指導されるもののあいだに、前衛と軍本隊のあいだに存在している。いかなる『ヘゲモニー』関係も必然的に教育（学…引用者）的関係であり、一国内で国家を構成するさまざまな勢力のあいだにだけでなく、国際的で世界的な全領域においては、諸国家および諸大陸の文明総体のあいだにも生じる。」[26]

　「いかなるヘゲモニーも必然的に」教育学的関係で、社会全体に存在すると

(25) 谷本純一「グラムシとリベラル・デモクラシー」東京唯物論研究会編『唯物論』
　　第82号、2008、p.84。

いう、このようなグラムシの理解は、ヘゲモニー＝教育学的関係の普遍的性格、教育学的視点から見た展開の可能性と課題を示している。「知識人と非知識人（大衆）」との関係の歴史が『獄中ノート』の「中心的大テーマ」（鈴木富久）となった所以であろう。ただし、そこに成立する可能性をみた、教師＝生徒の関係、いわば「生徒と教師の弁証法」の展開には条件がある。

　すなわち、グラムシは上掲の引用文に続けて言う。文化環境と哲学者＝知識人＝歴史的人格の間に「もっとも一般的な意味での師弟関係」が生じるのは「思想の自由および思想表現（出版、結社）の自由」（現代知識人のもっとも重要な要求のひとつ）という政治的条件が存在しているところでだけ」であり、そのもとではじめて「現実に『民主主義的哲学者』と呼ぶことのできる新しい型の哲学者、すなわち自分の人格は自己の肉体に限定されるのではなく、文化的環境の変革という一つの能動的な社会関係である、ということを確信した哲学者が実現される…学問と生活の統一はまさに能動的な統一であり、そこにおいてのみ思想の自由が実現され、またそれは、教師－生徒の関係であり、哲学者－文化環境の関係である。」、と。

　これらは、グラムシが「すべての人間は哲学者である」「すべての人間は知識人である」が、一定の社会的条件のもとではじめて職業的な「哲学者」や「知識人」が成立すると言っていることを前提にして読まれなければならない。その上で、「文化環境の変革という一つの能動的社会関係」にかかわり、「学問と生活」を能動的に統一するような「新しい型」の「民主主義的哲学者」となるための政治的条件と実践的課題が述べられていると考えることができよう。ここにきて「思想の自由および思想表現（出版、結社）の自由」の発展、一般に「民主主義と教育」の関係が問われなければならなくなってくる。

　グラムシは、知識人と大衆による「知的・道徳的ヘゲモニー」形成の一環において「民主主義」を位置付けた。グラムシにとって「知的・道徳的ヘゲモニー」確立は、私的個人であることを超えて、社会的個人・道徳的人格として自己形成すること、そのことを通して「国家の市民社会への再吸収」、したがって国家公民であることを超克していくことを意味した。

---

(26) 次の引用とともに邦訳は、D. フォーガチ編『グラムシ・リーダー』東京グラ
　　 ムシ研究会監修・訳、御茶の水書房、1995、p.432-433。

表1-1　近現代の人格と教育理念

人格の諸側面 （アスペクト）		教育理念	現代的実践課題
近現代的 人格	類的存在 地球市民	世界主義	持続可能性 （世代間・世代内公正）
	公民 国家公民	国家主義	公共性
	道徳的人格	規範主義	（主権者←→自己統治主体）
	市民 社会的個人	社会的機能主義	協同性
	私的個人	個人的自由主義	（自己実現と相互承認←→社会形成者）

　以上をふまえて「民主主義と教育」について検討していくが、教育学的検討の出発点は、近代に始まり現代に至る「近現代的人格」である。そこで、後論のために、近現代的人格と教育理念および現代的実践課題の関係構造を**表1-1**に示す。「民主主義と教育」についての諸議論の布置連関は、まず、この表をもとに理解される必要がある。

第4節　近現代的人格と民主主義

　戦後福祉国家における国家公民のあり方については、J. ロールズが提起した「公正として正義」を代表的モデルとして考えられてきた。しかし、その後の新自由主義的・新保守主義的政策の展開、リバタリアン対コミュニタリアンの対立、国民国家を相対化するグローバリゼーションの展開の中で、「公正としての正義」の基盤となる民主主義の再検討が求められてきた。

　そこで登場したのが、「規範倫理から討議倫理へ」の展開によって民主主義の再興を提起した J. ハーバーマスである。彼は、近代以降の「実践理性」に取って代わる「コミュニケーション的理性」を発展させた「討議理論」によって、今日の政治理論と法理論における「事実性」（客観主義）と「妥当性」（規範主義）の対立を克服しようとする。正義と連帯（あるいは一般的幸福）、義務と善を結びつける「討議倫理」は「手続き概念の助けを借りてこそ何か実質的なものになる」と言う[27]。ここから、複雑化する社会の中で、「完全に世俗化した

---

(27) J. ハーバーマス『討議倫理』清水多吉・朝倉輝一訳、法政大学出版局、2005（原著1991）、p.14。

政治国家は徹底した民主主義（ラディカル・デモクラシー）がなくては構築することも維持することもできない」という予感をもちつつ、社会学的法理論と哲学的正義論を包摂し、市民形式法モデルと社会国家モデルとの対立を克服する「手続き的法パラダイム」のもと、「民主主義の手続き概念」にもとづく「協議政治」と民主的法治国家が展望されたのである[28]。「討議的あるいは協議的なデモクラシー」の提起である。

　これらは、**表 1-1** に即して言えば、公民における「国家公民」と「道徳的人格」の対立・矛盾を克服する「公共性」形成、その制度化の課題にほかならない。もちろん、「道徳の教科化」や「主権者教育」＝政治的リテラシー教育が進展している今日、「民主主義の手続き的概念」の重要性を指摘することには一定の今日的意義がある。しかし、「公民 civic」教育は「市民性 citizenship」教育に支えられる必要がある。「ラディカル・デモクラシー（根源的民主主義）」（後述）への志向性をより創造的に展開しようとするならば、市民における「私的個人」と「社会的個人」の矛盾をも克服する「協同性にもとづく公共性」が問われなければならない。公共性形成は、「コミュニケーション的理性」を超えて、市民社会（ハーバーマスの用語では「生活世界」）における「市民」の「観察的」「行為的」「協同的」「公共的」な現実的理性の形成があってはじめて実質的である。

　『公共性の構造転換』第 2 版序文（1990 年）で冷戦体制終了後の「市民社会 Zivilgesellschaft」の重要性を提起していたハーバーマスは、「コミュニケーション的に産出された権力は、一方における法的に制度化された意思形成、他方における、それ自体として国家と経済から等しく距離を取る市民社会 Zivilgesellschaft の連帯的結合に基盤をもつ、文化的に動員された公共圏、これら両者の間での相互作用から生まれる」と言い、公共圏は政治システムと生活世界の行為システムを媒介する「中間的構造」をなすが、「政治行為システムは、生活世界のコンテクストに根ざしている」としている[29]。しかし『事実性と妥当性』（1992 年）に、市民社会や生活世界における「連帯」に基盤を

(28) J. ハーバーマス『事実性と妥当性—法と民主的法治国家の討議理論にかんする研究—』（上）河上倫逸・耳野健二訳、未来社、2002（原著1992）、pp.13、22-23。

(29) J. ハーバーマス『事実性と妥当性』（下）同上、pp.26、82、104-105。以下の引用は同書。

おく民主主義の展開論理は見られない。彼は「生活形式の文法」を重視するが「生活内容」、具体的な生活課題や地域課題にかかわる「社会的実践」＝「社会的協同 Assoziation」活動については、民主主義の課題としてはふれていない。ハーバーマスは増補版（1994 年）の後記では、あらためて「法治国家と民主主義の内的連関」を証明しようとし、「国民主権と人権は相互に前提しあう」ことを主張しつつ、「権利のグローバル化」「世界市民状態」を考慮すべきことにもふれている（p.309）。表 1-1 の「地球市民」形成が課題となってきたのである。この点も含めて、後述の表 2-1 に見るように、「連帯」の権利を発展させる「現代的人権」（現代民主主義が保障すべきもの）の全体像が示されなければならないであろう。

　本編では「ラディカル・デモクラシー」にはじまる現代民主主義論の発展を第 3 章で吟味するが、その前に J. デューイにまで立ち戻りつつ、市民社会に根ざした「民主主義と教育」論を再検討しておかなければならない。表 1-1 にもとづく民主主義派デューイの位置付けについては、別稿[30]でふれた。ハーバーマスは、デューイが「民主主義の手続き主義的理解」の重要性を「誰よりも精力的に説いていた」と評価している（p.29）。もとより、ドイツ・ヨーロッパ的脈絡で Assoziation の新展開を重視しながら、「国家主権と人権」の相互関連（民主主義）の問題を考えようとしたハーバーマスに対して、アメリカの脈絡で「民主主義と教育」を考える場合には、それらの背景の違いについても配慮しておくべきであろう。

　たとえば、比較憲法学の立場から樋口陽一は、仏・米・独の憲法における「個人・国家・社会」関係を類型化したドイツの公法・憲法史学者キューネの、フランスは一元論、アメリカは二元論、ドイツは三元論だという類型論を取り上げている。すなわち、フランスでは、国家による「個人の社会からの自由」を貫徹して中間集団を否定する一元論をとったが、個人の解放のために中間集団を敵視する必要が少なかったアメリカでは、個人と「諸個人からなる自由な結合」としての結社をひとくくりにして国家に対置する二元論、それらに対して、もともと身分特権の担い手だった中間集団を原型としたドイツでは、それを個

---

(30)拙稿「『対応理論』再考」北海学園大学『開発論集』第102号、2018。

人とは別の枠組みで捉える三元論となった、ということである。樋口はこの3類型をふまえて最後に、集団を「民主主義憲法理論の枠組みのもとで包括的に取扱」おうとしたヘーベルレの論説、つまり「三元論の世界、すなわち、社会と国家と個人が均衡を保つべき3つの単位とされているひとつの像」を紹介している[(31)]。

　こうした類型論は、グラムシ的3次元とそこにおける「諸個人からなる自由な結合としての結社 association」の位置付けを考える際にも参考になる。ただし、三元論の今日的重要性は、ドイツ的類型の優位性が理解されてきたということではなく、それぞれの国における政策と実践、とくに association の実践の歴史的発展を通してであったことは指摘しておかなければならない。本編ではしかし、比較社会制度・教育制度論や歴史的考察が目的ではないので、この類型論については念頭におくことに留める。

　さて、グラムシが「教育理論と教育実践の現代的提起」と言っていたのは、19世紀末から国際的に展開してきた「新教育運動」であろう。そこで次章では、その代表的な理論と実践として、デューイに代表されるアメリカのプラグマティズム的教育改革運動を取り上げて「民主主義と教育」の関係を考えてみよう。

　グラムシによれば、「思想の自由および思想表現（出版、結社）の自由」という民主的政治条件が整うことが、「教師と生徒の弁証法」が成立し、民主的哲学者＝知識人＝教育者が形成される必要条件であった。この理解は、現在の日本における学校教育現場でもなお重要なことである。このテーマについて議論する際に避けて通れないのは、経験主義、進歩主義、プラグマティズムの代表的研究者・教育活動家としてのJ. デューイの『民主主義と教育』（1916年）であろう。グラムシが想定していた「教育理論と教育実践の現代的提起」＝新教育を代表するものと考えることができるからである。デューイの理論は、戦後直後の日本における「新教育」はもとより、アクティブ・ラーニング（主体

---

(31) 樋口陽一『憲法　近代知の復権へ』平凡社、2013、pp.275-279、291-293。なお、樋口が同書で、「人欲の解放」としての「感性的自由」に対して、「規範創造的な自由」、「理性的な自己決定としての自由」を提起していることは、ハーバーマスの主張とも重なると言える（p.83）。

的・対話的で深い学び）を重視する最近の教育政策だけでなく、既存学校を批判するフリースクール（自由学校）にも大きな影響をあたえている⁽³²⁾。しかし、「民主主義と教育」に関するその内容が必ずしも理解されているわけではない。

---

(32)たとえば、高度経済成長以降の自由学校（オルターナティヴ・スクール）にかかわって、堀真一郎『新装版　増補・自由学校の設計』黎明書房、2019、pp.114、128、277など。

第 **2** 章

現代の「民主主義と教育」

第1節　『民主主義と教育』再考

　19世紀末から20世紀前半に展開された「新教育」は、アメリカの進歩主義的教育 progressive education やドイツの改革教育 Reformpädagogik をはじめとする国際的な運動であった[1]。日本では長尾十三二監修『世界新教育運動選書』全30巻＋別巻3巻（明治図書、1983-1990）を契機に新たな捉え直しの動きがあり、それは21世紀に入って多面的・総合的なものとなってきている。最近では、デューイ的枠組みにもとづく子ども中心主義的「新教育」は、「『心理（学）的観点』によって子どもの自己活動の掌握を強めたものの、『社会（学）的観点』にあたる社会認識においてしばしば批判が不徹底あるいは保守的であったために、結局は子どもをいっそう確実に社会追随の方向へ誘導すること」にもなったといったというような批判的評価もなされている[2]。その際には、現代教育の特徴を「もっとソフトな、誘導的な管理」などに見いだす一方、新教育の「地平」そのものの批判、ポストモダン的あるいは存在論的な再検討などの試みも紹介されている。

　しかし、それらにおいては「民主主義と教育」という視点からの検討は十分だとは言えない。はたして、アメリカでの新教育展開の脈絡をふまえて、デューイも「子どもをいっそう確実に社会追随の方向へ誘導する」ことになったので

（1）子ども観の革新に伴う運動としてみれば、国際新教育運動は戦後の世界人権宣言（1948年）の教育条項、さらに国連「子どもの権利宣言」（1959年）に結実する運動だという理解もできる。堀尾輝久『人間形成と教育―発達教育学への道―』岩波書店、1991、p.313。

（2）菅野文彦「〈新教育〉の興隆と展開」山崎準二編『教育原論』学文社、2018、p.63。菅野のデューイからの引用は、もっぱら初期の『学校と社会』からのもので、中期の『民主主義と教育』とそれ以降の検討はなされていない。

あろうか。別稿⁽³⁾でみたように、ボウルズ／ギンタスは新教育を支えたリベ
ラル教育論には専門技術主義派と民主主義派があるとし、デューイを後者に位
置付けていた⁽⁴⁾。その理解の上で「対応理論」によるデューイ批判とその限
界にふれたが、ここではあらためて、「民主主義と教育」という視点を中心
にして、その特徴と残されていた課題を検討しておくことにしよう。

　『米国カリキュラム改造史研究』（1990 年）をはじめ、アメリカ教育改革史
にくわしい佐藤学は、1919 年に日本を訪れたデューイが、すでに彼の『学校
と社会』や『民主主義と教育』の日本訳もなされ、当時の大正デモクラシーの
もとでの自由主義教育の展開も見られたのにもかかわらず、日本の民主主義に
失望したこと（反対に、中国の民主化運動に大きな期待を寄せていたこと）を
指摘している。デューイは、とくに日本の知識人や教師の「政治の未熟」、ア
ジアの植民地支配から目を背ける「道徳的勇気の欠落」、「多様性を認識せず
単一性で日本文化を特徴付けるイデオロギー」など、「日本には民主主義が育
つ素地がなく、プロレタリア革命か狂信的軍国主義かの二者択一の道しか残さ
れていない」と憂慮した。佐藤は、その 75 年後でも、臨時教育審議会答申な
どにもとづく改革が進む日本では、「市場原理」を基礎とする学校と学習の改
革が容易に理解されるのにたいして、「民主主義原理」を基礎とする学校と学
習の改革はイメージしにくく、「デューイが絶望した日本の政治と倫理の未熟」
という課題状況がなお日本で持続していると言わざるをえない、と言う⁽⁵⁾。

　デューイに即してではないが、アメリカにおける教育制度改革とそれを支え
た思想の歴史をたどった苅谷剛彦も、それらを取り入れたはずの戦後日本の教

（3）拙稿「『対応理論』再考」北海学園大学『開発論集』第102号、2018、Ⅱ。
（4）ラバリーはこれらを、「管理行政的」と「子ども中心主義的」とに分けている。
　　その上で彼は、進歩主義教育運動の第一の貢献は「総合制ハイスクール」を確
　　立したことだとしているが、それは階層的トラックを備えたものとして「リベ
　　ラル民主主義社会の矛盾の制度的現れ」であり、アメリカの学校教育システム
　　を動かしたのは「改革者でなく消費者」だとしている。D. F. ラバリー『教育
　　依存社会アメリカ―学校改革の大義と現実―』倉石一郎・小林美文訳、岩波書店、
　　2018（原著2010）、pp.99、110、206、257-258。
（5）佐藤学『カリキュラムの批評―公共性の再構築へ―』世織書房、1996、pp.269-
　　270、273。

育の問題点を指摘している。すなわち、第1に、「平等と自由との緊迫した思想的対立を欠いた教育の量的拡大」であり、第2に、「平等主義が選抜や競争を学校制度に導き入れる役割を果たしてきたこと」を見逃し、第3に、「素朴な機会の平等観に立った教育の拡張が、社会的不平等を温存しつつ、それを隠蔽する大衆教育社会をつくりあげてきた」、と。そして、「アメリカの歴史と見比べると、日本の教育改革はまるで喜劇のように見えてくる」とまで言って、「教育を支える思想の土台があまりに脆弱」なことを強調している(6)。その思想とは、「平等と自由との緊迫した思想対立」を乗り超えようとする「民主主義の思想」であろう。

　以上の指摘は、民主主義論に立ち入った教育理論の再検討が必要であることを示している。その際にまずふまえておくべきことは、代表的論者としてデューイを取り上げるにしても、彼自身の思想と研究にも歴史的変化があったということである。

　日本のプラグマティストを自認する鶴見俊輔は、デューイの哲学、とくに論理学では「探求」、形而上学では「とりひき（トランザクション）」、そして教育学では「経験の改造」が中心概念であったように、長寿を特徴とする彼の研究がつねに漸進的に発展してきた経緯を整理している。民主主義の問題は政治哲学として整理されていて、その総仕上げというべき『自由と文化』（1939年）にもとづいて、次のような主張が引照されている。民主主義論が全体主義的なソ連型マルクス主義やファシズムに対置されていること、アメリカ民主主義の源流として T. ジェファーソンの諸原理とくに「倫理的なもの」が重要であること、同時に民主主義はその目的とともに「民主主義的方法を要求」すること、「協力的な自由と自主的協力に役立つように人間性のもろもろの力の絶え間ない解放」のための「多元的・部分的・実験的な諸方法がもっている有効性」を示す必要があること、などである(7)。これらの後半部分は、『公衆とその諸問

（6）苅谷剛彦『教育の世紀―学び、教える思想―』弘文堂、2004、エピローグ2。「平等と自由との緊迫した思想的対立」については、宮寺晃夫『教育の正義論―平等・公共性・統合―』勁草書房、2014、など参照。
（7）鶴見俊輔『デューイ』講談社、1984、Ⅲ-9参照。前述の日本と中国への訪問とその評価については、Ⅱ-5、6およびⅣ-3。

題』（1927年）で論じた、「大衆」に対する「公衆」の形成にかかわる論点の、大不況（1929年）以降の内外情勢をふまえての展開と言える。

　デューイに関しては、戦後福祉国家展開以後のネオ・プラグマティズムの展開をふまえて、より立ち入った研究もあらわれている。プラグマティズムの視点からデューイの研究を整理した柳沼良太は、J. A. ボイドストン編集の『デューイ著作集』の区分を参考にしながら、「実験的観念論」の前期（1882-1899年）、道具主義・プラグマティズムの中期（1900-1924年）、自然主義的形而上学の後期（1925-1953年）に時期区分している。この時期区分によれば、『民主主義と教育』は中期の代表的作品ということになるが、『学校と社会』（1899年）とあわせて、デューイの教育学研究の代表作とされていることは周知のとおりである。柳沼はR. ローティの指摘もふまえて、デューイがその思想と教育学の究極的関心をキリストから民主主義へ転換していったのは前期から中期への移行期だとしている。そして、この時期のデューイは、よく知られた「反省的思考の5段階」や「問題解決学習」論を展開するだけでなく、「社会再構築主義」の立場から、「広汎な問題解決学習をつうじて将来子どもが民主主義社会に自由に参加できるような教育を提唱」したと指摘している[8]。

　1980年代のプラグマティズム・ルネッサンス以降、新たなプラグマティズムの展開（代表的論者はR. ローティ）もなされてきている。そうした中で、デューイの民主主義論と教育論の再検討もなされている。

　たとえば、民主主義論の視点からは宇野重規が、偶然性や偶発性を強調する自由主義者であるローティは、平等主義者であったデューイよりもパースに近いとしているが、リベラル左派として「実験」（「経験」）を強調する点ではデューイと共通していると言う。デューイにとって重要なことは「人々がともに行為し、経験を共有すること」であり、「民主主義社会を打ち立てていくために、人々が協同して働くための技法を広く教育によって提供すること」であった。プラグマティズムによる民主主義像は、すべての個人はその生を通じて「実験」を行う権利をもち、それを具体化する過程で多様な「習慣」を身につけ、そのこ

（8）柳沼良太『プラグマティズムと教育—デューイからローティへ—』八千代出版、2002、pp.47、50、84、112。

とによって別の個人と結びついていき、その習慣に込められた「理念」を継承することである[9]、と。「経験」（それにもとづく「習慣」）と「民主主義」の不可分の関係が強調されているのである。

　教育学的視点からは柳沼良太が、ローティとデューイとの異同を整理している。すなわち、共通点としては、①全体主義的 holistic アプローチ、②啓発的哲学の重視、③社会再構築主義の支持である。ローティのデューイに対する独自性としては、①公私の明確な区別（私的領域の重視）、②個性化と社会化の区別（初等・中等教育における社会化と高等教育における個性化重視）、③（初等・中等教育における）新保守派的教育、が挙げられている。しかし、両者に代表されるリベラル左派としてのプラグマティズムは、日本が当面する教育改革においても、「理想的な民主主義社会を漸次構築していく」上でも重要な提起であるとされている[10]。

　柳沼はその後、ネオ・プラグマティズムの可能性を論ずる中で、1980年代以降の「新たなプラグマティズム」としては、デューイを受け継ぐローティだけでなく、批判理論やネオ・マルクス主義と結びついた「批判的プラグマティズム」などがあるとしている[11]。柳沼はまた、ローティ教育論の今後のポストモダン的発展のためには、デューイも含めた教育実践論のミクロ的展開と同時に、ラディカルで革命的なネグリ／ハートの「マルチチュード」とリベラル

（9）宇野重規『民主主義のつくり方』筑摩書房、2013、pp.54、202-206。宇野は、現代日本における「民主主義の習慣」形成の実践として、社会的企業や離島再建、そして東日本大震災からの復興活動を挙げ（第4章）、それらが「あくまで具体的な地域で働こうとしている点は共通している」（p.208）としているが、それは地域行動・社会行動の実践領域として評価されているのにすぎず、「持続可能で包容的な地域づくり教育」全体の中で捉え直す必要があろう。そうすれば必然的に、プラグマティズムを超える理論が求められることになろう。この点、拙著『将来社会への学び―3.11後社会教育とESDと「実践の学」―』筑波書房、2016、第Ⅲ編を参照されたい。

（10）柳沼、前掲書、pp.215-218、223-229。

（11）柳沼良太『ローティの教育論―ネオ・プラグマティズムからの提言―』八千代出版、2008、終章。プラグマティズムの枠を超えようとする「批判的教育学」の特徴と限界・発展課題については、拙稿「批判から創造へ：『実践の学』の提起」北海学園大学『開発論集』第105号、2020、Ⅲを参照されたい。

な「公衆」とのマクロ的比較検討が必要だとしている。宇野は、ネグリ／ハートが主張する〈共〉について、「習慣」の重要性が指摘され、「習慣とは実践状態にある〈共〉である」とされていることなどを挙げ、プラグマティズム（民主主義にとっての習慣の意義）の影響を指摘している[12]。リベラル民主主義論を批判する「根源的民主主義」（ラクラウ／ムフ）や「絶対的民主主義」（ネグリ／ハート）については、次章で検討することにしよう。

第2節　教育実践と民主主義

　それでは、デューイの「民主主義原理」にもとづく教育論とは、具体的にどのようなものであったのか。デューイの教育観は、従来の「遠い未来のための準備としての教育からも、開発としての教育からも、外部からの形成としての教育からも、過去の反復としての教育からも区別」されたもので、「経験の絶え間ない改造」、つまり「教育とは、経験の意味を増加させ、その後の経験の進路を方向づける能力を高めるように経験を改造ないし再組織することである」とされる[13]。これは、『民主主義と教育』の第6章までに展開された「どんな社会集団にも存在しうるような教育」論についての結論部分で述べられたものである。その上で、第7章で「教育に関する民主的な考え」が述べられている。ここでは、そこに注目してみよう。

　デューイの教育学とそれを支えた哲学については、多様な理解があった。たとえば、杉浦宏はアメリカの教育哲学を、チェンブリスの整理によって、機能的経験主義、合理主義、自然主義的経験論の3つに分け、デューイを最後の中に位置付けた。その上で、デューイの教育学説――教育は生活である、教育は社会的過程である、教育は経験の連続的再構成である――とそれに批判的な教育学説の歴史的展開を整理している[14]。その後、さらに多面的な検討もなさ

---

(12) 宇野『民主主義のつくり方』前出、p.144-145。もちろん、後に見るように、だからといってネグリ／ハートがプラグマティストになったというわけではない。

(13) J. デューイ『民主主義と教育（上）』松野安男訳、岩波文庫、1975、pp.126、132。以下、デューイからの引用は同書。

(14) 杉浦宏編『アメリカ教育哲学の展望』清水弘文堂、1981、序説。

れているが、ここでは杉浦宏編『現代デューイ思想の再評価』（2003年）最終章最終節「デューイ教育学の遺産をどう位置付けうるか」（平光昭久）を見ておこう[15]。

　平光は、1960年代におけるブルーナーのデューイ批判をふまえて、次のように言う。「デューイの世界では彼が説くように、経験の連続的再構成であり、そのような再構成としての問題解決であり、一つの経験を因果的関係に解体し組織する解決思考であって、客観的な因果関係と知的世界をもたらす思考であるのに対して、ブルーナーの世界では、思考は、多数の経験を要約して環境世界のモデル（「構造」）を頭の中に紡ぎ出し、この構造と新しい経験とのずれを発見し、認知構造（体制や信念）の自己変革によってそれを同化する自己のすべてを賭した問題解決、だから経験の非連続的（段階的）な再構成を含む思考である」（p.272-273）、と。それゆえ必要なのは、「認識と実践の統一の構造」を追求し、子どもの全面的発達のために、「人間は、感性、悟性、理性、知性のすべてを備えた人間」という視点から「全体的・調和的な視座を構築すること」だと言う（p.278）。

　平光はこれを「二層二領域視座構成」として提起しているのであるが、筆者の理解では、感性・悟性と理性・知性を、「自己意識化」を媒介にして統一する子どもの「自己教育過程」の全体を捉えること、とくに「前段自己教育」と「後段自己教育」を区別と関連において捉えることの必要性を指摘したものであると言える[16]。これを今日の学校教育に即して展開することは本書の課題ではないが[17]、社会的諸実践にかかわる「後段自己教育」の諸事例については本書第Ⅲ編で見ることになるであろう。

---

(15) 杉浦宏編『現代デューイ思想の再評価』世界思想社、2003。序論（杉村）ではその後のアメリカでのデューイ評価が紹介され、最終章（松下晴彦）では、デューイの教育哲学を支えた思想は、実験主義、直接的経験主義、積極的理想主義、道具主義、実際主義（Pragmatism）だとされている（pp.314-315）。

(16) 自己教育過程論については、拙著『自己教育の論理―主体形成の時代に―』筑波書房、1992、同『学校型教育を超えて―エンパワーメントの不定型教育―』北樹出版、1997、第6章第3節。

(17) さしあたって、鈴木敏正・降旗信一編『教育の課程と方法―持続可能で包容的な社会のために―』学文社、2007、第1章を参照されたい。

　ここで、上述の「教育とは経験の絶え間ない改造」であるという定義から出発して、デューイ教育学を再構築しようとした杉浦美朗の整理をみておこう。彼は、その諸定義から、「経験は生活体と環境の相互作用」、「環境は自然環境と社会環境に分かれる」、「経験は生活体と彼の自然的社会的な環境の相互作用」、教育は「探求の展開を通しての経験の改造」であり「共同活動の展開を通しての子供同士の相互形成」である、両者をあわせて「探求としての共同活動の展開を通しての子供同士の相互形成」（＝最終定義）として、デューイ教育学を再構築している。杉浦はここから、「教育は、正に自己教育（自ら探求することを通して正に子供が自ら自らを作り変えていく働き）」であり、教師はその「共同活動者」であり「知性的指導者」であるとし、実践的には「活動的な仕事を中核とする総合学習」の重要性を強調している[18]。

　以上のような杉浦美朗のデューイ教育学の整理と再構成は、教育の基本形態は自己教育と相互教育、そして、それらを援助・組織化する教育労働だと考えてきた筆者の立場[19]から見て興味あるものである。しかし、教育基本形態は人格論を出発点とする原論的理解を前提とし、杉浦＝デューイのいう「子供が自ら自らを作り変えていく働き」（筆者のいう主体形成過程）は、子ども＝人格の自己疎外＝社会的陶冶過程をふまえて現実的であるが、杉浦＝デューイにはそれらの検討がない。また、実践論に結びつけるためには本質論とくに教育制度（教育労働の疎外された形態）論を必要とするが、杉浦＝デューイにはそれもない。しかし、「どんな社会集団にも存在しうるような教育」論を超えて、現実の教育・教育制度にアプローチしようとするならば、それらは視野に入ってこざるを得ない。デューイは『民主主義と教育』で、生活の質的差異をふまえて、一般的な観念を教育実践に応用するためには「現在の社会生活の本質にいっそう肉薄することが必要」（p.133）だと言っている。

　デューイはまず、社会を見ていく「基準」を建てる。それは、「意識的に共有している関心が、どれほど多く、また多様であるか、そして、他の種類の集

---

(18)杉浦美朗『デューイ教育学の再構築』八千代出版、2002、pp.173、229、248-251、329。

(19)拙著『新版　教育学をひらく―自己解放から教育自治へ―』青木書店、2009、第3章。

団との相互作用が、どれほど充実し、自由であるか」、「要するに、そこには、意識的に伝達され、共有される多くの関心が存在し、他の共同様式との多様で自由な接触点が存在する」(p.136) ということである。多様性と開放性、これこそが法制度一般の理解ではなく、専制政治などと比較する「民主的」政治の内実であり、「民主的に編成された社会を特色づけるもの」(p.141) なのである。具体的には、「すべての成員が等しい条件でその社会の福祉に関与できるような条件が整備され、いろいろな形の共同生活の相互作用を通じてその制度を柔軟に調整し直すことができるようになっている社会は、それだけ、民主的なのである」(p.160)。

　しかし、近代ヨーロッパの歴史的経験は、新たな社会を生み出す教育の実現は「現存する国家の活動に依存」し、民主主義を追求する運動は「公的に運営・管理される学校を求める運動にならざるを得なかった」、「国営教育を求める運動は、政治的生活における国家主義の運動と結び付けられた」。かくして、「『人間』を形成することではなく、公民を形成することが教育の目標となった」のである (p.152)。「民主的社会における民主的社会のための根本問題の一つは、国家的目標と社会的目標との衝突から起こる」のである (p.157)。**表 1-1** に内在する矛盾、序章でもふれた「国家及び社会の形成者」という教育目的に内在する矛盾を見ていたと言える。ただし、その展開は見られない。

　「共同的で互助的な社会生活の広大な範囲と、排他的で、またそれゆえに潜在的に敵対的な営為や目的の範囲との、この矛盾」、「現代の経済的諸条件によって生じた傾向、社会を階級に分裂させて、ある階級を単に他の階級の高級な文化のための道具にすぎないものとしてしまうような傾向」などは、消極的対応によっては十分な対応ができない。「学校施設を十分に拡充し、その能率を十分に高めて、経済的不平等の効果を、名目だけでなく実際に、減殺し、国家の被後見人すべてに対して将来の生活に必要な知識や技能を平等に習得することを、保証するようにしなければならない」(p.158) とデューイは言う。

　国家主権や階級対立あるいは経済的不平等に対して「民主主義」が根本的問題解決となるかどうか、この点については、ボウルズ／ギンタスによるデューイ批判として別にみてきたところである[20]。しかし、多様性と開放性を重視し、未完のプロジェクトとして提起された民主主義＝教育の理解は、教育実践論と

して豊富な提起を生んだ。『民主主義と教育』におけるデューイは、一般的な
教育目的として、①自然に従う発達、②社会的に有意な能力、③人格的・精神
的に豊かな教養をあげているが、②については「市民として有為な能力」、す
なわち「共有された、すなわち共同の活動に、自由に、しかも十分に参加する
力を培養すること」だと言っていた（pp.193、199）。今日の「市民性教育」の
課題であるが、**表 1-1** に示した「協同性」と「公共性」を形成しつつ、いかに
③のような人格形成につなげていくかということが基本的課題だったと言える
であろう。

第3節　民主主義と「社会的協同（アソシエーション）」

　前節でみたことは、柳沼が整理した中期に確立したデューイ民主主義論の基
本的理解だと言える。しかし、後期デューイは、大きな時代的転換の中でより
具体的な展開を迫られていた。学校教育実践論を中心に検討している杉浦には
民主主義論としての整理はないが、『公衆とその諸問題』（1927 年）にみられ
るように、後期デューイには民主主義論の変容と展開があった。ここであらた
めて、その後のデューイの民主主義論の特徴をみておこう。

　後期デューイは、社会再構築主義 Social Reconstructionism の立場からこ
れを発展させて、民主主義は「個々人が自由を勝ち取ることに参与する過程
で取得され得るもの」だとし、自由で十全に社会参加できる「公衆」に期待
を寄せている [21]。とくに「大衆」社会化状況を克服するために「協同的生活
associated life」を重視した、新たな「共同社会 community」形成、さらには「民
主主義的社会主義」を主張するまでになった。

　「大衆」社会論は戦後の先進資本主義国（日本を含む）の高度成長のもとで、
社会学的に好まれる流行の議論となったが、デューイと同時期に「大衆」の問
題を提起したのはオルテガであった。オルテガは「大衆」を、まず政治学的で
はなく「心理学的事実」として捉え、「善い意味でも悪い意味でも、自分自身
に特殊な価値を認めようとはせず、自分は『すべての人』と同じであると感じ、

---

(20) 拙稿「『対応理論』再考」前出。
(21) この点、柳沼良太『プラグマティズムと教育』前出、p.136なども参照。

そのことに苦痛を覚えるどころか、他の人々と同一であると感ずることに喜び
を見出しているすべての人のこと」[22]であると言う。したがって、そこには
一つの専門のことしか知らない科学者・専門家も含まれる。これに対するのは
「貴族」であり、「つねに自己を超克し、おのれの義務としおのれに対する要求
として強く自覚しているものに向かって、既成の自己を超えていく態度をもっ
ている勇敢な生と同義語」(p.91) である。「大衆」を批判し、「貴族」を重視
するこうした定義から、オルテガはしばしば保守的思想家とされてきたが、民
主主義者デューイと共通するところも多い。

　まず、ヨーロッパ・スペインとアメリカ、しかも戦争によって明暗が分かれ
たそれぞれの背景となる両国であるが、こうした大衆を19世紀における急速
な経済発展が生みだしたと共通に理解していることである。前提としてオルテ
ガが、人間の生を環境世界とのかかわりで捉え、「生とはすべて、『環境』つ
まり世界の中に自己を見出すことである」(p.55) と理解していることがある。
デューイは、環境と人間との相互交渉としての「経験」を重視している。オル
テガは20世紀の新しい世界を可能とした3つの原理は、「自由主義デモクラ
シーと科学的実践と産業主義」(p.77) だとしている。デューイがデモクラシー
とテクノロジーの発展、科学的実験的態度の形成を重視したこともよく知られ
ている。その結果が、「超デモクラシー」としての「大衆」社会であり、オル
テガは「自己の中に完全に閉じこもってしまい、自分は自足しうると信じ込み、
何物にも、また誰にも関心を払いえない――要するに、手に負えない――大衆
人」、「文明の多くの利器を使うことは学んだが、文明の起源そのものをまった
く知らない平均人」が生まれたという (p.93-94)。この点でも、デューイと共
通するところが多い。さらにオルテガが、こうした大衆の知的・精神的な問題
に対して、思想とは「真理に対する王手」だとし、「議論に際して考慮さるべ
き幾つかの究極的な知的態度に対する尊敬の念」の必要性をふまえつつ、「共
存の形式は対話であり、対話を通してわれわれの思想の正当性を吟味すること」
だとしたことは (pp.101、104)、真理の探究とコミュニケーションを教育の基

---

(22) オルテガ・イ・ガセット『大衆の反逆』神吉敬三訳、筑摩書房、1995（原著
　　 1930）、p.17。以下、引用は同書。

本としたデューイに重なる。

　もちろん、より具体的に見ていけば、異なる点も多い。アメリカ民主主義を大切にしたデューイに対して、オルテガは自由主義的デモクラシーの本来の起源を文明＝「チヴィタス（civitas）─市民─」概念に求め、それは何よりも「共存の意思」であり、「自由主義とは至上の寛容さ」であり、「多数者が少数者に与える権利であり、したがって、かつて地球上できかれた最も気高い叫びなのである」という（p.106-107）。その精神を失い、「人類の根本的な道徳的退廃」に陥ったのが「大衆の反逆」だとされる。その結果オルテガは、古代の都市国家に戻ることはもちろん、大衆的ナショナリズムによって危機にある国民国家にも期待せず、ソビエトにも対置して、「西欧的な新しいモデル」＝「新しい生の計画」として「ヨーロッパを大国民国家に建設するという事業」（p.266）を提起するのである。それは、60年後のヨーロッパ連合によって、別のかたちで実現したと言えるのかもしれない。

　これに対して、デューイはアメリカにおける「協同的生活 associated life」と「共同社会 community」を強調した民主主義論を提起していた。それは、「近隣共同体から始まる民主主義」であり、今日的には、協働的探求とコミュニケーションを重視した「相互主観的転回」を提唱するものだとも言われている[23]。ここでは、大恐慌（1929年）を挟み、全体主義（ソ連型社会主義とファッシズム）が興隆する中で「民主主義」の擁護をした『自由と文化』（1939年）[24]を見ておこう。同書は、第1節で紹介した鶴見俊輔の評価などに見られるように、後期というよりもデューイの社会論全体の「集大成」とも呼ばれている。同書では、結社 association と共同社会 community が「現在の諸力がもっている支配力の恐るべき非人格性をば、たとえ統制できなくとも、とにかく相殺することができる」（p.227）ことが主張されている。

　ここでまず注目されるのは、「一定の時代、一定の集団の文化が人間性を構成する諸要素の配置についての決定的な影響力をなしている」という「文化」

---

(23)早川操「デューイの政治論」杉浦宏編『現代デューイ思想の再評価』前出、pp.159、167。
(24)J. デューイ『自由と文化』細野武男訳、法律文化社、1951（原著1939）、以下、引用は同書。

理解のもと、自由と民主主義的諸制度には「自由な文化が必要」であり、それゆえ「人間性と文化的諸条件との相互作用にかんする諸様式が、検討さるべき第1の根本的な事項」だとされていることである。ここで文化的諸条件とは「科学・芸術・道徳・宗教・教育・産業の諸条件」であり、文化とは「慣習の複合体」だと理解されている（pp.19、26、28、33、48、50）。

　デューイは、「産業と政治との相互連関・相互依存によって、民主主義的政策の問題は根本的に新しい相貌をあたえられる」（p.99）と言い、既述の「グラムシ的3次元」が意識されていると言ってよい。その上で、歴史的・社会的に把握された法制度や政治にとどまらない「文化」レベル、それと相互規定関係にある「人間性を構成する諸要素の構造」における民主主義の重要性を強調したのである。「生活方法としての民主主義」を問い、民主主義は「生活様式」（p.184）であるというデューイの当然の帰結である。この視点は、大知識人から民衆までの文化をふまえ、大衆文化や日常的生活意識のあり方までを「文化的ヘゲモニー」という視点から考えたグラムシの視点から発展的に再検討することができよう。そこではデューイのいう「人間の諸要素の複合的構造」を、「近現代的人格の構造」と社会的諸関係の相互作用という視点から位置づけ直すということも視野に入る。前述の『公衆とその諸問題』（1927年）で強調されていた「公衆」の「大衆」化の背景として、『自由と文化』では、「非人格的な力」の「おどろくほどの増大」（p.84）を強調している。これは資本主義の発展にともなう「人格の物象化と物象の人格化」（K. マルクス）のことであろう。そうであれば、それにともなう人格の自己疎外＝社会的陶冶過程、そこから生まれる学習（自己教育）の展開過程を明らかにして、はじめてリアルな教育実践の論理を問うことができると言えるであろう[25]。

　K. マルクス『共産党宣言』（1948年）が、フランスのアソシアシオンなど、当時のさまざまな自治的協同組織運動をふまえつつ、「結合社会をつくった諸個人 assoziierten Individuen の手に全生産が集中されたとき、公的権力はその政治的性格を失う」、「階級と階級対立のうえに立つ旧ブルジョア社会に代わっ

---

(25)さしあたって、拙著『エンパワーメントの教育学』北樹出版、1999、第4章および第3章、物象化論と教育制度については拙稿「市場化社会における教育制度の形成論理」北海学園大学『開発論集』第101号、2018。

て、各人の自由な発展が万人の自由な発展の条件であるような一つの結合社会
Assoziation が現れる」と述べたことはよく知られている⁽²⁶⁾。前章でみたグラ
ムシが、「政治的国家の市民社会への再吸収」「自己規律的社会」を提起したこ
とも、このことが念頭にあったと思われる。それでは、マルクス主義者ならぬ
プラグマティスト＝リベラル民主主義者としてのデューイは、いかなる理由で
アソシエーション（およびコミュニティ）を教育改革論の中に位置付け、それ
はその後どのように展開したのであろうか。

　デューイは『自由と文化』で、情報伝達的な学校教育を批判しつつ、「科学
的態度の形成を基礎にして、なにが教えられ、また、いかにして教えられるか
が解決されるまでは、いわゆる学校の教育事業は、民主主義にかんするかぎり、
危険な試行錯誤の問題である」（p.212）としているが、教育論そのものの展開
はない。次節ではあらためて、後期デューイの「民主主義と教育」論の内実と
残されていた課題を確認しておく。

第4節　アソシエーションから公共性形成へ

　ここでは、1920 年代から 30 年代のデューイの「民主主義と教育」論を整理
した、上野正道『学校の公共性と民主主義』を取り上げてみよう⁽²⁷⁾。上野は
同上書終章で、デューイの公共性論＝民主主義論の研究が十分に蓄積されて
こなかった理由として、1920 年代以降の探求が位置付けられてこなかったこ
とやそれらが数多くの小論に分散していることのほかに、戦後日本の「教育

---

(26) 当時の思想的・運動的背景を含めて、的場昭弘『新訳　共産党宣言―初版ブル
　　クハルト版（1948年）―』作品社、2018、参照。
(27) 上野正道『学校の公共性と民主主義―デューイの美的経験論へ―』東京大学出
　　版会、2010。以下、引用ページは同書。なお、この時期のデューイを「進歩主
　　義者」から「社会主義者」（「民主的社会主義」者）への移行として整理した佐
　　藤学「公共圏の政治学―両大戦間のデューイ―」（同『学校改革の哲学』東京
　　大学出版会、2012、初出2000）、も参照。佐藤は上野著に「序文」を寄せ、「ジ
　　ョン・デューイによるリベラリズムの再概念化と美的経験の省察をつぶさに検
　　討し、民主主義を支える公共性の哲学の形成と発展の過程を探求」したものと
　　して、高く評価している。

学研究それ自体における政治学的、経済学的視点の剥落」という問題を指摘している。それに対して上野は同上書で、デューイが「政治経済の制度、政策に結びついた現実の学校改革をどのように先導したのか」を明らかにしたと言う（p.345）。グラムシ的 3 次元（政治的国家・市民社会・経済構造）をふまえた「社会制度としての教育制度」論は展開されてはいないが、ヘゲモニー＝教育学的関係にかかわっていったということもできる。

　上野は、デューイの探求を「学校の公共性をリベラリズムの再構成と再概念化の角度から考察し、民主主義と公共性を原理とする」（p.4）学校改革の構想と実践の展開過程だとしている。そして結論的に、デューイの公共性構想は「言語空間と活動空間を包摂して、多様な人々が共生し合うコミュニティとアソシエーションを基底」にし、「人と人との協同的な行為と活動を生み出し、相互の信頼性と関係性に根差した倫理を創出するアソシエーションを展望」する点で、ハーバマス、アレント、セネットには欠落していた「ラディカリズム」を備えていたと言う（pp.15、122）。その際、ハーバマスの「手続き的民主主義」とアレントの「政治的共和主義」に対して、デューイの「反省的協働活動としての民主主義」＝「社会的協働活動モデル」の重要性を指摘した A. ホネット『正義の他者』（2000 年）が参考にされている。

　上野はデューイが「生活方法（生き方）としての民主主義」[28] を重視し、民主主義とは「個人の尊厳と価値の道徳」にかかわるものであり、「相互の尊重と相互の寛容、意見の交換、経験の蓄積」をとおして、一人ひとりの生活が有責で「他の人々の個性の確立に資するような仕方でともに生きる」実験だとしていること（筆者のいう相互承認過程）に着目している。その上でデューイが『公衆とその諸問題』で、コミュニティの基底にアソシエーションをおいていることに注目しているのである。すなわち、アソシエーションが「物理的、

---

(28)「生活方法としての民主主義」は、ハーバーマスが既述の「市民社会 Zivilgesellschaft」を提起した際に重視した生活世界の論理＝「生活形式の文法」、デンマークの社会民主主義を支えた「生活形式」論などとともに、法制度的民主主義を超えようとするものとして理解することができる。J. ハーバーマス『公共性の構造転換』第 2 版、細谷貞雄・山田正行訳、未來社、1994、「1990年新版への序言」、小池直人『『生活形式』の思想史」竹内章郎ほか『平等主義が福祉をすくう─脱〈自己責任＝格差社会〉の理論─』青木書店、2005。

有機的なもの」であるのに対し、コミュニティは「倫理的」であり「感情的、知的、意識的」に支えられている（p.63)、と。ほんらいコミュニティについても、基盤となる実体と関係が問われるべきだが、学校を所与の前提としているためか、そのことにはふれられていない。

　以上の公共性理解は、本書序章で述べたように、「21世紀的学び」として「人間として生きること to be」と「ともにいきること to live together」を学ぶ必要性が強調されてきた今日的状況（『国連21世紀教育国際委員会報告書』、1996年）のもとで捉え直すことができよう。そうした学びを創造し支える公共性として、「社会的協同実践を基盤にした住民的公共性」を提起し、信頼関係を含む「社会的資本」を「協同 association・協働 collaboration・共同 community の響同 symphony 関係」として捉え直し、「地域的公共空間」形成の実践的意義を主張してきた筆者の立場からも注目される[29]。

　上野はデューイが、官僚制的・専門主義的な行政政策と市場的個人主義に還元しえない公共性の領域を、人称的な「顔の見える関係」にもとづくコミュニティとアソシエーションに見出し、学校改革を「アソシエーションの水脈に位置づける形で推進し拡充」（p.96)したと言う。ここから、学区やコミュニティスクールの運動も視野に入れつつ、1930年代には「民主主義と公共性に立脚した学校システムの創発」（p.176)にかかわっていったことに着目するのである。そして、上述の『自由と文化』をふまえて、デューイにもとづけば、学校の公共性は「人びとが参加する活動空間と対話する言論空間を包摂し、社会的、文化的な協同活動とネットワークを形成するアソシエーションを基底にする」（p.198)と結論づけている。ここに「社会的協同 Association」が位置付けられ、「協同性を基盤とする公共性」が主張されていることをみることができるであろう（表1-1参照)。しかしながら、その実践的展開論理の解明は残された課題となっている。

　大不況後には、社会改造主義のように学校教育を直接的に社会変革に結びつける運動もあったが、上野はデューイが「公衆の参加と討議を開く社会的な協

---

(29)拙著『教育の公共化と社会的協同―排除か学び合いか―』北樹出版、2006、序章、同『増補改訂版　生涯学習の教育学―学習ネットワークから地域生涯教育計画へ―』北樹出版、2014、第Ⅳ章、など。

同活動へと拡張された民主主義」、「ラディカルなリベラリズムとアソシエーションを総合した協同的・創造的な民主主義」を具体化する「公共的行為のエージェンシー」としての学校、「教師と公衆の協同による社会参加の機会」を拡大し、教師と子どもたちとの対話関係の中から『教育の自由』をとらえることによって、「社会的で文化的な協同活動としての教育」にかかわっていったと言う（p.210）。

　ここで教師は、知性・技術・道徳の3つの観点から「社会的善の生産」にかかわる「生産者であり労働者」であること、それゆえ教師と労働者の「共通のつながり」、教師と労働者の連帯、「コミュニティの教師と他の労働者の間の密接な接触と効果的な協同」が必要だとされていること（p.201）は、注目されていい。上野＝デューイによる教育労働論の展開はないが、グラムシのいう「有機的知識人」としての教師というだけでなく、ユネスコ・ILO の「教師の役割と地位に関する勧告」（1996 年）にみられるような、教師の今日的役割につながっていると考えられるからである。同勧告で教師は「集団における学習の援助者」だけでなく、さまざまなパートナーによる教育活動の「まとめ役」、「コミュニティにおける変革の効果的な担い手」であることが求められている。

　上野は終章で、公共性と私事性に関するデューイの考察は、「それらの境界区分を国家や市場のアプリオリな規範領域に実体化せず、多元的で多層的な空間として定義づけた点で、また両者の関係を対立概念としてではなく、連続的に解釈し、私事的なものが同時に公共的な性質を有するという視点を提供した点」を高く評価している（p.347）。もとより、グラムシ的3次元も「歴史的総体主義」の視点に立って考えられていることであり、たとえば政治的と市民社会の区別も、「実体的」区別ではなく「方法的」区別であった。課題は私事性と公共性が「いかにして、なぜ、何によって」「二項対立」の関係になったかということを明らかにすることである。その検討を抜きに、「連続性」や「私事的なもの＝公共的なもの」という側面だけを強調することはできない。

　それは、教育制度の生成論理や展開論理、とくに教育制度の物象化や教育労働の自己疎外の展開メカニズムを解明することである[30]。そうしてはじめて「コミュニティとアソシエーション」がその「二項対立」を克服できるのか、「協同的で社会実践的な討議と対話を軸にして、『批判的精神』と『公共的精神』

を形成すること」（p.347）、あるいは「『学校の自律性』を基礎にした『社会的行為』と「公共的行為」の『エージェンシー』としての学校」の実践的な意義と限界を示すことができる。この理解の上で、「社会的協同実践」と「協同性を基盤とした公共性」形成の展開構造が解明されなければならないであろう。

　なお、上野は芸術を「人と人との間で遮るもののない完全なコミュニケーションのメディア」だと考えるデューイの「芸術の公共性」論を高く評価している。ここでもその「芸術」の物象化論＝自己疎外のメカニズムをふまえつつ、芸術諸活動の自己教育過程における位置付けと教育実践論的な意味、協同性から公共性への展開論理が解明されなければならないであろう。文化・芸術活動の将来社会論的・実践的意義について本書では、第6章および第10章でふれる。

　ごく最近では、「教育＝自己創出への支援」という理解に立つ田中智志が、デューイの自然論・経験論とくに知性論を存在論的な視点から捉え直すことを提起している[31]。それはカントの批判理論を吟味することによってデューイとハイデガーの思想をつなぐというもくろみの中で位置付けられたものである。田中には、カントを批判したヘーゲルの「意識の経験の学」＝精神現象学、それを「存在の学」の視点から批判したマルクスの意識論・理性論の位置付けはないが、彼の提起も、近現代的人格の構造（とくに「実体としての人格」）を前提にした、「意識における自己疎外」の克服過程としての自己教育過程における、知性（知覚と悟性）および「現代の理性」の形成として位置付け直すことができるであろう。

　ここではしかし、学習（自己教育）・教育実践論そのものについてはさしあたって別著[32]を参照いただくことにして、次節では本編のテーマに即して、民主主義的実践の深化・発展という視点から学習・教育実践の展開過程を捉える枠組みについて考えてみる。

---

(30) 拙稿「市場化社会における教育制度の形成論理」および「『対応理論』再考」いずれも前出、を参照されたい。
(31) 田中智志『教育の理念を象る―教育の知識論序説―』東信堂、2019、とくに3および4参照。
(32) 拙著『自己教育の論理』前出、同『新版　教育学をひらく―自己解放から教育自治へ―』青木書店、2009、など。

第5節　民主主義の民主化＝主体化と「人格の自由と平等」の展開

　21世紀に入って、市場主義的評価をテコとする新自由主義的＝新保守主義的政策は、日本を含めて世界を席巻している。もちろん、それがとくに貧困と格差・社会的排除問題を深刻化させている状況を問題視し、あらためて民主的価値にもとづく教育を提起する動向もある。ここでは、デューイを見直しながら、『計測の時代におけるよい教育』[33] は何かを問うたビースタの「民主主義の民主化＝主体化」論を位置付けておこう。

　同書では、教育の3つの次元（資格化、社会化、主体化）を挙げながら、「何がよい教育を構成するのか」と提起している（p.44）。ビースタは「主体化の民主的構想」を考え、主体化は「社会的で、相互主体的であり、究極的には政治的なプロセス」だと言う。その際に、民主主義とは「生活の態様であり、そしてなによりもまず、我々が民主主義者になるのは、学校の内外で、生活の民主主義的様態への参加を通してである」というデューイの意図を信じているという。民主主義的生活の形態では、「私的な願いを公的な必要に変換すること」、「政治的な言葉で、民主的な人間を理解すること」が重要である。ここを出発点として、「民主主義的な教育」の現代的更新が図られなければならないと言うのである（p.155-156）。

　具体的には包摂と排除の問題が検討されている。「子どもを将来民主主義に参加するための参入条件に適う段階への移行を促進することによって、子どもや『新参者』を既存の民主主義的秩序に包摂することが民主主義的教育の仕事である」という仮定を問い直すことである。教育者には、民主主義化が「生じる」無数の瞬間瞬間に学習する機会を利用し「支援する」という役割があり、そこでは「民主主義を教える試みの中断」が生じるということをふまえておかなければならない（p.178-180）。ランシエールが言うように、すべての政治は「ひとそろいの制度という意味において民主主義的ではなく、『平等性の論理をポリス秩序の論理に対置する』という意味において民主主義的」なのである

---

(33) G. J. J. ビースタ『よい教育とは何か―倫理・政治・民主主義―』藤井啓之・玉木博章訳、白澤社、2016（原著2010）。以下引用頁は同書。

（p.173）。

　かくしてビースタは、教育は「単に『新参者』を現存する秩序に挿入するの
ではないような、主体になる方法に究極的に貢献しうる仕方でそうすべきだ」、
つまり「常に自由への方向づけ」を伴うべきだと言う。教育と自由には「本質
的関係」がある。ただし、「自由の方向づけ」を個人化ではなく「主体化」と
いうのは、それが他の主体と相関的であり、「倫理的でありまさに政治的」で
あることを意味しているからである（p.183-184）。ビースタは「自由の方向づけ」
を具体的に明示しているわけではない。しかし、アイデンティティ形成（自己
実現）は、まさに「相互承認」と不可分であることを言っていると考えてよい
であろう。そうだとすると、ビースタの考える「主体化」は、筆者の考えてき
た主体形成（自己実現と相互承認の実践的統一）⁽³⁴⁾ と重なってくる。

　ビースタは同上書に踵を接して、『学校と社会における学習民主主義』⁽³⁵⁾
を上梓している。民主主義社会における「市民性（シティズンシップ）教育」
が主たるテーマである。とくに社会的に適応し統合的に行動することと結びつ
いた「『よきシティズンシップ』の観点から捉える『社会化の構想』の考え方」
に対して、民主主義と民主政治に重点をおいた、市民としての学習とシティズ
ンシップ教育の「主体化構想」（「学習する民主主義」）を提起している（pp.1、
4-5）。それは「つねに開かれておりまた不完全な民主主義の実験への実際の参
加から学習すること」であり、主体化とは「民主的な主体性が成立する目下進
行中のプロセス」であると言う（pp.215-216、149）。明らかに、後期デューイ
の「民主主義と教育」の思想の展開である。

　ビースタが提起する「学習する民主主義」を市民性教育の展開の視点から検
討する課題については別の機会に述べているので⁽³⁶⁾、ここでは、これまで述
べてきたこととビースタの考える論点をふまえ、21 世紀的状況の中で「よい
教育」の展開をより広い視点から考える枠組みとして、**表2-1** をあげておこう。

　この表は本編「はじめに」で述べた筆者の民主主義の定義、すなわち「人権

(34) 拙著『新版　教育学をひらく』前出、第 2 章参照。
(35) G. J. J. ビースタ『民主主義を学習する―教育・生涯学習・シティズンシップ―』
　　上野正道ほか訳、勁草書房、2014（原著2011）。以下の引用頁は同書。
(36) 拙稿「市民性教育と児童・生徒の社会参画」『北海道文教大学論集』第20号、
　　2009。

表2-1　現代的人権と「人格の自由と平等」の展開

現代国家 （政策理念）	法治国家 （自由主義 vs 人権主義）	福祉国家 （改良主義 vs 社会権主義）	企業国家 （新自由主義 vs 革新主義）	危機管理国家 （新保守主義 vs 包容主義）	グローバル国家 （大国主義 vs グローカル主義）
公民形成	主権者	受益者	職業人	国家公民	地球市民
現代的人権 〈社会的協同〉	人権＝連帯権 〈意思協同〉	生存＝環境権 〈生活協働〉	労働＝協業権 〈生産共働〉	分配＝参加権 〈分配協同〉	参画＝自治権 〈地域響同〉
学習領域 〈ユネスコ21 世紀教育原則 ＋α〉	教養・文化 （知ること）	生活・環境 （人間として生 きること）	行動・協働 （なすこと）	分配・連帯 （ともに生きる こと）	自治・政治 （ともに世界をつ くること）
〈人格の自由〉 〈人格の平等〉	〈選択・拒否〉 〈機会均等〉	〈表現・批判〉 〈潜在能力平等〉	〈構想・創造〉 〈応能平等〉	〈参加・協同〉 〈必要平等〉	〈参画・自治〉 〈共生平等〉
市民形成	消費者	生活者	労働者	社会参加者	社会形成者

理念を現実化する社会的協同実践によって、近現代的人格の自由と平等を統一する運動であり、公共性を形成する自己教育活動（主体的な学習実践）を不可欠とする」を前提にしている。その上で、序章で述べた現代国家展開の下、〈人格の自由〉と〈人格の平等〉を実現する社会的協同活動が展開する「市民社会」の動向を中心的にして、21世紀における教育的課題を念頭におき、「現代的人権」に対応する〈ユネスコ21世紀教育原則＋α〉の展開過程を示したものである。それらは、デューイとネオ・プラグマティズム、そしてビースタが考えたことの不十分な点を補うことになるであろう。

　たとえばビースタは、デューイをふまえつつ、民主主義は「差異から学習することであり、わたしたちと異なる他者とともに生きることを学習すること」であり、「人生からのみ学習することができる」と言っている（p.153）。それらは、「ユネスコ教育原則」（21世紀教育国際委員会報告『学習：秘められた宝』、1996年）のいう「生活全体をとおした学習」、とくに「ともに生きることを学ぶ」と「人間として生きることを学ぶ」に相当するものであろう。21世紀的教育課題に応えるためにはさらに「ともに世界をつくることを学ぶ」を加えてよりひろく理解し、それらの実践を通して人格の「自由と平等」の実践的統一、つまり「民主主義」を具体化する方向をさぐっていく必要があろう。

　ビースタがとくに重視する「自由の方向づけ」に関しては、〈人格の自由〉の行で、自由の展開過程として示した。市場主義的自由としての〈選択・拒否の自由〉から、政治的実践としての〈参画・自治の自由〉に至るプロセスであ

る。これらは「応能平等」（能力に応じた平等）、「必要平等」（必要に応じた平等）、そして「共生平等」（共生的社会でそれぞれ個性をもった構成員としての平等）を含む〈人格の平等〉と相即的なものと理解されなければならないであろう。人格の「自由と平等」の統一への実践でもある「社会的協同」では、上野正道がデューイの「民主主義と教育」論で中心的なものと考えた「アソシエーションとコミュニティ」の展開を考えている。〈地域響同〉では、既述の「協同・協働・共同の響同関係」が問われる。これらを「民主主義」論との関係で整理するならば、次のようになるであろう。

　現代民主主義の課題については序章で述べたが、日本国憲法で規定されている（平和的）生存権・教育権・労働権の拡充だけでなく、「地方自治」権を今日的な参画＝自治権として発展させることも、民主主義の豊富化にとって重要な課題である。これまで見てきたことをふまえれば、コミュニティ自治権、アソシエーション自治権といったものも考えていく必要があろう。それらは、自由権とされてきた「結社 association の自由」の現代的発展でもある。

　近現代社会は、国民国家と市民社会の分裂（公民と市民の分裂）を特徴としているが、1990 年代以降のグローバリゼーション時代における国民国家の相対化、市民社会のグローバル化と複雑化、生活の相互依存性の深化をふまえて、憲法的諸理念はそれらを現代的に発展させようとする諸運動を通してはじめて現実的なものとなる。それゆえ表では、連帯権にはじまる現代的人権の展開を〈社会的協同 Association〉の実践の展開と重ねて表示してある（大文字の Association は、具体的な諸 association 領域の総体を表す）。また、教育の目的は（新旧の）教育基本法で「人格の完成」とされていることをふまえ、教育の現代的発展方向を〈人格の自由〉と〈人格の平等〉の諸領域として、現代的人権と社会的協同の展開、そして「ユネスコ教育原則＋α」に照応させて示した。

　以下、この表を 21 世紀型の「民主主義と教育」を考えていく際の基本的枠組みとした上で、民主主義論の今日的動向を検討していくことにしよう。

第**3**章

「根源的民主主義」から「絶対的民主主義」へ

　「知識基盤社会」と呼ばれ、グローバリゼーションが深化した21世紀、それに対応した学びのあり方が検討されてきた。たとえば、田中智志編『グローバルな学びへ』（2008年）は、より大きな利潤・便益を求める「グローバル化順応タイプ」に対して、喪われつつある精神的土台をおぎなう「グローバル化応答タイプ」の教育プランを提起した。それらは「協同」と「刷新」、あるいは「関係性」と「批判的思考」を理念とするとされ、具体的テーマとしては、学びの共同体、命の体験、学力、金融教育、文化、コンピテンシーが取り上げられている[1]。

　これらは「教育基本法大改定」（2006年）以後の教育政策の中にも位置付けられていき、とくにグローバル化に対応した学力形成、「コンテンツからコンピテンシーへというカリキュラム概念の転換」は中心的政策として、2017-18年告示の新学習指導要領でより具体化されている。しかし、そうした政策はOECDとそれを採用する日本のグローバル国家戦略にもとづくものであり、人権に基づく教育や「持続可能な発展のための教育（ESD）」を推進してきたユネスコを中心とした教育運動の論理ではない。後者を具体化するような現場の実践をふまえた学びのあり方が検討されなければならないであろう[2]。

　本章では、そうした学びを支えることになる21世紀型の民主主義のあり方を考える。前章で検討してきたデューイの「民主主義と教育」を発展させようとする議論は、「民主主義の民主化」を主張するまでになってきている。リベラルな民主主義論が新自由主義的政策論理に吸収されかねないような今日、よ

（1）田中智志編『グローバルな学びへ―協同と刷新の教育―』東信堂、2008、p.27-37。
（2）この点、具体的には鈴木敏正・降旗信一編『教育の課程と方法―持続可能で包容的な未来のために―』学文社、2017、を参照されたい。

り批判的で根源的な民主主義のあり方が提起されてきているからである。本章
では、これまでみてきたことの発展も念頭において、「根源的民主主義」論と「絶
対的民主主義」論を取り上げ、最後に21世紀的課題を提起する。

第1節　ラディカル・デモクラシーとヘゲモニー関係

　1960年代後半からの「新しい社会運動」の後、グローバリゼーションがも
たらす多元的社会化の進展、思想的にはリバタリアンとコミュニタリアンの論
争が展開される中、とくに英米を中心とした「教育哲学」において、リベラリ
スト・デューイの再評価につながるような民主主義見直しの動きもみられる。
しかし、そこでは「社会的現実への〈変革的な関わり〉というよりも、〈現実
即応の関わり〉が目立つ」[3]。そうした中で〈変革的な関わり〉を追求する
民主主義論も展開されている。まず、ラディカル・デモクラシー論の展開から
みていこう。
　対抗的ヘゲモニーとして多様に展開する「社会的実践」は、政治学的には
「ラディカル・デモクラシー（根源的民主主義)」を追求する活動として位置付
けられていった。日本における代表的論者である千葉眞は、ラディカル・デモ
クラシーとは「民衆demos」の「権力／統治kratos」という民主制の原義に
沿うもので、「一般の民衆の発意と生活に根ざしたデモクラシーの固有の視座」
であり、「民衆の自治のネットワーキングこそが、デモクラシーの営みであり、
根元そのもの」だとしている[4]。**表2-1**の参画＝自治権につながる実践だと
言える。代表的論者としてはアメリカのS. S. ウォリン、日本の花崎皋平など
が挙げられているが、ここではヘゲモニー論の新展開を試みたE. ラクラウとS.
ムフを取り上げる。
　東西冷戦終結後に政治のあり方というよりも政治そのものが見失われる中、
ベルギー出身の女性政治理論家シャンタル・ムフは「政治なるもの」は「すべ
ての人間社会に内在的な一つの次元として、またわれわれのまさしく存在論的

（3）宮寺晃夫『リベラリズムの教育哲学―多様性と選択―』勁草書房、2000、p.189。
（4）千葉眞『ラディカル・デモクラシーの地平―自由・差異・共通善―』新評論、
　　1995、p.20-21。

条件を決定づける一つの次元」[5] であるという理解のもと、「根源的で多元的な民主主義」を主張した。その前提となっているのは、世界資本主義論におけるいわゆる従属論の代表者の一人で、ラテンアメリカにおける支配と従属の現実から「政治的なるもの」、イデオロギーや国家論の提起をしていたエルネスト・ラクラウ[6] との共著『ヘゲモニーと社会主義戦略』（邦訳『ポスト・マルクス主義と政治』）である。ここでは「根源的で絶対自由的かつ複数的な民主主義」が提起されている[7]。そのタイトルからわかるように、グラムシのヘゲモニー論の新たな発展がめざされたものである。

　同書ではまず、ロシア・マルクス主義や第2インターナショナルにはじまるヘゲモニー概念の変遷を整理し、レーニンからグラムシにいたるまでの政治理論における「認識論的障害」（p.301）を問題にしている。「認識論的障害」とは「マルクス主義」における本質主義、経済決定論、進化論、階級主体論、あるいは構造主義であり、それに対して徹底的な関係論と多元主義が対置されている。その意味で、ポストモダン論的なポスト・マルクス主義であるが、19世紀後半以降の具体的な階級・政治闘争をめぐる議論の検討がなされているだけに説得的だと言える。そうした中でグラムシは、「同時代のいかなる理論家にもまして、政治的再構成とヘゲモニーの領野を拡大したのであり、その一方で、レーニン主義的な『階級同盟』というカテゴリーを明らかに越えた、ヘゲモニー的絆の理論化を提供した」（p.108）と評価されている。

　とくに注目されているのは、グラムシの知的・道徳ヘゲモニー論、そこにおけるイデオロギー論である。ラクラウ／ムフは、グラムシの「新しい基本的なズレ」について、次の点を挙げている。すなわち、イデオロギーの物質性、上部構造論の排除、還元主義的問題編成との決別である。グラムシの政治主体は

（5）シャンタル・ムフ『政治的なるものの復興』千葉眞ほか訳、日本経済評論社、1998（原著1993）、p.5。

（6）エルネスト・ラクラウ『資本主義・ファッシズム・ポピュリズム—マルクス主義理論における政治とイデオロギー—』横越英一監訳、1985（原著1977）など参照。

（7）エルネスト・ラクラウ／シャンタル・ムフ『ポスト・マルクス主義と政治—根源的民主主義のために—』大村書店、1992（原著1985）、p.10。以下、引用は同書。

「複合的な集団的意志」であり、政治的＝イデオロギー的「節合」の結果であり、「異質な目的を持った諸意志の複合性が同一かつ共通した世界観を土台にして、単一の目的に結合されるような、『文化的＝社会的』な統一の達成」(p.111)を前提していることが評価されている。「統合国家」では「ヘゲモニー実践を通じて、みずからの本性やアイデンティティそのものを変更する」、「階級は国家権力を取るのではない。それは国家になる。」こうした理解に、ラクラウ／ムフは「私たちが民主主義的なヘゲモニー実践と呼んだもののための、一切の条件が現れている」(p.113) と評価するのである。

　ただし、こうした主張は「単一の統一化原理」や「諸階級間のゼロ和ゲーム」などの「本質主義的核心」の中でなされているという限界をもっている（同上）。その両義性は、軍事的用語である「陣地戦」概念にはっきりあらわれている。しかし、そのヘゲモニー概念は第2インターナショナルやボルシェヴィキなどに対して、「根源的な新しさ」（社会的複合性、歴史的行為者の複数性、ヘゲモニー的節合）をもったものとされている。その積極性はその後の動向においても確認されるとされ、当面する「根源的な民主主義」「民主主義革命」という課題においても重要な意味をもつと主張されるのである。

　ラクラウ／ムフはしかし、次の2つの点でグラムシを乗り越えていかなければならないと言う (p.218-219)。すなわち、(a) ヘゲモニー的主体は必然的に、基本的階級という場で構成される、(b) あらゆる社会編成は、単一のヘゲモニー的中心を基軸にして構造化される、という「本質主義の最後の2つの要素」である。これらに対しては、第1に、「集団的意志」はヘゲモニー的節合の結果であり、「政治のヘゲモニー的次元は、社会的なものの開かれた非縫合的な性格が増大するときのみ、拡大する」(p.219) と考える必要がある。第2に、社会的なものの還元不可能な複数性はしばしば「闘争の場の自立化」と考えられてきたが（たとえば国家の相対的自律性）、それは「節合的実践そのものの結果」、「ヘゲモニー構築の1形態」と理解されなければならない (p.223)、と。

　ラクラウ／ムフは、「社会的なものの複数性と非決定性を受け入れることは、新たな政治的想像力が構築されるふたつの根本的土台」(p.243) だという。そこから「根源的で複数的な民主主義」の主張が生まれるのであるが、それは政治的動向だけでなく、現代社会の全体にひろがる動向、「一方での社会関係の

商品化と官僚化、他方での平等のための闘争の拡大に由来する自由＝民主主義
イデオロギーの再定式化」（p.259）という動向からも求められることだと言う。
こうした中で生まれる「新しい敵対性」や「反民主主義的攻勢」に対しては、「民
主主義革命の中にみずからを完全に位置付け、抑圧に対するさまざまな闘争の
あいだでの等価性の連鎖を拡張すること」、自由＝民主主義のイデオロギーを
放棄するのではなく「根源的で複数的な民主主義の方向へと深化させ拡大する
こと」（p.278）が必要であることが強調されている。

　なお、ラクラウ／ムフは21世紀のはじめに出版された共著の第2版（2000年）
で、初版以後に進んだグローバリゼーションのなかでの動向にふれつつ、彼ら
のヘゲモニー論と「根源的で複数的な民主主義」の意義を再確認している[8]。
注目すべきは、第1に、新自由主義的秩序に対して「ただ人間尊重的な仕方で
何とか対応するのではなく、それに対する信頼出来るオルタナティヴを精緻化
する作業を立ち上げるべき」（p.29）としていることである。それは具体的に
明示されていないが、「市場の諸勢力の圧政に対して政治の中枢性を復権する
ヴィジョン」（p.34）だと言われている。第2に、J. ハーバーマスの「熟議的
民主主義」モデルとの共通性を確認しながらも、ヘゲモニー論では敵対や排他
性が重要な役割を果たすのであり、「紛争や分裂なくして、複数主義的な民主
政治は不可能」で、「外部」の存在をデモクラシーの可能性の条件そのものだ
（p.31-32）としていることである。熟議的民主主義を超えようとする「闘技的
民主主義 antagonistic democracy」の提起である[9]。第3に、「アイデンティ

（8）E. ラクラウ／C. ムフ『民主主義の革命—ヘゲモニーとポスト・マルクス主義—』
　　西永亮・千葉真一訳、ちくま学芸文庫、2014（原著1985）、「第2版への序文」。
　　以下、引用は同書。
（9）ムフは『政治的なるものの復興』（前出）で、敵 enemyと対抗者 adversaryを
　　区別し、「反対者を破壊されるべき『敵』として考えるのではなく、反対者の
　　存在は正統的で寛容に処せられねばならない『対抗者』として考えていく」こ
　　とが「現代民主政治の存在の条件そのもの」（p.8）であり、「攻撃的諸力を緩
　　和し転用することのできる諸条件を、また多元主義的民主主義の秩序が可能と
　　なる諸条件を、どのようにして創出するか」（p.310）が課題であることを強調
　　していた。熟議的民主主義の限界については、S. サンスティーン『熟議が壊
　　れるとき—民主政と憲法解釈の統治理論—』那須耕介編・監訳、勁草書房、
　　2012、など。

ティの政治」「文化的闘争」と「新しい社会運動」の動向をふまえつつ、それらと「労働者の闘争との節合」、諸種の民主主義的闘争のあいだに「等価性の連鎖」を作り上げることの重要性、「再配分」と「承認」の双方の問題に取り組む必要性を指摘し、それこそが「ラディカルで複数的なデモクラシー」で意味したことだ（p.33）としていることである。

　以上の主張はラクラウ／ムフのラディカル・デモクラシー論の意味を明確にするものであり、グラムシのヘゲモニー論を「根源的で複数的な民主主義」の発展に生かすことは21世紀における重要な課題となっていると言える。ムフは最近、新自由主義的政治がもたらした「ポスト・デモクラシー」「ポスト政治」的状況がリーマンショック（2008年）後の危機において「ポピュリスト・モーメント」へと転換する中で、「左派ポピュリズム」による「闘技的民主主義」の発展、「民主主義の根源化」を主張し、「民主主義の闘技的性格を回復することのみが、感情を動員し、民主主義の理想を進化させる集合的意思の創出を可能にする」としている[10]。しかし、ヘゲモニー論にもとづく「根源的民主主義」論そのものには大きな変化はない。その「根源的民主主義」論をヘゲモニー論としてさらに展開するためには、なお検討すべき以下のような課題があるであろう。

　第1に、既述の「グラムシ的3次元」＝政治的国家・市民社会・経済構造の総体の中で、焦点となっている「社会的実践」を位置付けることである。グラムシのヘゲモニー論をふまえるならば、政治的国家はもとより、経済構造に規定された「市民社会」の固有の展開論理における「社会的実践」のあり方が問われなければならない。その際には、グラムシのいう「アソシエーション」論や「自己統治」論の評価が焦点におかれなければならない。その社会的実践は、**表2-1**で示したように、「承認」と「分配」にとどまらない。

　第2に、商品化・官僚化の傾向は、21世紀になってさらに深化していることをふまえることである。商品化は、それまで公共的領域だと考えられていた、

---

(10) C. ムフ『左派ポピュリズムのために』山本圭・塩田潤訳、明石書店、2019（原著2018）、pp.30-31、60、113。ラクラウのポピュリズム論については、E. ラクラウ『ポピュリズムの理性』澤里岳志・河村一郎訳、明石書店、2018（原著2005）、参照。

社会福祉や教育の領域まで浸透し、それらに企業活動を位置付ける「民営化」が進行している。官僚化は、いわゆる「評価国家化」「監査社会化」の進展とともに、国家が社会的活動の目標管理・結果管理を行うようになってきている。「シュンペーター主義的勤労福祉国家型脱国民国家レジーム」(B. ジェソップ)[11] の展開であり、「新公共経営(NPM)」的行政統制が進展する中でいかに「民主的統制」が可能かという実践的課題がある[12]。「商品化・官僚化」を超えた「商品化・資本化」と「官僚化・国家機関化」の進展の中での、「現代的人権」の発展をふまえた「根源的民主化」と社会的実践のあり方を検討していく必要があろう。

　第3に、現代社会に対するポストモダン的批判の克服である。具体的な社会制度が「いかにして、なぜ、どのように」存立しているのかをふまえて、それらを現実的に変革していくことを含んだポスト・ポストモダンの実践として「社会的実践」を位置付ける必要がある。それこそ「熟議的民主主義」を超えたところにあり、感情・情動や価値観を含めて、まさに多元的・複合的に展開してきている[13]。それゆえ、彼らが言うように「すべての社会的実践は節合的」(p.184)であるという次元をもっている。ラクラウ／ムフが強調する「等価性」をふまえた「節合的実践」の理論の具体的内容を明らかにしなければならない。表 2-1 で示した〈社会的協同〉実践の諸領域の独自性の相互理解をふまえた「相互豊穣的」関係の発展にかかわるであろう。次節以降では、ポスト・ポストモダンのオルタナティヴを追求するひとつの試みを見る。

---

(11)その特徴については、拙稿「資本蓄積体制と社会制度」北海学園大学『開発論集』第103号、2019、を参照されたい。

(12)教育に即しては、たとえば、久保木匡介『現代イギリス教育改革と学校評価の研究—新自由主義国家における行政統制の分析—』花伝社、2019。

(13)ムフは「闘技的デモクラシー」の立場から、知性主義的な熟議的民主主義に対して、感情や情動を動員することを主張している(ムフ『左派ポピュリズムのために』前出、p.97)。それはそれで一定の意義があるが、その実践は意識化や自己意識化の実践に戻ることを意味しており、討議的・熟議的理性の積極的乗り越えは現実的理性(観察的・行為的・協同的・公共的理性)の形成につながる社会的実践に求める必要がある。この点、拙著『将来社会への学び—3.11後社会教育とESDと「実践の学」—』筑波書房、2013、第7章第4節、など。

　最後に、グラムシが「ヘゲモニー＝教育学的関係」としたことをふまえた、教育学的理解が必要である。この点については、グラムシ理論を教育学に取り込んだ批判的教育学の展開をふまえた上で、社会全体を対象とする「最広義の教育学」が構想されなければならないであろう [14]。

第2節　グローバリゼーションと「絶対的民主主義」

　筆者は、グラムシは事実上、資本主義社会としての経済社会構成体を「3次元」で捉えていたと考えているが、グラムシ自身がそのことの意味を展開しているわけではない。また、グラムシは「展望は国際的・出発点は民族（国民）から」と考えていたが、国民国家が相対化されていくグローバリゼーション時代の 21 世紀には、20 世紀前半に考えられた彼の枠組みをそのまま適用することはできない。しかし、現在でもなお、国民国家は主要な政治的・経済的・社会的単位であり、「3次元」はグローバリゼーション時代の社会制度を考えていく際にも有効な視点である。このことを、国民国家はもとより超国家（帝国主義的国家）をも超えた〈帝国〉の重要性を強調したことで知られている A. ネグリと M. ハートの主張で確認し、グローバリゼーション時代における民主主義と社会制度改革の方向をみておくことにしよう。

　ネグリ／ハートによれば、〈帝国〉とは「市場と生産回路のグローバル化に伴う、グローバルな秩序、支配の新たな論理と構造」であり、「グローバルな交換を有効に調整する政治主体のことであり、この世界を統治している主権的権力」[15] である。経済構造のグローバル化に対応する主権的（政治的）権力が考えられていることは明白である。それは「脱中心的で脱領土的な支配装置」であり、「その指令のネットワークを調節しながら、異種混淆的なアイデンティティと柔軟な階層秩序、そしてまた複数の交換を管理運営する」とされる。こ

---

(14) くわしくは、拙稿「批判から創造へ：『実践の学』の提起」北海学園大学『開発論集』第105号、2020。

(15) A. ネグリ／ M. ハート『〈帝国〉―グローバル化の世界秩序とマルチチュードの可能性―』水嶋一憲ほか訳、以文社、2003（原著2000）、p.3。以下、引用は同書。

の〈帝国〉は、それまでの生産過程を変容しつつ構築された。その変容とは、「グ
ローバル経済のポストモダン化」すなわち、産業的工場労働が減少する一方で
「コミュニケーションと協働と情動労働」が重視され、富の創出が「生政治的（バ
イオポリティカル）な生産、すなわち社会的な生それ自体の生産」に向かいつ
つあるというものである。そこでは、「経済的、政治的、文化的なものがます
ます重なり合い、互いにその力をますます備給し合っている」のである（p.5-6）。

　この文化的なものを市民社会的なものとするならば、経済構造・市民社会・
政治社会のグラムシ的３次元が相互浸透し、重なり合っている状態だと考える
ことができよう。〈帝国〉を生み出しながら対抗し、グローバリゼーションの
諸過程を「再組織化して、新しい目的へと向け直す」もの、それが「マルチチュー
ド」である。マルチチュードは「新たな民主主義の諸形態と新たな構成的権力
を創出」することによって「〈帝国〉を突き抜け」ることができる（p.8-9）。そ
れが可能なのは、〈帝国〉の価値形成の「尺度の彼岸」にあり、「世界をその総
体において創造し、再創造する主体的活動」という観点からみた、「生産の生
命力、欲望としての労働の表現、そして〈帝国〉の生政治的な織物を下から構
成する労働の諸能力」、潜在的なものとしての「マルチチュードに属する活動
する諸力（存在すること、愛すること、変革すること、創造すること）の集合」
である。「生きた労働こそが、潜在的なものから現実的なものへの通路を築き
あげる」のだが、それが「いまや一般的な社会的活動として立ち現れ」、既存
の秩序やその再生産を乗り越える「生産的な過剰」＝「労働の生産的、解放的
諸能力という新しい社会的潜在性の実体」となっているのである（p.447-448）。
それは、「二重の意味で自由な労働者」（K. マルクス）の現代的形態であると
考えられるが、そうした理解から出発するならば、グローバル化した資本のも
とでの総体的な自己疎外＝社会的陶冶過程の展開を想定すべきである。

　それはともかく、「新たな民主主義の諸形態と新たな構成的権力」の創出は、
どのような「通路」を通って現実のものとなるのであろうか。ここでは、ネグ
リ／ハートが、解放への政治的プログラム（政治的要求）の第１の要素として、
「グローバルな市民権」を挙げていることに注目したい。とくに「移動そのも
のに対する自主的な管理」「ひとつの場所に留まることを享受する権利」とい
う一般的な権利を、「空間に対する管理権」の再領有であり、「グローバルな市

民権へのマルチチュードの本源的な要求」だという（p.196-197）。移動権と住居権である。

　それらは、序章で述べたように、自由権と社会権の先にある「現代的人権」を具体化する「グローバル・シティズンシップ」の展開となろう。その見通しとして、**表 1-1** で示した現代的人権とそれを現実のものとする「社会的協同association」の展開に、「人格における自由」および「人格の平等」とかかわる学習領域の展開過程を加えたのが、本稿の**表 2-1** であった。

　ネグリ／ハートが挙げる第２の政治的要求は、「時間を掌握し、新しい諸々の時間性を構築する」ことである。K. マルクスは、将来社会に向けて「自分たちの協同統制のもとに置く」「自分たちの人間性に最もふさわしく最も適合した条件で行う」ような物質代謝（労働）の発展を重視し、その先に、「労働日の短縮」を根本的条件とした、「自由の国」（自己目的として認められる人間の力の発展）を考えた[16]。おそらくそのことをふまえつつネグリ／ハートは、既述の生産過程の変容によって、時間は「完全に集合的存在のもとに帰ってきたのであり、それゆえマルチチュードの協働のなかに宿る」、「協働、集合的存在、マルチチュードの内部で形成されるコミュニケーション・ネットワークを介し、時間は内在性の平面でふたたび領有される」と言う。生政治的生産では「タイムカードは存在しない」。プロレタリアート（マルチチュード）は「一般性を十全に発揮するかたちで、あらゆる場所で、あらゆる時間に生産している」。そこから生まれる第２の政治的要求は、「万人に対する社会的賃金と保証賃金」であり、それは「市民権収入」と呼ばれる（p.497-500）。それは「必要平等」（**表2-1**）のひとつの具体化であり、ベーシック・インカムへの独自の根拠付けだとも言えよう[17]。それは生存＝環境権の中で位置付けられるものであると同時に、社会的な分配＝参加権の具体化でもある。

---

(16) K. マルクス『資本論』第Ⅲ巻、大月書店版『マルクス・エンゲルス全集』第25巻第3部、p.1051、MEW,S.828。
(17) ベーシック・インカムの論拠付けは多様である。たとえば、「リアル・リバタリアニズム」を主張する、P. ヴァン・パリース『ベーシック・インカムの哲学―すべての人にリアルな自由を―』後藤玲子・斎藤拓訳、勁草書房、2009（原著1995）。

　第3の政治的要求は、「再領有の権利」である。それは生産手段の再領有であるが、生政治的変容の中では「再領有とは知、情報、コミュニケーションそして情動への自由なアクセスとそれに対する統制のこと」であり、「マルチチュードの自主統制や自律的自主生産の権利」とされている（p.504）。それは、労働・協業権の今日的形態であるが、より広く、グラムシのいう「国家の市民社会への再吸収」で意図されていた「自己規律社会」をめざすものであるということができよう。ネグリ／ハートはここで、「マルチチュードの目的」の5つの側面について述べている（p.501-503）。

　すなわち、第1に、言語の意味と意味作用、「コミュニケーションを生の様式と結びつける諸装置」への統制である。そこでは、J. ハーバーマスの批判理論の先が考えられており、「批判はそのまま政治経済批判であり、かつ生きられた経験の批判でもある」ことが指摘されている。「批判・表現の自由」の徹底であると言える。第2に、「自律的な生産の担い手」としてのマルチチュードである。それは、「人間と機械の異種混交化」の中で求められることとされているが、「構想・創造の自由」の展開としての労働＝協業権の現実化ということができる。第3は、マルチチュードの生の構築としての、諸主体の出会いの場、「集団的目的」の組み立てである。分配＝参加権は、社会的生産の目的の共有を前提とし、その質的向上を生み出すと言える。第4は、「生の力とその政治的組織化の結合」、「政治的なもの、社会的なもの、経済的なもの、そして生命的なもの」の共存である。そこでは「生政治的な織物が、制定的かつ公正的な権力に開かれる」とされている。分裂・対立する政治社会・市民社会・経済構造そして自然−人間関係の調和的発展の方向が考えられていると言えよう。

　第5は、「抽象的なものにとどまっている要求—すなわち平等と連帯—を実現可能なものへと仕立て上げる」構成的権力である。それは「ラディカルで進歩的な変革の過程への絶え間ない解放を可能にする」ものだとされている。フランス革命の精神と言われている自由・平等・友愛（博愛）であるが、「自由」に比して相対的に制度化が遅れている「平等」さらに「友愛」（連帯によって生まれるもの）の実現が重要視されていることも注目されよう。『マルチチュード』の最終章では「政治的な愛」（「友愛」と理解することができる）に向けて

の民主主義が主張されているが、表2-1ではいわゆる第3世代の人権として
の「連帯権」にはじまる現代的人権とそれを現実化する「社会的協同」の実践
の展開過程を示している。このような過程を「仕立て上げる」構成権力こそ、「再
領有の権利」を実現可能にするものであると考えることができるであろう。上
述のように、それは「マルチチュードの自主統御や自律的自主生産の権利」と
も言われ、参画・自治権の発展として位置づけることが可能であろう。この過
程で、相互に緊張関係をもちながら、〈人格の自由〉と〈人格の平等〉を発展
させていくことが、「人格の完成」を目的にしてきた教育の基本的課題となる。

　以上のようにみてくると、ネグリ／ハートが〈帝国〉を乗り越えていくマル
チチュードの目的と政治的要求として提示しているものは、表2-1で示した、
第3世代以降の人権＝連帯権にはじまる生存＝環境権、労働＝協業権、分配＝
参加権、参画＝自治権とそれらを具体化する社会的協同の諸実践として捉え直
すことができる。それらをグローバルな視野から、「すでに始まっている将来
社会」への見通しをより豊かにしていくことを可能とする提起でもあった。

　ネグリ／ハートは、構成的権力が示すのは、①人間の自己価値化（世界市場
全域での万人に対する平等な市民権）、②協働（コミュニケートし、言語を構
築し、コミュニケーション・ネットワークを管理する権利）、②政治的権力（権
力の基礎が万人の欲求の表現によって規定されるような社会の構成）であると
まとめる。構成的権力はマルチチュードによって組織され、指揮される「生政
治的統一体」であり、「活動状態にある絶対的なデモクラシー」であるという
（p.508）。その際に、「つねに可能なものに開かれた力」、「マルチチュードを特
異な主体として把握するための最良の視点」として「ポッセ posse」＝「活動
としての力」の組織化の重要性を強調している。しかし、その発現＝展開メカ
ニズムを明らかにしているわけではない。本編の視点からみれば、それは表
2-1の展開過程に対応した、マルチチュードのエンパワーメント過程というこ
とができよう。この点、ネグリ／ハートは触れていないが、サバルタン（被抑
圧者）のエンパワーメントを重視したグラムシの「実践の哲学」に重なるもの
である。ネグリ／ハートは後に、「貧者のマルチチュード」の重要性を強調し
ている。

第3節　「新しい民主主義」の制度構成

　ネグリ／ハートは、『〈帝国〉』の後、『マルチチュード』（2004年）において、「〈共〉の生産」を通した「全員による全員の統治」としての「絶対的民主主義」（「ラディカル・デモクラシー」を超えるもの）を提起し、『コモンウェルス』（2009年）で、「主体性の形成」を中核においた「革命論＝社会変革論」を展開している。それは「マルチチュードが自治の技法を習得し、社会組織の永続的な民主的形態を生み出していくプロセス」、「このプロセスの結果として生まれる諸々の特異な主体性を、〈共〉の中で合成することにより、自らを作り出す」ことであり、「〈共〉的な富（コモンウェルス）から成る世界を制度化し、管理運営すること、すなわち集団的な生産と自己統治の能力を重視し、拡大することの必要性を強調」するものであった[18]。本編の立場からは、まず第1に、「制度化」に焦点化されていることが注目される。さらに、第2に、「共有資産（コモンズ）」をより広く捉えた「〈共〉的な富（コモンウェルス）」をめぐるヘゲモニー関係が重視されている。**表2-1** の「分配＝参加権」、〈分配協同〉にかかわるテーマである。第3に、「集団的な生産と自己統治の能力」形成、すなわち、同じく「参画＝自治権」と〈地域響同〉にかかわる実践が重視されていることである。

　ネグリ／ハートは、グラムシが「受動的革命」に対して「能動的革命にとって必要だと考えた主体性の生産」に着目し、「制度が有する力」（サン＝ジュスト）をふまえつつ、〈帝国〉的ガバナンスを反転させるような「新しい制度を構築」すること、そのための「制度と構成への意思」を重視する。その結果、「集合的に社会的生の構成に携わり、民主主義にもとづく統治を始動させる、その教育と実習訓練（トレーニング）」「実践による学習」を強調することになる。彼らはその学習・教育の展開論理にまで及んでいないが、グローバル・ガバナンス制度に要求する3つのプラットフォームを提示している。すなわち、①すべての市民に対して所得保障を行うこと（ベーシックインカム）、②すべての人

---

(18) A.ネグリ／M.ハート『コモンウェルス―〈帝国〉を超える革命論―（上）』NHK出版、2012（原著2009）、p.14、18-19、22。

が社会の構成、集団的な自治、および他者との建設的な相互作用に参加できる
ようにすること（グローバル市民権）、③私的所有の障害に抗する〈共（コモン）〉
へのアクセス、である[19]。

　もちろん、理論的にはベーシック・インカムからベーシック・サービスへ、
グローバル市民権を含むシチズンシップ（教育）の再構成、コモンズと「コモ
ン」の関係整理などの課題はある。しかし、本編の視点からして重要なことは、
こうした諸制度の構築、その不断の構成にむけた「学習実践」の展開論理が明
らかにされなければならない、ということであろう。本編では、その方向を**表
2-1**の「学習領域」で示した。ここでは、ネグリ／ハートが強調する制度構築
の基本理念が「絶対的民主主義」（全員による全員の統治）であることをふまえ、
『マルチチュード』で展開されている民主主義論の特徴についてふれておこう。

　最近では、「アメリカファースト」を掲げるトランプ政権や、イギリスの
EU脱退、EU諸国における移民排斥運動と右翼化、中国の習政権やロシアの
プーチン政権の覇権主義など、グローバルな民主主義の後退が目立つ。しかし
グローバリゼーション時代にはまた、「ラディカル・デモクラシー」をはじめ、
新しい民主主義論が模索されてきたことは既述のとおりである。たとえば、ネ
グリ／ハート『コモンウェルス』（2009年）出版と同年には、フランスの出版
社ラ・ファブリック編集部による民主主義の意味を問う質問に対して、欧米の
著名思想家8人が寄せた回答『デモクラシーは、いかなる状態にあるか？』が
上梓された。同書の巻頭言でG. アガンベンは、政体（政治－法的合理性）と
統治（経済－統治的合理性）を区別しながら、「何が主権にこれらの正当な結
合を確保し、保証する権力を与えるのか」と問い、両者の非接合＝統治不可能
性に立ち向かうことの重要性を指摘している[20]。

　A. バディウは、民主主義の同等性は「貨幣の原理」（一般的等価性）にほか
ならず、現代の民主主義の愚劣さを示す社会は、（プラトンの言う）①世界の
不在、②流通に隷属する主観性としての紋章、③普遍的な青年期としての享楽

---

(19) 同『コモンウェルス（下）』、pp.266-267、261、272、274、279-280、294-297。
(20) G. アガンベンほか『民主主義は、いま？―不可能な問いへの8つの思想的介入
　　―』以文社、2011（原著2009）、pp.14-15。以下、引用は同書。

の命法、の絡み合いと理解されると言う。K. マルクス『資本論』第一部の貨幣論とくに「貨幣の物神性」論をふまえたものとして注目される。それゆえバディウは、民主主義の反対物は全体主義や独裁ではなく共産主義だという（pp.28、33）。C. ロスもいまや民主主義は「購買としての民主主義」、代表民主主義は「少数派が代理人の役を務めて日常業務を管理するという、代表の一形態」になっており、民主主義は契機・企図として、「公的生の絶えざる私物化に対する闘争」として、愛（詩人ランボーのスローガン）と同様、「再発明」されなければならないという。

　私的所有や貨幣を乗り越えた「絶対民主主義」を主張するネグリ／ハートも、みずからを無政府主義者ではなく共産主義者であると言っていた。民主主義は「公共空間と共通材に対して私的所有制度が引き起こす害と国家がもたらす侵食に、徹底的な意義申し立て」をし、「永続的に、またあらゆる領域において、平等と市民権を獲得する権利を広げるよう努めなければならない」（p.82）と言う D. ベンサイドも、こうした流れの中に位置付けることができよう。

　さらに W. ブラウンは、現代の「脱民主化」の動向と「脱民主化権力」へのまなざしを重視しながら、もっとも困難なことは、「いかにしたら人民は、共同に行使すべき権力を明確にし、その結果として民主主義は、それが転倒されたものを正当化する仮面とは別のものになることができるのか」（p.107）という問いに答えることだと言う。現存社会主義や発展途上国の民主革命や独裁化に安易なレッテルを貼るのではなく、そこにおける「階級バイアス」の存在を理解することの重要性を指摘している（p.215）。ネグリ／ハートの「制度と構成的権力」の提起は、まさにこれらの問いに対応しようとするものであったと言える。その際に、民主主義は「共」の問題であり、「すべての多様性の、一つの『共同体』への受け入れ─前提なき─」（p.131-132）だというジャン＝リュック・ナンシーの指摘は彼らの主張に重なるものと言えよう。

　以上のように、ネグリ／ハートの『〈帝国〉』は、21 世紀初頭の民主主義論に大きな影響を与えているが、彼ら自身も『マルチチュード』の第 3 部で「新しい民主主義」論を展開している。そこではまず、〈帝国〉時代における民主主義の危機を問題とし、それに対する社会民主主義、自由主義コスモポリタニズム、新保守主義、伝統的保守主義の 4 つの立場はいずれもこの危機の時代に

対応できておらず、「全員による全員の統治」という本来の意味（未完のプロジェクト）に立ち戻って再検討する必要性を強調している。そのために、ルソーの主権論や、民主的代表制の３類型（専有的、自由的、指示的）、さらに夢に終わった「社会主義的代表制」、そしてグローバル・システムの改革諸提言の批判的吟味がなされている。その上で提起されるのが、「政治的愛」に向けての「マルチチュードの民主主義」である。

　その目的は「新しい民主主義プロジェクトが立脚できる概念的基盤」を打ち立てることだとされているが、まず「主権の二面性」が指摘される。主権は自律的実体あるいは絶対的なものではなく、「統治者と被統治者、保護と従属、権利と義務」で構成されたものであるとされるのである。したがって、強制と同意、グラムシのいうヘゲモニー関係が重要な意味をもつのである。今日的重要性をもつのは、『〈帝国〉』で主張された、主権の「生権力化」、経済生産の「生政治化」、その結果としての「統治者の寄生体化」の動向である。対するマルチチュードのネットワークから生まれるイノベーションは「指揮者のいないオーケストラ──絶え間ないコミュニケーションによってそれ自身の拍子を決定し、指揮者が中心的権威をふるわない限り調子が狂ったり音が止んだりすることのないオーケストラ──」[21] のイメージで理解されている。マルクス『資本論』第１巻第１章「協業」の「直接的に社会的または共同的な労働」における指揮者が、オーケストラのそれに喩えられたことが想起されよう。その今日的イメージは、「指揮者のいない楽団」や、より自由なジャズによっても考えられようが、オーケストラ的組織は現代経営組織改革論としても評価されてきている[22]。われわれは単なる理念やイメージではなく、**表 2-1** で示したように、地域における「協同・協働・共同の響同関係」を創造する「地域響同 Symphony」として具体化しなければならない。

　ネグリ／ハートによれば、マルチチュードに「絶対欠かせないのは、不服従と差異を求める権利」である。「選択の自由」一般とは異なる「拒否の自

(21) ネグリ／ハート『マルチチュード（下）』幾島幸子訳、NHKブックス、2005（原著2004）、p.234。
(22) たとえば、山岸淳子『ドラッカーとオーケストラの組織論』PHP新書、2013、など。

由」を基本的要求として主張しているものと考えることができる。そこから始まって、「マルチチュードの創造とネットワークにおけるマルチチュードの革新、そして〈共〉にもとづくマルチチュードの意思決定能力によって、今日初めて民主主義は可能なものになった」とされる。そして、「単一の主権者」はますます不必要なものとなり、「マルチチュードの自律性とその経済的・政治的・社会的自己組織能力が主権の役割を奪い取った」のである（p.237-238）。「マルチチュードの構成的権力は協働的でコミュニケーション的な社会的労働のネットワークのなかで立ち現れる」（p.251）。そして、「私たち全員が生政治的生産を通じて社会を協働的に創造し維持するというこの民主主義こそ、私たちが『絶対的』民主主義と呼ぶものである」（p.253）と言う。

　これらは、「構想・創造の自由」から「参加・協同」の自由を経て「参画・自治」の自由への展開を主張していると言える。もし、絶対的民主主義＝「全員による全員の統治」を主張するのであれば、これら「人格の自由」論に照応して、「選択の自由」＝機会均等の平等論を批判的に乗り越えて「共生平等」に至る「人格の平等」論の展開（**表 2-1**）が不可欠となるが、ネグリ／ハートにそうした展開論理の明示はない。

　以上の全体として、経済的・政治的・社会的世界の協同的形成者となることによって、真の主権者となるということが指摘されているのである。あらためて、**表 2-1** の全体的展開構造が問われているのである。

　ここで、批判的地理学者の D. ハーヴェイが、ネグリ／ハートは「関係主義的政治理論」の一種であり、実体あるいは空間としての地域や国民国家を軽視していると批判していたことを指摘しておく。ハーヴェイは空間・場所・環境を重視した地理学的批判理論を提起しているのであるが、その際に①絶対的・相対的・関係的、②経験／知覚された物質的実践、概念化された空間表象、生きられた表象空間、から成るマトリックスとして「時空間の弁証法」を考えることを基本的枠組としている[23]。①については、マルクス『資本論』における使用価値、交換価値、価値、そして貨幣形態論に対応させているが、絶対的・

---

(23) D. ハーヴェイ『コスモポリタニズム―自由と変革の地理学―』大屋定晴ほか訳、作品社、2013（原著2009）pp.263、494-495。

相対的・関係的という理解は物神化・物化・物象化に対応するものと考えられる。しかしながらはハーヴェイには、物象化・物化・物神化を区別した展開はない (24)。それゆえに自己疎外＝社会的陶冶過程論をふまえた実践論が展開できないでいるという点では、ネグリ／ハートもハーヴェイも同様なのである。

　いずれにしても、物象化としての制度化に対応する自己疎外＝社会的陶冶過程とそれを克服していく「社会的協同実践」を位置付ける必要がある。②は感覚・知覚→悟性→自己意識的な時空間理解と言えるから、その先に（観察的・行為的・協同的・公共的な）理性形成にかかわる地域的実践（とくに地域づくり実践）の時空間が位置付けられなければならないであろう。

　かくしてわれわれは、実体・関係・主体の総体を存在・関係・過程論的に捉える人格論を出発点として、教育諸形態の展開過程と、そこにおける自己疎外過程を克服して主体形成しようとする地域住民と教育実践者による「実践的時空間」を位置付けるような「主体形成の教育学」を必要としている (25)。**表2-1** にはその展開構造も含まれているのである。

　以上の確認の上で、さらに「絶対的民主主義」論の展開論理についてみていくことにしよう。

第4節　「民主的主体性」の生成論理

　マルチチュードの民主主義は「新しい科学」（理論的パラダイム）を必要とする、とネグリ／ハートは言う。その最大の課題は「主権をいかにして破壊して民主主義を打ち立てるか」であり、それは「現存する条件にもとづく新しい民主的な制度構造の構成と手を携えて進むよう組織されなければならない」とされる (26)。しかし、その具体的な展開論理は必ずしも明らかではない。そこで、ネグリが、『マルチチュード』出版年から翌年にかけて行った民主主義にかかわる講義 "Fabrique de porcelain（陶磁器製造工場）" をまとめたものが出版

---

(24)この点、鈴木敏正・高田純・宮田和保編『21世紀に生きる資本論―労働する個人・物質代謝・社会的陶冶―』ナカニシヤ出版、2020、第6章を参照されたい。
(25)この点、拙著『将来社会への学び』前出、第7章第4節参照。
(26)ネグリ／ハート『マルチチュード（下）』前出、p.257。

されているので、その内容を補足的に検討してみよう。その邦訳が『さらば、"近代民主主義"』とされているように、彼のマルチチュード的＝絶対的民主主義論を展開したものと考えられている。

　同書は、グローバリゼーションが引き起こした国家の危機（国境と主権の再定式化）から始まり、「絶対的民主主義」論を展開して、「マルチチュードを形成することは、とりもなおさず、民主主義をつくりだすことだ」と結論づけている。批判の対象となっている「ポスト近代」（ポストモダン）の思想は、①「資本のもとへの社会の実質的包摂」（「弱い思考」と無力な契約主義）、②マージナルな抵抗（「商品の物神崇拝」と神秘的終末論）、③批判的思考としてのポスト近代（主体化の空間化の再構築）である[27]。ネグリは、フーコーとドゥルーズに代表される③（とくに「生政治」と「主体性の生産論」）を受けて、ポスト・ポストモダン的な発展を意図しているということができる。

　その論点は、これまで見てきたことと重なるが、「抵抗の権利、構成的権力、マルチチュード的な力＝新たな主観的権利」をふまえて、「主観性の生産の存在論的固有性と結びついた社会変革の地平を、建設的、肯定的な仕方で、再構成」（p.232-234）しようとしていることが注目される。ここで「主観性」はsubjectivité＝subjectivity の訳であるが、邦訳者は、外部からの強制や内部からの適合と区別されて、「人々が自らの座標系を打ち立てようとする自己参照的な生成変化による自己創出の様態」（ガタリ）を示すと考えられる場合には、「主体性」と訳したとしている（p.239-241）。

　ネグリは、第1に、それまでのマルチチュード論への批判、とくにP.マシュレイによる「即自から対自への移行」を説明できないという批判に対して、「マルチチュードを主観的に有効化し、客観的に敵対的にするのは、マルチチュード内部からの〈共（コモン）〉の出現」であり、その〈共〉は「ある持続的な潜勢力・生産力であり、変革と共同の力能でもある」と言う。その際に、マルクスの可変資本論（ネグリは「労働力の総体」と等置している）が援用され、〈共〉は「自律した主観性の生産の結果と、特異性（サンギュラリテ）の協働の結

(27) A. ネグリ『さらば、"近代民主主義"―政治概念のポスト近代革命―』杉村昌昭訳、作品社、2008（原著2006）、pp.41-42。以下、引用は同書。

果とが蓄積され、強化される場」であり、「不変資本（資本一般から独立して、不変資本に逆らう労働力（可変資本）によって生産されるあらゆるものの総和）」であるとしている（p.91-94）。資本の展開過程に主体形成（〈共〉の生成）を位置付けようとしていることが注目される。

　ただし、マルクス『経済学批判要綱』における「主体 Subjektivität としての労働」（「生きた労働」）、「労働力能 Arbeitsvermögen」、そして『資本論』における「二重の意味において自由な人格」＝「労働力商品」、「協業」における人間的能力発現、「可変資本」などの論理レベルの差異をふまえた社会的陶冶過程論などはまったく不十分であり、それを基盤にした主体形成論の展開は残された課題となっている[28]。たとえばネグリは、生政治的変貌にかかわって「使用価値は、常に再構成されるものであり、それは『無限の』力をもった価値」（p.117）だというが、使用価値視点にたった社会的陶冶論は展開していない、というよりも「社会的陶冶」という視点が弱く、したがって現実的な実践論の展開が見られない。

　なお、「主権の生政治的定着」（民衆全体の管理体制）にかかわってネグリが、「資本のもとへの社会の実質的包摂」と言っていることは、（マルクスが展開した）「労働の」実質的包摂とは異なるものとして注目される。それは「社会が全面的に商品に対応する」というだけでなく、「商品の生産がもたらす矛盾や対立が、社会全体に浸透するということ」「社会的生産の対立関係」に対応しているとされている（p.37）。商品と資本の区別と関連は明確でないが、「社会制度」（ヘゲモニー装置や「社会資本」を含む）の展開とそれに伴う「自己疎外＝社会的陶冶」過程の理解につながる可能性があるだろう。

　ネグリは第2に、〈共〉の要求・承認・政治は、私的なものと公的なものを媒介する「第3の道」ではなく、「資本の管理に対して、ならびに資本（つまり生産手段の私的そして／あるいは公的な所有）が共同生活やそこで表現される欲望におよぼす影響との関係において、敵対的かつ代替的なもの」として提示される「第2の道」であるとし、したがって一般法は、「搾取――それが私

---

(28) 筆者の理解については、拙著『主体形成の教育学』御茶の水書房、2000、第3、4章。

的なものであれ公的なものであれ——の根絶と、生産のラディカルな民主化とをもとにしてしか考えられない」としている（p.102）。ここに、ネグリが「絶対的民主主義」を主張する基本的な理由がある[29]。それゆえネグリは、「福祉国家」とマルチチュード的構築との「持続性は存在しない」とし、新たな「共通の名前」（スピノザ）＝共通概念を、「社会的存在として組織し発展させる次元」を重視し、「現実的なものの協働的な構成、またそのさまざまな異なった契機を規定する言語的な過程と突き合わせる必要がある」（p.104-105）と言う。

　ネグリはここでふれていないが、これはグラムシのいう「翻訳」と「共通語」創造の実践にかかわることである[30]。グラムシは、「科学的・哲学的諸言語の翻訳可能性」にかかわり、「展望は国際的・出発点は民族（国民）的」という視点に立って「実際的諸基準」としての「共通語」を設定していく作業を重視していた[31]。

　第3にネグリが、フーコーとドゥルーズに学んで、差異／抵抗／創造性が「ポスト近代哲学の政治的言説の核心にある」としていることである。それらは差異と創造性を存在論的意味で可能とするのは「抵抗」であるという関係で捉えられ、生権力に対する生政治的潜勢力、その内在性は「権力の公認する暴力の拒否と、〈共〉の特異性からしか生まれない」という理解を前提にし、差異／抵抗は「新たな主観性の生産の可能性の条件として、つまり創造の可能性の条件として姿を表す」とされている（pp.135、137、145）。そこで問われるのが

---

(29) この点で、第3の点とあわせて、ネグリ／ハートは〈共〉を言祝ぎ、「否定性と敵対性のない多様性を想定し、社会的秩序に不可欠なヘゲモニーの性質を認めていない」というムフの批判はあたっていないであろう（ムフ『左派ポピュリズムのために』前出、p.78）。

(30) ネグリ／ハート『コモンウェルス（下）』（前出）では、「さまざまな特異性による「自由の生成（リベレーション）」の運動は互いに接合しあい、並行して発展していくことのできる潜勢力」をもち、その照応関係を明らかにし、理解するためには「翻訳のプロセス、すなわち各領域の言語の自律性を認めると同時に、それらの間のコミュニケーションを促進するプロセスが必要」だとしている（p.220-221）。これはグラムシの「翻訳」論の適用だと言える。

(31) この点、竹村英輔『現代史におけるグラムシ』青木書店、1989、第I部第3章。鈴木富久『グラムシ『獄中ノート』の学的構造』御茶の水書房、2009、pp.141、193。

政治的次元での「決定」（社会的決定と政治的行為の二重性）である（p.149）。
その差異、マルチチュードの特異性は、個人的利益の擁護ではなく、「協業つ
まり価値と富の集合的な生産力の設定を認識させようとする意思」として存在
するのであり、公的な主観的権利は「〈共〉の行使の要求として定義されなけ
ればならない」（p.155）とされている。注目されるのは、「ガバナンス」である。
ガバナンスは「構成的権力（もっと正確に言うならば構成的潜勢力）の行使に
向かっての絶対に必然的な移行過程」とされ、「共通の力による建設を通して、
下から、多数多様性から生まれ出てくる民主主義的展望の可能性に到達するも
の」とされている（p.190）。

　ここでネグリが、差異／抵抗から創造に向けて、「集団的移動（エクソダ
ス）」の３つの定義を提示していることは注目される。21 世紀の教育改革では
公教育は、私的財か公共財かが問われている。前者では公立学校からの「脱出」、
後者では「意見表明」が重要となる。たとえば、D. F. ラバリーは、「民主主義
的応答性を備えた政治的組織」に向けて「意見表明」を重視する A. ハーシュ
マンの見解をふまえて、公教育は「脱出不能」だと言い、社会における「弱い
結びつき」[32] の重要性を指摘して、「厚みのある弱い結びつきのネットワー
クの存在は、市民の間に公共財としての公教育という認識が育まれるのに不可
欠な基盤」であるとしていた[33]。それはデューイのいう「公衆」を基盤とす
る民主主義の主張につながるものである。しかし、公共的認識がどのようにし
て育まれるのかという実践論への視点はない。

　これに対して、上層中産階級に多く見られる「脱出 exit」ではなく、マルチ
チュードの「集団的移動 exodus」に着目するネグリは、脱出と抵抗を分離主
義的にではなく、まず、「差異」化として捉える。そこでは、既述の「一般的
知性」（非物質的・知的・言語的・協働的な労働力）形成が重要な意味をもつ。
ここから、集団的移動とは「物質的労働と非物質的労働との差異にかかわる全
空間を遍歴し、生きた労働の核心部にある創造的力能を再獲得すること」だと

(32) M. グラノヴェッター『社会と経済—枠組みと原則—』渡辺深訳、ミネルヴァ
　　書房、2019（原著2017）、の主張である（p.19）。
(33) D. F. ラバリー「脱出不能」藤田英典・志水宏吉編『変動社会のなかの教育・
　　知識・権力—問題としての教育改革・教師・学校文化』新曜社、2000、p.134。

いう第2の定義が生まれる。さらに、そこに生まれるクレオール（混交）化やメティサージュ（交雑）の作動をふまえて、ハイブリデーション（異種混交）による「メタモルフォーズ（変態）」への生成変化を、第3の定義として挙げている（p.142-147）。それは「伸長の次元」（空間的に限定され、領土的流れや主体の可動性を包含し、新たな隣接関係や影響関係のあらゆる形態を通して生じる変貌や変態を含む）であり、「創造的・知的な混じり合いと交錯からなる形状」として、「〈共〉への王道」を切り開くものとされている（p.148）。以上のような3つの定義は、それぞれに不明確なところがあり、そもそも主体形成論として整理されたわけではないが、「協同・協働・共同の響同関係」の展開過程理解に示唆を与えるものであると言える。

　「共通の自由」へのオルタナティヴ、政治的主体の形成は、以上のような論理をふまえて提起されている（p.218-219）。「共通の主体性生産の力」は、「貧困」（絶対的欲求）から「愛」（絶対的贈与）へ、すなわち「個人的欲求を民主主義社会へと導く運動」（p.229）だとされている。既述のようにそれは「二重の意味で自由な」労働力能（潜勢力）からはじまる論理展開であろうが、「主体性」の形成に向けた実践論として整理可能であろう。表2-1 で示した自由の展開、すなわち選択・拒否－表現・批判－構想・創造（一般的知性と労働との結合）－参加・協同（コモンズにかかわる協同的意思決定）－参画・自治（〈共〉的ガバナンス）への展開として位置付け、捉え直すことが可能だからである。もちろん、民主主義論としては、「人格の平等」の展開過程とあわせて理解する必要があろう。いずれにしても、ネグリにおいても、中心的テーマとなってきた「主観性」とくに「主体性」の形成にかかわる実践の展開論理の明確化が問われていると言える。

　ネグリは、第1章で見たグラムシのこの点にかかわるヘゲモニー論は評価せず、第3章第1節でみた「ラディカル・デモクラシー」論については「純然たる社会学的ヘゲモニー解釈」（p.159）として批判的である。他方でネグリは、「マルチチュード的主観性が、ヘゲモニーの帰趨を決する」「ヘゲモニーとは、今日、マルチチュードのことである」（p.188）とまで言っているが、その展開はみられない。もちろん、ネグリ／ハートがグラムシに学ばなかったわけではないだろう。「ヘゲモニー」という用語の使用や、既述のように、「受動的革命論」

にふれているというだけではない。彼らの「革命論」だという『コモンウェルス』の序のタイトルは「マルチチュードが君主となる」とされている（グラムシは「現代の君主」の課題を主要テーマにした）。「貧者のマルチチュード」（同書、Ⅰ－3）は、グラムシの「サバルタン」論に重なるであろう。彼らはさらに、グラムシを「生政治的ダイアグラムの預言者」だったとまで言っている[(34)]。

　かくして、われわれは独自に「ヘゲモニー関係＝教育学関係」の視点から「主体形成」への理論と実践のあり方を問わねばならない。それを教育学的視点から捉え直すのが「主体形成（ないしエンパワーメント）の教育学」である。**表2-1** の展開構造全体にかかわるマルチチュード（サバルタン）の主体形成、そこで不可欠となる自己教育過程（主体的な学習過程）とそれを援助・組織化する教育実践過程、とくに社会的実践と相互規定的に展開する「後段自己教育」過程が明らかにされなければならない。

第5節　「絶対民主主義」その後

　ネグリ／ハートの「絶対的民主主義」論をためす絶好の機会が生まれた。2011年の「アラブの春」、スペインの「M15」運動、そしてアメリカのウォール街占拠などの「叛逆のサイクル」である（日本の「反原発」運動もこれに含めていいだろう）。これらを「水平的な直接民主主義」（新しいアナーキズム）の運動として分析したグレーバーのような研究[(35)]もあるが、ここではネグリ／ハートが、あらためて代議制民主主義にかわる民主主義の「宣言」をしたものにふれておこう[(36)]。

---

(34)たとえば、フォーディズムにおいては「資本のもとへの社会への包摂がプロレタリアートの技術的構成の変容をもたらすことを認識し、最終的には——生政治的ダイアグラムの内部で——資本主義的生産が工場の壁からあふれ出て社会的領域全体を覆い尽くし、下部構造と上部構造の分裂を解体して、文化的・社会的な諸関係を直接、経済的な価値と生産の領域へともち込むことを直感的に捉え」、「新しい主体性の生産」を察知していたとしている（ネグリ／ハート『コモンウェルス（下）』前出、p.261）。マルクス『経済学批判要綱』における「別の主体」形成論とともに、グラムシの思想が彼らの理論に大きな影響を与えているというべきであろう。

前提は、新自由主義の勝利と崩壊がもたらした危機の結果としての主体のあり方（「主体形象」）の変容、すなわち、①借金を負わされた者、②メディアに繋ぎとめられた者、③セキュリティに縛り付けられた者、④代表された者、である。これらに対する叛逆の方向は、①借金をひっくり返せ、②真理を作り出せ、③逃走し、自由になれ、④自らを構成せよ、である。ここから〈共〉の構成を主張するネグリ／ハートの理論的枠組みは、前節で『コモンウェルス』などによってみたこととほとんど変更がない。しかし、構成権力は「自由、平等、連帯という私たちの原理に従って社会的生産と社会的生活を組織するうえで不可欠のもの」であり、構成的プロセスとは「主体性を生産する装置」であるとしていること（p.88）は、本編の視点から注目される。〈共〉にもとづく構成的プロセスは「真のオルタナティヴ」を提供するもので、そこで獲得される平等な権利には「生命・自由・幸福の追求のみならず、〈共〉への自由なアクセス、富の分配における平等、〈共〉の持続可能性も含まれている」（p.95）とされている。

　「叛逆サイクル」から学んだものとして、「自律的な時間」や「コミュニケーション」などとともに「政治の多元的存在論」、とくに連邦主義（アソシエーション）が主張されている。そこでの「主体性」生産の中軸は「議論し、学び、教え、学習と研究を進め、コミュニケーションを交わし、行動に参加すること」といった「アクティヴィズムの形態」をとおして構成されるという（p.122-124）。ウォール街占拠に典型的にあらわれた実践がイメージされていると言える。

　アクティヴィズムだけはない。ここで注目したいのは、〈共〉の構成のための実例として「教育のスキーム」が取り上げられていることである。他の実

---

(35) D.グレーバー『デモクラシー・プロジェクト―オキュパイ運動・直接民主主義・集合的想像力―』木下ちがや他訳、航思社、2015（原著2013）。彼は最後に「それぞれの能力に応じて、それぞれの必要に応じて」という共産主義の定義に立ち戻り、その意味ですでにわれわれが共産主義的に生きているという現実をふまえて、共産主義を取り戻すことが必要だと強調する（同書、p.339-341）。**表2-1**で示した〈応能平等〉と〈必要平等〉の課題に取り組むということになるであろう。

(36) A.ネグリ／M.ハート『叛逆―マルチチュードの民主主義宣言―』水嶋一憲・清水和子訳、NHK出版、2013（原著2012）。以下、引用ページは同書。

例（水、銀行、〈公〉）と同様に、３つの原理、すなわち①資源を〈共〉的なものにすること、②自主的な管理運営の計画図式（スキーム）を発展させること、③すべての決定を民主的な参加からなる手続きに従わせること、が重視されている。注目すべきことは、「教育とはたんに知識にのみかかわることではないし、もともと知識にかかわる事柄ですらない」として、重要なことは「思考する力〔＝思惟する力能〕を発展させ、養成」することであり、教育の基本はつねに「自己教育」であると述べていることである。それは制度を「学習を助成する環境の創出へと向けること」、「情報・知識・学習のツール等を含めた〈共〉への開かれたアクセスを実現」することを意味している（p.138-140）。

　ネグリ／ハートはさらに、「社会全体の利益が教育の指針となる」ような教育の計画化、「全員を民主的な仕方で意思決定に参加させるような構造」の確立の必要性を強調している（p.143）。狭い意味での教育に限らず「〈共〉のすべての形態は、計画化をぜひとも必要」とするが、計画化を「すべての人びとが民主的に決定に参加することのできるような連邦主義的な方法」で進めるためには、すべての人々が教育をとおして専門知識を身につけるように「広汎な規模で陶冶」されなければならない（p.173-175）。そこで提起される「共民」（平民＝庶民、コモナー＝〈共〉を土台にして、〈共〉に働きかける存在）とは「構成的な参加者のこと、換言すれば、〈共〉の開かれた分有にもとづく民主的社会を構成するための不可欠の土台をなす主体性のことにほかならない」（p.189）のである。

　かくして、主体形成に向けた自己教育過程（教育計画化を含む）論の展開という課題が生まれるであろう。筆者のいう「主体形成の教育学」の課題であり、**表2-1** で示した社会的協同実践に伴う学習領域を主体的な学習＝自己教育過程として捉える必要がある。しかし、教育学者ではないネグリ／ハートはそこに立ち入っていないし、そうした視点から実践論を展開しているわけでもない。

　さて、2011年の「叛逆サイクル」もやがて鎮静化していく。このサイクルが大きな変革をもたらすものとして期待した左翼の側では、落胆と絶望もみられたが、そこから主体形成のあり方を探っていこうとする者もいた。ここでは、ネグリ（／ハート）批判をしながら、新たな展望を探ろうとして『絶望する勇気』を書いた S.ジジェクを取り上げてみよう。

　ジジェクは同書の２カ所で、ネグリを引用している[37]。ひとつは、マルクス『経済学批判要綱』で「一般的（普遍的）知性」（社会が有する集合的知性）が取り上げられたことに注目しながらも、マルクスが「一般的知性」の社会的側面を無視したために、「一般的知性」自体が私有化される可能性を考えていなかったと批判していることである。マルクスが普遍的（一般的）知性の社会的性格を見ていなかったというのは間違いであろうが[38]、それが今日のように一般化し、その所有をめぐる矛盾が激化するということを予測していなかったということは間違いではなかろう。この点にかかわるジジェクの主張については後述する。

　もうひとつは、ネグリが提案する「シティズン・インカム（市民所得）」については「国家によって実施される政策であって、ある種の民衆の自己組織化によって実施されるのではない」として批判的であることである。「国家権力の奪取だけでなく、経済の新たな組織化と日常生活の再組織化」という重要問題の脈絡においては、「シティズン・インカム」は「個人の生産力に結びついたものではなく、自己表出的な生産性を可能とする空間を開くための、代表制にもとづく条件および枠組み」である。そこには、「自己表出的な」マルチチュードの直接的民主主義の主要形態＝評議会（ソビエト）は「官僚的社会主義」の分身ではなかったかという歴史的批判があるが、ネグリの絶対的民主主義（全員による全員の統治）と「シティズン・インカム」の提起との矛盾を指摘したものと言える。

　それでは、ジジェク自身はどのような論点を提起するのであろうか。前提となった『ポストモダンの共産主義』（2009年）における「コミュニズム仮説」[39]を覗いてみよう。

　ジジェクはまず、コミュニズムはアプリオリな規範や公理あるいは理想で

---

(37) S.ジジェク『絶望する勇気』中山徹・鈴木英明訳、青土社、2018（原著2017）、pp.86,144-5。

(38) マルクス『経済学批判要綱』における普遍的（一般的）知性論を含めて、資本の展開にともなう「社会的陶冶過程」論として再構成する試みについては、拙著『主体形成の教育学』（御茶の水書房、2000）とくに第３章を参照。

(39) S.ジジェク『ポストモダンの共産主義―はじめは悲劇として、２度目は笑劇として―』栗原百代訳、ちくま新書、2010（原著2009）第２部。以下、引用は同書。

はなく、「コミュニズムの必要性を呼びおこすような、実社会の一連の敵対性を正確に参照」し、「そのような敵対性に立ち向かう運動として捉えれば、いまでも充分に有意義」だという（p.148）。共産主義を運動として捉えた K. マルクスの主旨に重なるものであろう。その上で、「西欧マルクス主義の決定的な大問題は革命の主体または行為者を欠いたこと」（p.150）だったと指摘する。まさに主体形成の運動と理論が問われているのである。

　契機となる「敵対性」は、4つあると彼はいう。①迫りくる環境破壊の脅威、②いわゆる「知的所有権」にかかわる私的財産の問題、③新しい科学テクノロジー（遺伝子工学など）の発展にまつわる社会・倫理的な意味、④新しい形態のアパルトヘイト＝新しい〈壁〉とスラム、である。これらのうち前3者は、ネグリ／ハートが「コモンズ」と呼ぶものにかかわるが（文化と外的自然、内的自然）、④は〈包摂される者〉から〈排除される者〉を分けているギャップの問題であり、質的に異なる敵対性だとされている（p.154）。ネグリ／ハートのコモンウェルス（コモンズ）論を引き継ぎながら、「社会的排除問題」を重視していることがわかる。上記の前3者が「生存の問題」であるのに対して、④は「正義の問題」である。コミュニズムにとってとくに重要なものは④の視点であり、この視点なしには「エコロジーは『持続可能な開発の問題』、知的所有権は『複雑な法的な問題』、遺伝子工学は『倫理的問題』と化してしまう」（p.165-166）と彼は言う。

　4つの敵対性に共通するのは、プロレタリアート化＝「行為者としての人間を、実質（財産）をもたない純粋な主体に還元してしまうこと」であるが、前3者は行為者から物質的内容を奪い取るが、④は社会的・政治的空間から一定の人物を排除する。それゆえ、「『外的』問題を解決する（疎外された実体を再充当する）ためには内的主体の（社会的）関係を根本から変えるしかない」と言う（p.167）。ここで「新たな包摂の形態」を探ろうとするジジェクは、「認知労働とその非階層・非中央集権型の社会的ダイナミクスに、コミュニズムの萌芽」を見つけようとするネグリの議論では、「労働組合のおもな仕事は労働者を新しいデジタル経済に吸収するための再教育だとする、シニカルなネオリベラルの主張に同意しないわけにはいかなくなる」と批判している（p.173-174）。

　ジジェクはさらに、今日われわれが直面している基本問題は「後期資本主義における『知的労働』の優越（または支配的な役割）が、労働力を客観条件から分離してその条件に主体的に再充当するというマルクスの革命の基本体系に、どのように影響するか」だという（p.229）。ネグリの言う「非物質労働」の問題であるが、ジジェクは「固定資本の主な要素が『人間自身』『一般的な社会的知識』となった瞬間に、資本主義の搾取の社会的基盤は突き崩され、資本の役割はひたすら寄生的なものに変わる」とまとめる。それゆえ、ネグリのコモンズや市民所得は資本を「廃する」ではなく、資本に共有財の重要さを理解するよう「強制」するとしていることは、「資本の内側にとどまったまま」のユートピア的発想だとして批判するのである（p.231-232）。

　ここでジジェクは、マルクスの物象化・物神性論をもちだして、ネグリ／ハートがいう透明な「生の生産」というのは、「（資本という非物質的な）物と物との関係が人と人との直接的な関係に見えて」、偽りの人格化をほどこされた「人と人との関係」という形で現れるという罠に陥った「構造的な幻想」にすぎないのではないかと言う。「物象の人格化」にともなう「意識における自己疎外」の問題であろう[40]。しかし、この「疎外化」作用には「解放化という逆の効果」、つまりそこで「人と人との関係」は「形式的」自由と自律を得られるということがある（p.234-235）。ジジェクはとくにふれていないが、マルクス『資本論』にいう「二重の意味で自由な」労働力商品、ひろく交換過程における「自由・平等・所有・ベンサム」イデオロギーがもっている矛盾の理解が求められるところであろう。

---

(40) 厳密には、商品・貨幣論レベルの物象化・物化・物神化に規定されたものとして展開する必要がある。ジジェクは以前、バトラーとラクラウとの対話において、個別と普遍を媒介する論理が欠落しているとして批判されていた（J.バトラー／E.ラクラウ／S.ジジェク『偶発性・ヘゲモニー・普遍性―新しい対抗政治への対話―』竹村和子・村山敏勝訳、青土社、2019、原著2000）。個別的アイデンティティ間の「文化翻訳」を主張するバトラー、とくに、それらの「等価性」から「一般等価物」、さらに「空虚なシニフィアンの普遍性」という論理を提起するラクラウ（同書、p.198-199）に対しては、価値形態論をふまえた商品と貨幣の物神性の展開＝「意識における自己疎外」論をもって対応する必要があったはずであるが、ジジェクには関連するような展開はない。

　ここから始まる資本の生産過程において「形式的自由が前提となって実質的
自由の条件を整える」（p.236）と言うのであれば、自己疎外＝社会的陶冶過程
として分析すべきことである。ジジェクはしかし、『資本論』にいう「資本の
生産過程」に即して検討するというよりも、そのポストモダン的過程では資本
主義の３本柱（工場、学校、家庭）の変容が見られ、非物質的労働の商品化、
新たな社会の私有化（エンクロージャー）が生まれるということを強調する。
そして、そこでは「直接の法的措置という非経済的手段によって搾取」が行われ、
それはますますレント（超過利潤）の形をとるようになる」がゆえに、国家の
役割が強化されるという。「活発な脱領土化と、ますます権威主義化していく
国家や法的機関の介入とが共存し依存しあっている」のである（p.238-239）、と。

　富の創出に「一般的知性」（知識と社会協働）が重要な役割を果たし、それ
を私有化して超過利潤を得ようとする動向が支配的になる。生産過程の３要素
―知的計画とマーケッチング、物質的生産、物的資源の供給―が分離するにつ
れて、「３つの主要な階級」が生まれる（労働者階級の３分割）。①知的労働者、
②昔ながらの手工労働者、③社会からの追放者（失業者、スラムなど公共空間
の空隙の住人）である。それぞれはそれぞれの生活様式とイデオロギー、アイ
デンティをもつ。①は開放的な享楽主義とリベラルな多元化主義、②はポピュ
リズム的原理主義、③はより過激で特異なイデオロギー、であり、互いに張り
合っている。こうした中では、「労働者階級の３つの部分の団結は、すでに勝利」
である（p.241）、とジジェクは言う[41]。

　以上が、ジジェクのいう「ポストモダンの共産主義」を考える理論的枠組み
である。そこでは（物神性論を含む）商品・貨幣論から、剰余価値生産論と労
賃論を経て、資本蓄積論（階級関係の再生産、とくに相対的過剰人口と現役労
働者の連帯）まで、資本の生産過程の論理全体を視野に入れなければならない
であろう。そして、そこで展開される物象化・自己疎外・社会的陶冶過程をふ
まえたより緻密な社会科学[42]、主体形成論を含んだ「実践の学」が求められ

---

(41) ３つの労働者階級は、たぶんにラカンの象徴界・想像界・現実界に対応させて
　　理解されている（J.バトラー／E.ラクラウ／S.ジジェク『偶発性・ヘゲモニー・
　　普遍性』前出、p.424）。それゆえマルクス『資本論』の蓄積論や相対的過剰人
　　口の諸形態論をふまえたものとはなっていない。

ていることを示している。ジジェクは最後に、いまや「もう一度、本気でコミュニズムに取り組むべきときだ」と言っているが、そのためには、これらの理論的課題に取り組むことを通して、あたらしい「実践の学」を創造することが不可欠である[43]。

　ここで、2008 年世界金融恐慌の分析（『資本の〈謎〉』2011 年）を経て、現代資本主義の矛盾体系を提示しつつ『資本主義の終焉』（2014 年）を論じた経済地理学者・D.ハーヴェイの主張を見ておく必要があるかも知れない。

　『資本論』にもとづくグローバル資本主義分析を進めてきた D.ハーヴェイは、それまでの研究をふまえて「資本の 17 の矛盾」を「資本の基本的な矛盾」「運動する資本の矛盾」「資本にとって危険な矛盾」の 3 つに区分し、最後の矛盾として①無限の複利的成長、②資本と自然、③人間性の疎外と反抗を挙げている。ハーヴェイは③に疎外論を位置付け、そこから将来社会論（終章）を展開し、とくに「革命的人間主義」の立場から「普遍的疎外」を克服する「政治的実践」を提起した[44]。ハーヴェイは最近、資本＝「運動する価値」に対して（社会運動も含む）「反価値」やそれらの矛盾が展開する「地域的価値体制」、資本主義的時空間の多様性（絶対的・相対的・関係的）をふまえた資本の 3 次元にわたる循環を提起し、その第 3 次循環においては、市場・国家権力によって媒介される、日常的生活にかかわる教育・訓練活動も位置付けている[45]。

　しかし、「普遍的疎外」は物象化論をふまえた展開構造の理解が前提であり、それらを克服する政治的実践や教育実践の理論には、資本の矛盾的展開にともなう労働者大衆の「社会的陶冶」過程をふまえた主体形成論が必要である[46]。社会的諸実践の分析のためには、ハーヴェイの時空間論は主体としての「人格」

(42) その基本的枠組については、拙稿「社会的陶冶論としての『資本論』」鈴木敏正・高田純・宮田和保編『21 世紀に生きる『資本論』』ナカニシヤ出版、2020、を参照されたい。

(43) くわしくは、拙稿「批判から創造へ：『実践の学』の提起」前出を参照されたい。

(44) D.ハーヴェイ『資本主義の終焉—資本の 17 の矛盾とグローバル経済の未来—』大屋定晴ほか訳、作品社、2017（原著2014）、第17章。

(45) D.ハーヴェイ『経済的理性の狂気—グローバル経済の行方を〈資本論〉で読み解く—』大屋定晴監訳、作品社、2019（原著2017）、第 4 章および第 7 章。

(46) くわしくは、拙稿「社会的陶冶論としての『資本論』」前出、を参照されたい。

の構造的理解をふまえた「実践的時空間」論として再把握されなければならない [47]。本書では、主体形成にかかわる「実践論」を組み入れた新しい社会科学の必要性をふまえて、将来社会論を展開しようと思う。

　その際に念頭におく「実践」は、コミュニズムの視点からみたグローバルな政治運動でも、ネグリ／ハートの注目した「叛逆サイクル」でもない。たとえばジジェクは、グローバル資本主義の特徴としてショックドクトリン＝災事便乗型資本主義（ナオミ・クライン）に注目しているが（『ポストモダンの共産主義』第2章）、その日本における代表的事例として東日本大震災がある（現在ではこれに「コロナ危機」を加えなければならない）。それは、ジジェクのいう「4つの敵対性」を示す典型例だと言える。それを契機に、反原発運動などの「叛逆サイクル」の一環と言えるような運動もみられた。しかし、ここで注目したいのは、災事便乗型資本主義とも言える「創造的復興」や「国土強靱化」政策に対して、「人間的復興」を求めて取り組まれた被災地・被災住民の活動とそれを支援する全国的連帯運動であり、それらに伴う「自己教育」活動と「教育計画化」（ネグリ／ハート）とそれを推進する教育実践の創造である。筆者はこれまで、現在も続くこうした粘り強い活動の中に「実践の学」の可能性を探ってきたが、本書では、それに呼応するものとして北海道の地域づくり教育実践を取り上げるであろう（第Ⅲ編）。

第6節　21世紀的課題―4次元の民主主義とグローカル市民性形成へ―

　以上、われわれはグラムシ的3次元（政治的国家、市民社会、経済構造）を前提にし、「ヘゲモニー＝教育学的関係と民主主義」が提起している今日の課題を考えてきた。新旧プラグマティズムの「民主主義と教育」論の批判的検討をふまえ、根源的民主主義論、絶対的民主主義論にわたって見てきたそれぞれについては繰り返さないが、**表1-1**を前提にして**表2-1**で示した枠組みの今

---

(47) ハーヴェイ『コスモポリタニズム』（前出）で提起された時空間論に対する「実践的時空間論」の位置付けについては、拙著『将来社会への学び―3.11後社会教育とESDと「実践の学」―』筑波書房、2016、第7章第4節を参照されたい。

日的有効性とともに展開すべき課題も確認できるであろう。

　21世紀の民主主義的教育は、これまでみてきたことをふまえ、「人格の自由と平等」の展開を保証する現代的人権、それらを具体化する社会的実践、それらに不可欠な学習活動を援助・組織化するものとして再定義されなければならないだろう。しかし、現段階の「グラムシ的3次元」に規定された教育活動は「疎外された教育労働」＝教育制度のもとで展開せざるを得ない。それゆえ、日本の現状に即して考えていこうとすると、21世紀的課題としての「民主主義と教育」についてはさらに検討を進めなければならないことも多い。ここでは、以下の6つを挙げておこう。

　第1に、日本の民主主義論の現状をみるならば、「アソシエーティブ・デモクラシー」の再検討が必要であろう。日本では「アソシエーション革命」への重要な提起として、「個人の結合する自由」を核心とした「結合（アソシエーション）的社会主義」を主張するP.ハーストの「アソシエーティブ・デモクラシー」が紹介された。その「結社主義的政治秩序」の3つの原理は、①民主的ガヴァナンスの手段としての結社、②国家の多元化と連邦化、③コミュニケーションとしての民主主義、である(48)。日本では、資本主義でも社会主義でもない「第3の社会」論として受け入れられ、21世紀市民社会がめざす方向として提起されている(49)。

　もちろん、根源的民主主義論とそれに対する批判（たとえば第4章第2節）もふまえられなければならないが、「自由な諸個人のアソシエーションによる社会的生産過程の統制」はK.マルクスの将来社会＝共産主義像であったことも想起しなければならない。「アソシエーションとコミュニティ」をめぐる議論については、とくにデューイの主張にかかわって第2章でみてきたところである。今日の政治的国家からの「官僚化・国家機関化傾向」、経済構造からの「商品化・資本化傾向」のもとで、現実のアソシエーションとコミュニティが抱える矛盾、それを克服しようとする諸活動にともなう学習・教育活動、それ

---

(48) 形野清貴「P.ハーストのアソシエーティブ・デモクラシー論」田畑稔ほか編『アソシエーション革命へ』社会評論社、2003、p.80。
(49) 佐藤慶『アソシエーティブ・デモクラシー――自立と連帯の統合へ―』有斐閣、2007、p.10-12、など。

らをふまえた上で、「将来社会論としての教育学」[50]の中で「民主主義と教育」の関連が検討されなければならないであろう。

　第2に、国民国家を超えたグローバリゼーションの展開がそれまでの民主主義の見直しを迫っていることは根源的および絶対的民主主義論とのかかわりでふれたが、グラムシ的3次元を超えた視点も必要になってきている。経済的グローバリゼーションがもたらした「双子の基本問題」は、グローカルな環境問題と貧困・社会的排除問題である。それらの問題に対応するために生まれ、世界共通の理解となってきたのが、「世代間・世代内の公正」を実現しようとする「持続可能な発展 Sustainable Development, SD」の考え方であり、それは当然、新しい民主主義のあり方を問うことになる。

　たとえば、V. シヴァは「生命中心の民主主義」「地球と生命の多様性に根ざした民主主義」として「アース・デモクラシー」を主張した。それは「大地の市民」の民主主義であり、「市場や軍事力、モノカルチュアー、機械的な還元主義の支配する世界観から、共通の生命のきずなを通じてつながっている多様な生物が、平和的にともに生まれ、ともに進化するという世界観への転換」を必要とするとされている[51]。それは、現在の「コロナ危機」下であらためて問われている課題である。この主張は明らかに、単に国民国家を超えたグローバルな視点が必要というだけでなく、グラムシ的3次元に、自然－人間関係を加えたいわば「4次元」の枠組みが求められていることを意味しているであろう。

　第3に、現代資本主義を支える科学的・技術的基盤の変化に対応した民主主義の課題である。ネグリ／ハートは生産様式の変容を「生政治的生産」の展開と理解したが、21世紀は「情報基盤社会」と呼ばれ、日本ではそれに対応した「コンピテンシー」形成を目標とする教育政策が進められてきた。そして、「第3

───────────────

(50) さしあたって、拙稿「将来社会論としての教育学」『札幌唯物論』第62/63合併号、2020、を参照されたい。

(51) V. シヴァ『アース・デモクラシー──地球と生命の多様性に根ざした民主主義──』山本規雄訳、明石書店、2007（原著2005）、p.326-327。それは生物多様性条約（1992年）の思想をふまえた「生物民主主義」の主張の一つでもある。拙著『持続可能な発展の教育学』東洋館出版社、2013、第3章第4節を参照されたい。

(52) その特徴と問題点については、友寄英隆『AIと資本主義──マルクス経済学ではこう考える──』本の泉社、2019、など参照。

期教育振興基本計画」(2018-2022年度)はさらに、「Society5.0」(超スマート社会)を視野に入れた教育改革の必要性を強調している。その「未来社会」像は、いわゆる第4次産業革命（AI・IoT・ビッグデータ等）論を基盤としたものであり[52]、国家と多国籍企業による社会的統制が飛躍的に高まることも予想される中、新しい民主主義のあり方が問われるであろう。この点、第Ⅱ編でふれる。

　第4に、グローバリゼーション時代には、自然・人間・社会のあり方を循環性・多様性・持続可能性の視点から捉え直すことが地球的課題となってきた。「持続可能な発展（SD）」は社会のあり方として世代間・世代内の公正を問い、「持続可能な発展のための教育（ESD）」は「人間の持続可能性」を実現することを実践的課題としている。ESDは国連「ESDの10年（2005-2014）」、その後継としての「ESDのためのグローバル・アクション・プログラム（2015-2019）」の取り組みを経て、「誰一人も取り残さない」ことを掲げる「持続可能な開発目標（SDGs、2015-2030）」の目標4「すべての人に包摂的かつ公正な質の高い教育を確保し、生涯学習の機会を促進する」の中に位置付けられている。

　そこでは、これまでのESDに加えて、とくに「地球市民教育（Global Citizenship Education, GCED）」の重要性が強調されている[53]。ナショナリズムと文化的多様性がせめぎ合う中、ローカル、ナショナル、リージョナル、そしてグローバルなレベルでの民主主義を担う、グローバルにしてローカルな「グローカル市民性教育 Glocal Citizenship Education」が課題となってきているのである。根源的民主主義も絶対的民主主義も、地域で展開される実践の論理として具体化され、現実的実践によって試されなければならない[54]。

　第5に、以上のような状況のもとで「世代間・世代内の公正」を実現する、より公正や平等に重点をおいた「民主主義と教育」の推進があらためて基本的課題となってきていることである。民主主義を支えるのは人権の思想の発展である。本編では、自由権、社会権、現代的人権を「人格の自由」の発展の視点を中心にして検討することになったが、民主主義を考えるためには「人格の平

(53) その動向については、北村友人・佐藤真久・佐藤学編『SDGs時代の教育―すべての人に質の高い学びの機会を―』学文社、2019。
(54) グローカル市民性教育について詳しくは、拙稿「新グローバル時代の市民性教育と生涯学習」『北海道文教大学論集』第21号、2020。

等」の視点が不可欠である。旧来の「機会均等」論を超えようとする「潜在能力の平等」（A. セン）の提起もあったが、新たに「社会権としての人権」「能力の共同性」論にたった平等論が必要となってきている[55]。本章で見てきたことをふまえれば、「応能平等」、「必要平等」、そして「共生平等」の展開が考えられなければならないであろう。これらを表2-1の「人格の自由」に照応した「人格の平等」論として具体的に展開する必要がある。

　最後に、以上のような課題に取り組むためにはまず、上記のような学習・教育実践に内在する「実践の論理」を体系化していくような、ポスト・ポストモダンの「新しい学」が必要となることである。日本では1980年代以降のポストモダン的思潮の中で、「戦後教育学」が問われてきた。最近、下司晶があらためて『教育思想のポストモダン―戦後教育学を超えて―』をまとめているので、ここでふれておこう。

　下司は、教育学とくに教育哲学会の戦後の動向をたどりながら、1990年代に最高潮となったポストモダニズムの「大いなる遺産」として、(1)プラトニズム批判、(2)言語論的転回、(3)人間学的問い、(4)新たな政治的実践性を挙げ、それぞれに立ち入った検討をしている。そして、(1)(2)(3)は(4)の可能性という方向を指し示していると言い、研究者は「政治や実践から逃れられない」のであり、「自らの歴史的・政治的・社会的コンテクストにも自覚的でなければならない」ことを強調している[56]。さらに21世紀には、公共性・正義の再構築、ポストモダン状況を生きる子ども理解、臨床への展開などの論点がみられることをふまえつつ、それらを①教育学の基点への問い、②再び普遍的価値へ、③存在的倫理へ、そして④教育の再政治化へ、といった流れに整理して、結論的に下司は、「教育思想から社会思想へ」の転換を主張している。旧来の「社会の論理」と「教育の論理」の二分法、教育思想の背景にある「社会思想」の隠蔽を批判して、「教育思想を社会思想とともに語る」ことを提起しているのである[57]。

---

(55) 竹内章郎『平等の哲学』大月書店、2010、竹内章郎・吉崎祥司『社会権―人権を実現するもの―』大月書店、2017。

(56) 下司晶『教育思想のポストモダン―戦後教育学を超えて―』勁草書房、2016、p.73-79。

(57) 下司、同上書、p.269以降。

　本編で「ヘゲモニー＝教育学的関係と民主主義」をテーマとして検討してきたことは、ある意味で、こうした提起に応えるものとなるであろう。また、下司の同上書終章で紹介されている教育哲学会大会（2014年）における会員アンケート「今後研究されるべき思想家」で、J. デューイが第1位になったことにも対応していると言えるかもしれない。ただし、同アンケートでは2位がJ. J. ルソー、3位がI. カントと続くが、K. マルクスは11位、グラムシは20位内にもない。下司は最後に、近代批判は「未完のプロジェクト」であると言い、カントの「啓蒙」論とポストモダン論の一体性も指摘しながら、21世紀の教育研究者は「よるべなさ」を生きることが求められていることを強調している。

　しかし、第2章でも述べたように、われわれはポストモダンによる近代批判を超えてさらに、ポスト・ポストモダンの理論と実践を必要としている[58]。下司が批判してやまない「国家の教育権」VS「国民の教育権」といった「戦後教育学パラダイム」を乗り越えていくためにも、ポストモダン的批判に終始することなく、本編でみてきたような政治・経済・社会の総体にわたる「ヘゲモニー＝教育学的関係」の批判的検討をふまえ、**表 1-1** に示した近現代的人格における矛盾関係とそれを克服していく実践、**表 2-1** で示した社会的協同実践と学習活動を位置付けうる「新しい実践の学」が求められるであろう。

　本編で見たことをふまえれば、「新しい実践の学」は同時に「人間の社会科学」＝「最広義の教育」でなければならないであろう。この点について詳しくは別稿[59]があるので参照されたい。本書の中心的テーマ、将来社会論の方へ急ごう。

---

(58) この点、拙著『エンパワーメントの教育学―ユネスコとグラムシとポスト・ポストモダン―』北樹出版、1999、終章も参照されたい。

(59) 拙稿「批判から創造へ：『実践の学』の提起」前出、Ⅳ。

第 II 編

近未来への将来社会論

はじめに

　われわれは今、「新型コロナウィルス」が蔓延するパンデミックの中にある。「コロナ危機」への対応は、保健・医療と経済活動はもちろん、生活様式・社会関係から科学技術、そして国際関係や人間文明のあり方まで、多様な視点から議論されている。「コロナ後社会」は、これら全体を視野に入れた「将来社会」として構想されなければならないであろう。そのためには、遠回りのように見えるが、旧来の「将来社会論」そのものの再検討が必要である。本編では前編をふまえつつ、その「遠回りの道」を辿って見たい。

　今日、教育と言わず日本のあらゆる政策領域で、2030 年以降の「Society5.0」（狩猟社会、農耕社会、工業社会、情報社会に続く、人類史上 5 番目の新しい社会）への対応を前面に打ち出している。それは情報基盤社会の発展としての第 4 次産業革命、すなわち IoT とビッグデータと AI 等が、今日抱えている社会的課題を解決するという技術主義的な「ユートピア」の側面を持っている。

　政策的な「Society5.0」論はしかし、われわれが当面している基本問題、グローカルな環境問題（自然－人間関係）と格差・貧困・社会的排除問題（人間－人間関係）、それらをもたらした経済的グローバリゼーション、そこで深化する資本主義的矛盾関係を問うていない。むしろ、アベノミクスやアベデュケーションに見られるように、「新自由主義＋新保守主義＝大国主義」の政策によってさらにグローバル資本主義化を進めようとする政策の一環に位置付けられている。それらに対する批判、ポスト・グローバリゼーション論やポスト資本主義論、さらにはポスト・モダン論以降の「新しい社会科学」の動向をふまえて、ここでは「将来社会論」として検討しておくべき論点を整理しておく。

　ここで将来「社会」という場合には、近現代の社会構造すなわち経済構造・

市民社会・政治的国家（その基盤としての自然－人間の物質代謝過程）が前提
となる。第Ⅰ編では、それらを統一するヘゲモニー＝教育学的関係（A. グラ
ムシ）の変革課題を 21 世紀民主主義論の視点から考えてきた。それは「最広
義の教育学」の課題だと言えるが、グラムシは「ヘゲモニー＝教育学的関係」
を「文化的ヘゲモニー」としても捉えていた。生産・労働と生活・社会・政治
に加えて、広く「文化」とされてきた領域も検討されなければならないであろう。

　前編では「社会的未来」論に、複雑系社会学あるいは「モビリティの社会学」
の視点から取り組んだ J. アーリの研究に触れた。彼が検討した３つの実質的
問題領域は、①グローバルな製造と輸送に及ぼす 3D 印刷の意味、②都市移動
の性質とポスト・カーシステムの可能性、③多様な高炭素排出システムと社会
組成的な脱成長の可能性、であり、結論的に未来論の「主流化」と「民主化」
の課題を提起していた [1]。主体化・民主化を具体的に進めるためには、新た
な「実践の学」が不可欠なものとなるであろう。

　本編はこうした見通しを持ちながら、上記三つの問題領域の中で最も包括的
な「脱成長」を入り口にして将来社会論の課題を検討してみたい。脱成長論は
未来社会としての「定常型社会」に行き着き、近代や資本主義を超えた人類
史的視点を求めている。これまでの人類史的視点による将来社会論の再考が
必要となる。脱成長論は「持続可能な開発＝発展（Sustainable Development,
SD）」論への批判を含んでいる。それゆえ、SD あるいは「SD のための教育
Education for SD, ESD」の位置付け直しも必要になるであろう（第 4 章）。

　以上をふまえた将来社会は、少なくとも、より自由で平等でエコロジカルな
ものでなければならない。自由と平等は近代以降さまざまに議論され、それら
を反映した民主主義の将来が提起されてきたが（第Ⅰ編）、エコロジカルな社
会の必要性が国際的に議論されてきたのは 1970 年代以降のことであった。そ
れまでの将来社会論、と言うよりも社会科学そのものにおいてエコロジーの視
点が欠けていたとすれば、その見直しを含む将来社会論の方法とその現代的意
義も再検討されなければならない。そのためには、いち早くエコロジカルで平

（1）J. アーリ『〈未来像〉の未来—未来の予測と創造の社会学—』吉原直樹ほか訳、
　　作品社、2019（原著2016）、第Ⅲ編および結章参照。

等な社会を提起してきた将来社会論、ソーシャル・エコロジーやエコ社会主義論などを再検討してみる必要がある（5章）。

　そこでは、あらためて経済的あるいは技術的視点を越えた領域も視野に入れなければならなくなっている。脱成長論やエコロジー論からは、問題解決のために倫理的あるいは政治的視点、さらには芸術・文化的視点も提起されている。しかし、基本的焦点はまず、それらの基盤となる「労働」の理解である。「Society5.0」や「第4次産業革命論」では、様々な意味での「労働の終焉」論が焦点となっている。すなわち、「労働への解放」と「労働の解放」から「労働からの解放」への方向である。これらの関係と将来的見通しを吟味しなければならないであろう（第6章）。

　以上の検討によって、近未来の将来社会論のために取り組むべき課題を考えることができるであろう。

第**4**章

「持続可能な発展（SD）」から「脱成長decroissence」へ？

第1節　人類史から「未来を読む」

　冷戦体制崩壊後、資本主義の「勝利」や「歴史の終焉」（F. フクヤマ）が喧伝される中でL. C. サローは、資本主義の長期的衰退傾向と危機的状況をふまえて未来を考える必要性を提起し、それらを説明するために、地質学の「プレート・テクニクス」と進化生物学の「断続平衡」という概念を使用した[2]。その後、ますますグローバル化する資本主義の矛盾が深化する現実を見た未来論は、人類史あるいは文明論的視点で語られることが多くなった。

　大野和基が世界の「知の巨人」という8人にインタビューした結果をまとめた『未来を読む』（2018 年）という新書がある。8人のうち前面に出ているのは、J. ダイアモンド、Y. N. ハラリ、L. グラットン、そして D. コーエンである。グラットンは「人生 100 年時代」で知られる経営学者であるが、他の3人は人類史研究者として紹介されている。「人生 100 年時代」は人類史的変化だと考えれば、グラットンもその中に含めていいのかも知れない。今日、人類史や文明論が『未来を読む』上でいかに重視されているかを端的に示すものである。

　コーエンの「脱成長」論については第3節で検討するが、ここでの主張はテクノロジーがもたらす未来に焦点化され、「デジタル経済では、人類はサイボーグと融合する」「テクノロジーは中流階級を豊かにしない」とまとめられている。ポスト工業社会がもたらす格差拡大（中間階級没落、トップ総取り）の側面が強調されているのである。これに対してダイアモンドの主張は「資源を巡り、文明の崩壊が起きる」である[3]。よく知られた『文明崩壊』（2005 年）の研

（2）L. C. サロー『資本主義の未来』山岡洋一・仁平和夫訳、TBSブリタニカ、1996（原著とも）、第1章。

究成果の要約である。そして、『サピエンス全史』（2011年）で著名なハラリ
の主張は、「近い将来、『役立たず階級』が大量発生する」とされている。その
意味については説明が必要であろう。

　ハラリは、社会・経済・政治・軍事全般から見て「役立たず階級 useless
class」が大量発生するのは、コンピュータ技術、AIとバイオテクノロジーの
急速な発展の結果だと言う。人間寿命の長期化と変化スピードの加速化が同時
進行するこの時代、われわれは「絶えず学習し、自己革新しなければならない」。
「人類の歴史上のみならず、生命の歴史全体で最大の革命」に差し掛かっていて、
「肉体や脳や精神をデザインして作る方法」を学び、「自然淘汰さえ克服しつつ
ある」のである。こうした時代には、現代人が失いつつある能力を取り戻すた
めに、「狩猟民族に学ぶ必要がある」とハラリは主張する。一つは、環境を変
えるのではなく自分自身を環境に適応させること、もう一つは、自分の身体や
五感に鋭敏であること、が必要だからである。ハラリは『サピエンス全史』で、
われわれは今日、「生活必需品の大多数に関しては、何も考えずに他の専門家
たちを頼っており、そうした専門家たちの知識も、狭い専門分野のものに限ら
れている」、そのようにして、人類全体としては今日の方が古代の集団よりも
はるかに多くを知っている、「だが個人のレベルでは、古代の狩猟民は、知識
と技能の点で歴史上最も優れていた」と述べていた[4]。多くの専門家たちさ
え「役立たず階級」になってしまう21世紀、あらためて「狩猟民族に学べ」
と言っているのである。

　それは、進化＝発展史観の見直しを迫るものである。認知革命（狩猟時代）
から農業革命への歴史理解においても、単純な発展史観は採られていない。ハ
ラリは、狩猟採集民は農耕民より「自然の秘密」をよく知っており、「もっと
刺激的で多様な時間をおくり、飢えや病気の危険が小さかった」のであり、「農

（3）大野和基編『未来を読む―AIと格差は世界を滅ぼすか―』PHP新書、2018、
　　p.97-98。同書の続編というべき、同『未完の資本主義―テクノロジーが変える
　　経済の形と未来―』PHP新書、2019、も参照。副題にあるように、「テクノロ
　　ジーと未来社会」が主要テーマになっているが、このテーマについて本編では、
　　第6章第1節でもふれる。
（4）Y. N. ハラリ『サピエンス全史（上）（下）』柴田裕之訳、河出書房新社、2016（原
　　著2011）、（上）p.70。以下、引用は同書。

耕民は狩猟採集民よりも一般に困難で、満足度の低い生活を余儀なくされた」
という。農業革命は「人口の爆発と飽食のエリート層の誕生」につながり、「平
均的な農耕民は、平均的な狩猟採集民よりも苦労して働いたのに、見返りに得
られる食べ物は劣っていた。農業革命は史上最大の詐欺だった」のである（（上）
p.107）。ハラリは、「アントロポセン（人類の時代＝人新世）」（P. クルッツェン）
と言われる時代の人類史全体、とくに「科学革命」の時代という近代以降に進
展した「サピエンスによる地球支配」は、「私たちが誇れるようなものをほと
んど生み出していない」と言う。「人間の力は再三にわたって大幅に増したが、
個々のサピエンスの幸福は必ずしも増進しなかったし、他の動物たちにはたい
てい甚大な災禍を招いた」（（下）p.264）、と。

　ハラリは、上記『未来を読む』のインタビューの最後に、学者の使命は「もっ
とも危険な可能性を含めて、さまざまな可能性を示すこと」であり、それに恐
怖を感じるのなら、「それに対して行動を起こすのは一人ひとりの役割」だと
言っている（『未来を読む』、p.102-103）。彼は、今後数十年の間に人類は、核戦争、
地球温暖化、そしてテクノロジーによる破壊（「役立たず階級」の増大を含む）
の三つの脅威に直面することになると言う（p.73）。しかし、「学者の使命」に
徹してか、それらを克服して「個々のサピエンスの幸福」を増進させるような
未来像やそれに向けた具体的な行動の提示は、（「狩猟民族に学べ」以外に）な
されていない。それは、人間至上主義的な「虚構」（共同主観的現実）が人間
そのものの否定にもつながる「データ至上主義」に移行しつつあることを指摘
し、「現代の経済にとって真の強敵は、生態環境の破壊だ」と言っている続著
『ホモ・デウス』でも同様である[5]。近未来への将来社会論的展開のためには、
ハラリが現代支配的だと考える人間至上主義的宗教＝「自由資本主義」の「虚
構」の（物象化・自己疎外・社会的陶冶をふまえた）実践論的検討が不可欠で

（5）Y. N. ハラリ『ホモ・デウス―テクノロジーとサピエンスの未来―（上）（下）』
　柴田裕之訳、河出書房新社、2018（原著2015）、（下）p.22。同書の目的は、「単
　一の明確な筋書きを予測して私たちの視野を狭めるのではなく、地平を広げ、
　ずっと幅広い、さまざまな選択肢に気づいてもらうこと」だと言い、「データ
　至上主義」は「生命という本当に壮大な視点」の問題、地球温暖化や不平等拡
　大の問題は「何十年単位」の問題だとされている（（下）p.122-126）。

あろう。

　それでは、これから「資源を巡り、文明崩壊が起きる」と未来予測をするダイアモンドの場合はどうか。

　ダイアモンドは『文明崩壊』（2005 年）で、これまでの諸文明（イースター、マヤ、ヴァイキング、グリーランドなど）の盛衰を分析し、それらの崩壊の主原因が「環境破壊」にあることを主張してきた。それらは互いに独立した歴史で、長い間互いに知られることなく「崩壊」してしまった。彼は、現代のグローバル社会が直面する環境問題を、天然資源の破壊もしくは枯渇、天然資源の限界、人間が生み出した有害物質、人口の問題に整理した。その上で、「慎重な楽観主義者」として、希望の根拠を三つ挙げている。第 1 に、最も深刻な問題でも全く手に負えないわけではないということ、第 2 に、環境保護思想が世界中の一般大衆に広がっていること、第 3 に、グローバル化による連結性の広がり、である。そして最後に、これまでと異なり、「わたしたちには遠くにいる人々や過去の人々の失敗から学ぶ機会があるのだ」ということを強調している[6]。

　上記『未来を読む』ではさらに、グローバル化が進む 21 世紀、人類は歴史上初めて「グローバルな崩壊」（p.48）の可能性に直面している、とダイアモンドは言う。その要因は、環境問題やデジタル技術の問題というよりも、むしろ「格差」である。そこから生まれるのは、三つのリスク、すなわち新感染症、テロリズム、止められない移民の問題である（p.37-38）。いずれも、われわれが 21 世紀に直面している問題である。とくに「コロナ危機」の現在、新感染症については名著『銃・病原菌・鉄』の著者らしい提起としても注目されるが[7]、その文明論的な視点からの将来社会論の具体的展開は見られない。

（6）J. ダイアモンド『文明崩壊―滅亡と存続の命運を分けるもの―（上）（下）』楡井浩一訳、草思社、2005（原著とも）、（下）pp.360、363-368。
（7）たとえば、ダイアモンドの影響もあり、山本太郎『感染症と文明―共生への道―』（岩波新書、2011）は、農耕文明の開始と感染症の出現に始まり、21 世紀に至る感染症と文明の関係を論じている。近代世界システムや帝国主義戦争との関連は今日のグローバリゼーションとの関連で、「開発原病」は後述の「脱開発」論との関係で注目されるし、「共生のコスト」を含めた共生のあり方については「コロナ後社会」の重要な論点になるであろう（pp.37、80、117-118、146、194-195）。

　ダイアモンドはしかし、明日の世界に向けて問われていることは、「持続可能な経済を作れるか」と同時に「世界中の生活水準が一定のレベルで平等を達成できるか」であり、この二つの問題解決に成功しなければ、100年後の世界は「住む価値」がないものになると言っても過言ではないと言う（p.51-52）。筆者が主張してきた「持続可能で包容的な社会」への課題と重なるであろう。

　ダイアモンドにおいて注目すべきは、彼自身がフィールドワークを重ねてきたニューギニアなどの「伝統的社会」に学んでいることである。それは、たとえば遊牧民は移動の際に高齢者を捨てるか殺すかしなければならないのに対して、高齢者が排除されない「定住型伝統的社会」である。そうした社会の高齢者は「孤独」ではなく、テクノロジーや施設化が進んだ先進国の高齢者より満足した生活を送っているとも言える（p.30-31）。定住型伝統的社会は農耕社会だと考えられるから、その評価は上述のハラリの評価よりもかなり高い。こうした理解は、彼が今日の最大の問題として「格差」、さらに言えば貧困・社会的排除問題を重視し、その視点から伝統社会を見ていることから生まれるものであろう。しかし、たとえば、われわれが狩猟民族的なアイヌ文化のエコロジー的自然理解から学ぶ際に、ハラリの指摘は重要な意味をもつ。エコロジー的将来社会論については次章で検討しよう。また、ダイアモンドの農耕社会の理解は、将来社会に関わって提起されている農業共同体と〈農〉の論理の理解にかかわるものであり、第6章第4節でふれることにしよう。

　ここでは、『文明崩壊』第9章においてダイアモンドが、環境問題を解決して文明崩壊を免れた事例として、ボトムアップ方式の小規模社会（ニューギニア高地とティコピア島）とトップダウン方式の大規模社会（江戸時代の日本）の事例を取り上げていることに注目しておこう。戦国時代から江戸時代前期にかけて森林資源が危機状態に陥った日本は、江戸幕府の鎖国政策の下、上意下達体制によって環境問題を克服した。その要因についてのありがちな説明（日本人の自然への愛、仏教的な生命尊重、あるいは儒教的価値観）を超えて、具体的な事実に基づく分析である。その結果、諸規制や消費を抑えて予備物質を蓄えるような消極策から、育林や森林管理計画による積極策まで、樹木の再生が速いなどの自然環境的強みや戦国時代後の牛馬の減少と魚介類の豊富さなどの社会的強みもあって、長期的目標と多数の利益を追求するような持続可

能な方法で森林を管理することができたというのである（p.51-54）。もちろん、江戸時代の都市と農村の持続的物質循環、農法と農業経営様式など、なお検討されるべきことは多いが、環境問題への政策的・実践的取り組みに焦点を当てて持続可能性実現のあり方を提起していることは重要である[8]。

　こうした理解は、現代の日本の欠点の指摘ともつながっている。上述の『未来を読む』の中でダイアモンドは、人口減少社会化時代に高齢者あるいは女性を積極的に位置付けない日本、トップダウン的画一化の中で多様性・創造性の評価が低い日本のあり方を問題視している。そうした批判は、伝統社会を一方的に美化したり、野蛮だと避難したりすべきではないとしているように（p.51）、人類史的視野とグローカルな視点に立ち、それぞれの国・地方の固有性を踏まえながら、将来社会＝「持続可能で包容的な社会」に向けての課題を考えようとする姿勢の現れであると言える。

第2節　ポスト資本主義の「実践の学」の方へ

　人類史的視点から社会科学に目を向けてみれば、近現代社会の発展の原動力となってきた資本主義の限界・危機をふまえて、脱（ポスト）資本主義論や資本主義崩壊論がさまざまに提起されている。そうした主張はこれまでにも未来社会論の一環として、多様に展開されてきた[9]。ここでは第3章で見たこともふまえ、リーマンショック（2008年）後の社会科学のあり方に及んだ、W. シュトレーク『資本主義はどう終わるのか』（2016年）を見てみよう。

（8）たとえば、森林の循環的再生産（「法正林」思想）を基盤に自治体主導で内発的発展を進め、「森林未来都市」を目指す北海道下川町の実践がある。下川町編『森林未来都市　エネルギー自立と地域創造―北海道下川町のチャレンジ―』中西出版、2014、および拙著『将来社会への学び―3.11後社会教育とESDと「実践の学」―』筑波書房、2016、第6章第1節、参照。

（9）P. ドラッカー『ポスト資本主義社会―21世紀の組織と人間はどう変わるか―』ダイヤモンド社、原著とも1993、広井良典『ポスト資本主義―科学・人間・社会の未来―』岩波新書、2015、など。拙著『将来社会への学び』前出、補論B参照。もちろん、最近でも、資本主義はなお未完だという考え方もある。大野和基編『未完の資本主義』前出、2019、など。

　シュトレークは前著『時間稼ぎの資本主義』（2014 年）をふまえ、I. ウォーラーステインらの『資本主義に未来はあるか』（2013 年）の世界システム論などを批判しつつ、2008 年以降は資本主義的危機の第 4 期＝長い「空白期間」（A. グラムシ）＝「脱制度化した社会あるいは制度構築中の社会」＝社会的混乱と無秩序が支配する時代、となっていると言う [10]。「古きものは死んだが、新たなるものはいまだ生まれ落ちていない」空白期間は、旧来「危機の時代」と呼ばれてきたが、シュトレークは、資本主義の展開はいまや「これまで資本主義そのものに制限を加えて安定させてきた装置のすべてを破壊」してしまい、「いまや歴史的存在として、その役割を終えつつある」と言う。「ポスト資本主義」という用語はこの意味で使われている。労働・土地・貨幣という「偽りの商品」（K. ポランニー）に及ぶ新自由主義的商品化、そのもとで進行する「5 つの症状」（①経済的停滞、②少数独裁的配分方式、③公共領域の収奪、④腐敗、⑤グローバルな秩序崩壊）などを挙げて、彼は「資本主義は長期にわたって苦しみながら朽ちていく」と予測する（pp.81、83、87、93、104）。

　シュトレークは、これらの危機＝ポスト資本主義的動向に、旧来の社会学がほとんどかかわれていないこと、とくに社会の「科学的標準モデル」を作り上げることができていないこと（p.332）を問題とし、「社会学の公共的使命」を強調している（第 11 章）。社会学は長い間その対象を「経済のない社会」に限定していたが、いまや「経済」領域を中心的課題として位置付け、「政治経済学」を復活させ、「公共社会学」を構築し、「経済学を社会に引き戻すこと、そして社会学の内部に取り入れること」が必要である（pp.335、340、346）、と。しかし、「公共社会学」の全体像や具体的な展開はみることができない。

　ポスト資本主義に向けては、たとえば P. メイソンが「プロジェクト・ゼロ」を提案している。彼によれば、ポスト資本主義は「新しいテクノロジー」（情報技術、情報財、協働生産）によって可能となった。「プロジェクト・ゼロ」の目的は「ゼロ炭素エネルギーシステム、機械や製品を生産し、サービスを提供する限界費用ゼロ、可能な限りゼロに近づく必要労働時間の削減を実現する」

---

(10) W. シュトレーク『資本主義はどう終わるのか』村澤真保呂・信友健志訳、河出書房新社、2017（原著2016）、序章、p.24。以下、引用は同書。

ことであり、それへの移行の原則として次の5つを挙げている。すなわち、①人間の意志力には限界があると理解すること、②生態学的持続可能性、③経済の移行だけでなく、人間の移行でもなければならない、④（信用組合や協同組合などの実験的な小規模プロジェクトなどを含めて）あらゆる方向から問題に取り組む、⑤情報力を最大限にする、ということである。③では、「労働の終焉」論（A. ゴルツ、本書第6章第3節）をふまえ、仕事だけでなく「消費者として、恋人として、コミュニケーターとしての」役割が重視され、多様なネットワークをとおして「物事を論じつくして、従来とは異なるモデルを作成する」ような「民主主義の新た形が必要になる」としている[11]。しかし、具体的な実践展開の方向は示されていない。

　この時代を『未来への大分岐』の時代と捉えた斎藤幸平は、「最悪の事態を避けるためには、資本主義そのものに挑まなければならない危機段階」だとして、上述の経済評論家メイソンと、本書第Ⅰ編で A. ネグリの共著者としてふれた政治経済学者 M. ハート、そして哲学者 M. ガブリエルという今日の著名研究者3人との対話を進めている。そこで、この対話によってポスト資本主義をめぐる最近の動向をみておこう。

　第Ⅰ編ではネグリ／ハートの「絶対的民主主義論」を批判的に考察した。斎藤幸平との対話でハートは、あらためて「政治主義の罠」を批判しながら、「自分たちにかかわることについて、みんなで集団的に決定する仕組みを民主主義」と捉え、政治的領域を超えた「社会的・経済的な生産と再生産の領域」においてはじめて、「さまざまに異なる人々が協働（cooperation）するために必要な能力を正確に把握し、さらに、政治的な決定を共に行うための能力を評価できるようになる」という。そして、コミュニズムはコモン（common）の自主管理を基盤にした民主的な社会であるとし、マルクス『資本論』の「資本主義的蓄積の歴史的傾向」にふれ、資本主義から生まれる共産主義の基盤は「社会的な協働（cooperation）と、地球 Erde と生産手段を〈コモン〉として利用すること」だとしつつ、「民主的決定を行う能力は、社会的に発展させ、政治的に

(11) P. メイソン『ポストキャピタリズム―資本主義以後の社会―』佐々とも訳、東洋経済新報社、2017（原著2015）、pp.11、432-436。

組織化されなければ、獲得できません」と強調している。その際に、「政治参
加を国政レベルの選挙による間接民主主義よりも、都市レベルでの自治的な民
主主義的参加を重視する革新自治」＝ミュニシパリズムを主張していることが
注目される⁽¹²⁾。

　それでは、そのような21世紀的実践の理解はどのような思想によって可能
になるのであろうか。ネグリ／ハートの思想の批判的検討は本書第3章で行
なった。斎藤編の同上書では、『なぜ世界は存在しないのか』に始まる3部作
によって、「新実在論」を主張する哲学者M.ガブリエルが登場している。

　ここでガブリエルはあらためて、新実在論は「事実を真摯に受けて止めて態
度調整するための哲学的土台を提供する」ものであり、その二重のテーゼは、
⑴私たちは事物を事物そのものがあるままに知ることができる、⑵実在的なモ
ノがすべて単一の領域（世界）に属しているわけではない（世界は存在しない！）
という2つであると言う。対話という形式をとっているために、これまでの諸
思想との対置・批判が明確になっている。すなわち、「ポスト真実」や歴史修
正主義の政治思想はもちろん、それを支える相対主義、自然主義と社会構築主
義、ポスト・モダン論、ニーチェやハイデガー、そしてポストコロニアリズム、
第3章第1節で取り上げたラクラウ／ムフの根源的民主主義論やハーバマスの
熟議的民主主義論との対置である。そこでは、全体を統合する「世界」は存在
するが、存在するものすべて（人権もユニコーンも）が真実ではないことが強
調されている。それゆえ、AIなどへの「自然主義的」態度によって「人間が
みずから生み出したものに従属した監視社会」への道を開く動向を批判すると
同時に、（存在論を欠落させてプラグマティズムをとったハーバマスとは異な
る意味で）熟議をとおした人権・民主主義の重要性、それらを進める哲学教育
や人文学・哲学研究の必要性を主張するのである⁽¹³⁾。

　以上のようなガブリエルの「新実在論」は彼が批判する諸思想に対して一定
の意味をもっている。しかし、その基本的な問題点は、第1に、事実のうち「真

(12)マルクス・ガブリエル／マイケル・ハート／ポール・メイソン／斎藤幸平『未
　　来への大分岐―資本主義の終わりか、人間の終焉か？―』集英社新書、2019、
　　pp.61-62、66、125、128。
(13)同上書、pp.182-183、192-193、197、206-207、224。

実」とそうでないものをどのようにして区別するかという点が明らかでないということである。したがって、哲学教育の重要性を強調しても、それがどのようなものかは提起できていない。第2に、事実に対する「態度」（感性、知覚、理性を含む）に実践が限定されていて、事実を変革しようとする実践、とくに社会的実践が位置付けられていないことである。斎藤は新実在論をマルクスのフォイエルバッハに関するテーゼ「哲学者たちは世界をただきまざまに解釈してきただけである。肝心なのはそれを変えることである。」につなげようとしているが⁽¹⁴⁾、新実在論と「実践的唯物論」は、とくに「実践」の捉え方において大きく異なる。

　それに関連するのは、第3に、資本主義の展開において「真実」でないものがどのようにして生まれてくるかの論理展開がないということである。そこでは、マルクスのいう物象化と自己疎外（とくに「意識における自己疎外」）の理論の現代的具体化を必要とする。それは、「意識経験学それから存在学」批判というヘーゲルに学んだマルクスの「2段構え」の経済学批判の現代的展開を可能とするであろう⁽¹⁵⁾。第4に、ガブリエルの哲学論を、社会的実践論を含んだ社会科学として発展させる課題が残っているということである。ガブリエルは、現代の精神哲学を論じて「自己決定という精神の自由」の重要性を強調しているが⁽¹⁶⁾、序章および第I編で見たように、今日では「自己決定」的な「選択の自由」の限界を超える自由論の展開を必要とするし、それらの「自由」は「平等」との緊張関係にあることをふまえ、今日のグラムシ的3次元の

---

(14) 同上書、p.171。

(15) この点、鈴木敏正・高田純・宮田和保編『21世紀に生きる資本論』ナカニシヤ書店、第6章を参照されたい。ガブリエルとジジェクの共著では、各種の自然主義や主観的唯物論（実在論）の批判をしながら、「ポスト・カント的観念論への回帰」を主張し、「認識論から新しい存在論への移行」を目的としたドイツ観念論を評価し、「21世紀のポスト・カント的観念論の必要性」が強調されている（『神話・狂気・哄笑—ドイツ観念論における主体性—』大河内泰樹・斎藤幸平監訳、堀内出版、2015、原著2009、p.30）。それこそ、マルクスの「2段構え」の批判における1段目に止まる主張である。

(16) M. ガブリエル『『私』は脳ではない—21世紀のための精神の哲学—』姫田多佳子訳、講談社、2019（原著2015）、p.12。

もとでの現代民主主義の展開、それらを現実化する社会的協同実践を視野に入れることが不可欠である。

　この点では、ガブリエルはふれていないが、R. バスカーを創始者とする「批判的実在論」との関係も整理する必要がある⁽¹⁷⁾。B. ダナーマークらは、批判的実在論の展開を①基礎的批判的実在論→②弁証法的批判的実在論→③メタ・リアリティ（スピリチュアル・ターン）（→④具体的な実践研究）に整理し、①の段階をカバーした共著を出版している。そこでは、②はバスカー『弁証法』（2008年）が主張する「過程、否定、変革」がキー概念となり、自己決定と「変革的実践」の重要性が明らかになり、「変革的なエージェンシーと解放」に焦点化する③の段階に進むとされる。それは、「疎外の克服と普遍的な自己実現を達成するという究極的な目的をともなった人間解放のプロジェクトの前提条件」だとされている⁽¹⁸⁾。本書では、彼らの共著では展開されていない、この「人間解放のプロジェクト」を含んだ「実践の学」＝「人間の社会科学」の構築が必要だという理解を前提にしている⁽¹⁹⁾。

　上述のようなハート、メイソン、ガブリエルとの対話の結果、斎藤幸平は、全員に共通するのは「自由、平等、連帯、そして民主主義」であったとし、こうした時代にこそ、社会運動・市民運動を大事にし、「ニヒリズムを捨てて、民主的な決定を行う集団的能力を育む必要があると言う⁽²⁰⁾。「自由、平等、連帯、そして民主主義」の展開については、序章および第Ⅰ編で述べたところであるが、「民主的な決定を行う集団的能力」は、**表2-1**で示した社会的協同実践と

---

(17) バスカーにはガブリエルにはない、独自の弁証法がある（R. バスカー『弁証法—自由の脈動—』武部信訳、作品社、2015、原著2008）。その批判的実在論の社会理論への展開については、経済学批判を展開したT. ローソン『経済学と実在』八木紀一郎監訳、日本評論社、2003（原著1997）、形態生成論に具体化することによって教育史の領域への適用を試みたM. S. アーチャー『実在論的社会理論—形態生成論アプローチ—』佐藤春吉訳、青木書店、2007（原著1995）、研究方法論を展開したA. セイヤー『社会科学の方法—実在論的アプローチ—』佐藤春吉監訳、ナカニシヤ書店、2019（原著2010）などを参照。

(18) B. ダナーマークほか『社会を説明する—批判的実在論による社会科学論—』佐藤春吉監訳、ナカニシヤ出版、2015（原著1997）、「日本語版への序文」。

(19) くわしくは、拙稿「批判から創造へ：『実践の学』の提起」北海学園大学『開発論集』第105号、2020。

それにともなう学習活動をとおして形成されるものであろう。

第3節　〈未来像〉と脱成長論

　以上をふまえて、「将来社会」論の具体的展開が問われる。ここでは、「脱成長」論から始めてみよう。

　J. アーリは、『〈未来像〉の未来』において「社会的未来」論を展開するにあたって、まず〈未来像〉の歴史を振り返り（第Ⅰ部）、次いで彼の考える複雑系社会論の視点から〈未来〉論を再検討し（第Ⅱ部）、〈未来〉のシナリオについて述べる（第Ⅲ部）、という方法をとっている。アーリの社会学については第1章第1節でふれているので、本節では「社会的未来」論を具体的に考えていくために、最後の第Ⅲ部を見てみよう。ここでは3つのテーマが取り上げられているが、最も包括的で〈未来像〉を考える上で中心をなすとされているのは「気候」であり、その中で焦点となっているのが「脱成長」論である。

　アーリは「気候」問題を、①未来を問題関心の中心とし、②学際的な研究と理論が必要となり、③物理的・技術的な未来像を超えた社会的問題であり、④現在が未来の良い案内人ではなく、「現行ビジネス」を変えねばならない領域として取り上げた。気候の未来像には、「現行ビジネス」、脱成長、「エコロジー的近代化」、「ジオエンジニアリング（気候工学）」といったものがあるが、さらに厄介な問題、すなわち「まだ発生していない出来事やプロセスに左右される将来、『人間』種の本質における変化の可能性、そして成長の論理を逆転させるという大きな問題」が含まれる。それゆえ、「すべてを変える」（N. クライン）ことを考えなければならないというのである[21]。彼は同書の最後で、「結局、未来を考えることは、新しい枠組みの下で未来の計画を呼び戻す一つの方法」だとし、社会的未来を結集し、「『民主主義的』な未来志向の展開と実践が

---

(20) マルクス・ガブリエルほか『未来への大分岐』前出、pp.5、337、342。もちろん、民主主義の将来については、第Ⅰ編で見たもの以外にも多様な議論がある（E. トッド他『世界の未来』朝日新書、2018、など）。

(21) J. アーリ『〈未来像〉の未来―未来の予測と創造の社会学―』前出、pp.200-203、231-235。

どのような有効な方式で立ち現れ、埋め込まれるようになるか」が重要な論点となる、と述べている。筆者の考える計画づくり実践の課題であるが、焦点となるテーマ＝脱成長の将来像について具体的提示があるわけではない。

ローマ・クラブ『成長の限界』（1972 年）の問題提起以降、とくに化石燃料や自然資源、あるいは生物多様性の縮減などを取り上げて「脱経済成長」を主張する議論は多い。日本では経済成長を最優先する「アベノミクス」への批判の一環として、あらためて「脱成長」が提起されている [22]。脱成長論には「持続可能な開発（発展）」論と重なる主張も多いが、ここでは「経済成長」そのものを批判する、固有の意味での「脱成長論」を取り上げてみよう [23]。

まず、最近の事例として、「人間の欲望と人類史」の視点から脱成長を主張する、D. コーエン『経済成長という呪い』[24] から見ておく。

コーエンは同書の結論で、「現代社会は、経済成長なしでも持続できるのか」、「経済は再び成長するだろうか」という２つの問いを立て、いずれもノーであるとすれば、「西欧社会は、怒りと暴力にまみれるという結論はさけがたい」と言う。現代社会は問題解決の唯一の方法として「経済成長」を採用し、その経済成長の原動力が労働強化と気候変動のリスクであるため、①失業と雇用不安、②精神的なストレス、③環境危機という「トライアングルの地獄」が生まれているからである。根本的解決のためには、人間の精神構造、「競争と妬みの文化」の超越が必要であり、「個人の熱い思いと社会的な欲求が同じ目的に向かって一致すれば、人々の精神構造は変化する」（p.201）、と。

彼の将来社会論で注目すべきは、第１に、人類史的視点、第２に、消費社会

---

(22) たとえば代表的議論として、「特集　『脱成長』への構想」『世界』第854号、岩波書店、2014。田中洋子と広井良典の対談のほか、四本の論文（西川潤、伊藤光晴、山家悠紀夫、鈴木宣弘稿）と、拙著『将来社会への学び』前出の第６章で事例とした下川町のルポが取り上げられている。

(23)「持続可能な発展」論については、さしあたって、拙著『持続可能な発展の教育学—ともに世界をつくる学び—』東洋館出版社、2013、とくに第５章を参照されたい。

(24) D. コーエン『経済成長という呪い』林昌宏訳、東洋経済新報社、2017（原著2015）。原題名直訳は「閉じた世界と無限大の欲望」。以下、コーエンの引用ページは同書。

の理解にかかわる欲望論、第3に、ポスト工業社会としての情報社会論である。

　第1の点についてコーエンは、前著『経済と人類の1万年史から、21世紀世界を考える』を踏まえて、「経済成長の源泉」という視点から再整理している（第1部）。前述のハラリ『サピエンス全史』に見られるように、人類史を認知革命・農業革命・科学革命の展開として捉えることは一般化している。ハラリはその「アントロポセン」＝自然支配の歴史の主原因を、「虚構」を相互信頼する人間の能力に求めた。これに対してコーエンは、人類が集団で学び、「知識を蓄積して拡散させる技術」、文字と貨幣からインターネットまで、「集団のインテリジェンス」を発展させてきたことに加えて、文化＝「禁忌と分類をつくり出す能力」に着目し、そうした中で「自分は何者であり、何のために、なぜ生きるのかという、人間に関する問い」を発するのが人間だという（p.24-31）。こうした視点から見れば、「現代の経済成長は、時空をまたぐ人類史の長い熟成の産物」（p.81）である。経済成長の「中毒」とそこから抜け出す課題を「人間の欲望と人類史」に探ろうとした所以であろう。

　そこで、第2の視点が必要となる。コーエンは消費社会の展開による欲望の無限的発展といった単純な理解はとっていない（第2部）。たしかに無限の欲望を充足するかのようなテクノロジーの発展は、人間能力を超えるという「特異点」を越えようとしており、経済成長は永続するかのように主張する者もいる。しかし、デジタル革命は先進国のとくに中流階級の仕事を奪い、新たな雇用を生み出すことはなく、その結果、すでに経済成長も失われている。他方で、世界全体として見れば、環境危機は深刻化する一方である。かくして、「経済成長の不確実性」、上述の「トライアングルの地獄」が生まれる。そこで新たな枠組みづくりと「一致団結した行動」が求められ、とくに環境危機に対しては「すべての社会の間で、共通の未来を構築するのだという信頼関係を（再び）築くことが、確固たる前提条件」になる（p.130）。

　そこで、第3の点にさらに立ち入って考えてみる必要がある（第3部）。ポスト・フォーディズムの時代のデジタル革命、金融革命、グローバリゼーションが「大転換」をもたらした3つの要因である。デジタル革命は、新たなエネルギーを使用せず、無料あるいは超安価な情報コミュニケーションを可能にすることによって、環境問題を解決し、相互信頼を促進する〈未来〉をもたらす

と期待されたが、実際にはむしろ「トライアングルの地獄」を生み出すテコとなり、社会はセーフティネットを失った。コーエンが特に問題視するのは、企業では「ストレスによるマネジメント」が進行し、労働者は、自主性を要請されながら管理される中で「ダブルバインド」状況におかれ、満足感の低下、うつ病的精神状況におかれているということである。人々は「競争と妬み」の状況におかれ、安心を求めて似たもの同士だけで交流する「社会的族内婚」、「商品よりも社会的なつながりを消費する社会の存在様式」が支配的となる。それはさらに「社会的閉所恐怖症」の傾向、「スケープゴート」としての人種差別・外国人排斥などの行動を生み出す（pp.181、187-188）。

　コーエンは、こうした（序章でみた権威主義的ポピュリズムの背景となるような）状況から抜け出して、「寛容や他者の尊重という別の道筋」を歩まなければならないと言う。そのための必要条件は、3つある（p.193-195）。第1に、経済成長の不確実性に「免疫をつける」ことで、幅広い選択肢から権利を引き出し、「全員が自律した当事者であり続けるための手段」を提供することである（デンマーク・モデル）。第2に、公的支出を賄うためには経済成長が必要だという考え（「制度的な中毒」）を葬り去ることである。第3は、ゲットーのない新たな都市文明をつくり出し、社会的族内婚をできる限り抑制することである。多様な団体をつくり、緑溢れる都市空間を作ることが具体的課題となる。これらの必要条件を充たすことによって、「競争と妬みの文化」を超越するような人々の精神構造の変化が可能であるとコーエンは言う。彼の言う「脱成長」である。

　かくして、「脱成長」への実践が求められる。それは、上記の3つの必要条件を生み出すと言うだけでなく、人々の精神構造を変革するような「最広義の教育学」の視点からみた教育実践をも含むであろう。具体的には、コーエンのいう「トライアングルの地獄」への取り組みが求められる。しかし、コーエンには、デンマーク的新福祉国家の紹介はあっても、実践的提起はない。

　そこで次節では、フランスのもう一人の「脱成長」論者S. ラトゥーシュの提起を見てみよう。

第4節　脱成長論の「具体的ユートピア」

　ラトゥーシュの研究は、国際開発論から脱成長論へと展開した。その経緯と主張については、『経済成長なき社会発展は可能か？』を編集・邦訳した中村佳裕「日本語版解説」（「セルジュ・ラトゥーシュの思想圏について」）に詳しい。中村によれば、その〈ポスト開発〉思想の最大の功績の一つは、国際開発問題の研究にハイデッガー哲学以後の現象学から派生した「存在論的なテーマ」を導入したところにある。その結果、主流派開発論はもとより、それに対するオルターナティヴな発展論、さらにはマルクス主義（従属理論など）やネオ・マルクス主義によるそれらへの批判も批判して、「経済成長と近代化を至上命題とする近代の文明的構造自体を批判的に検討」してきたと言う⁽²⁵⁾。

　たしかに、同書の第3章では、旧来の国際的な経済開発に対して提起されてきた社会開発、人間開発、地域開発／地域発展、持続可能な発展、そして「オルタナティブ」な開発論が批判され、第4章のはじめでは「発展は普遍主義を装うがゆえに概念的な欺瞞であり、甚大な矛盾を孕むがゆえに実践的な欺瞞である」と断言している。そして、I. イリッチの概念を使って、発展途上国における「歴史的なオルタナティブ──ヴァナキュラーな社会／経済の自己組織化──」、北側諸国の「共愉 conviviality あふれる〈脱成長〉と「地域主義」と言う〈ポスト開発〉の二つの形態」を対置している（p.99-100）。それらによって、「発展パラダイム」を抜け出し、「最終的には共に生きる歓びを分かち合う〈脱成長〉を実現する社会」に至ると言う（p.122）。これが、ラトゥーシュの将来社会イメージである。

　「脱開発論」をくぐって展開された「脱成長論」は、経済的グローバリゼーションを支える「経済」理論への理論的・実践的批判の一環である。上述の中村は、反グローバリズムの社会運動を支える理論は四つあると言う。①ポスト開発・脱成長論者（ラトゥーシュら）、②資本主義的グローバリゼーション拒否論（A.

---

(25) S. ラトゥーシュ『経済成長なき社会発展は可能か？』中村佳裕編訳、作品社、2010、p.292-294。以下、引用は同書。

ネグリら）、③「改革主義的」グローバリゼーション論（D. コーエンら）、④現実主義・理想主義総合のグローバリゼーション論（A. カイエら）、すなわち、グローバリゼーションの①完全拒否、②部分的拒否、③改革主義、④現実主義的・理想主義的変容、の四つである。①の立場のラトゥーシュは、オルター・グローバリゼーション運動や連帯経済論にも批判的である。それらが「経済思想の根基である成長論理と発展パラダイムを十分に批判しておらず、国民経済の制度的枠組みを市民社会の自主管理イニシアチブを通して再建することを目指している」からである。それらは「経済成長を目的としない社会（〈脱成長〉社会）の創造へと再編成」しなければならない、と言うのである（p.308-311）。経済論理ではなくまさに存在論的・倫理的視点を重視した批判であろう。

　中村はラトゥーシュの独創性と貢献は、以下の三つにあると言う（p.313-318）。第1に、成長論理批判と同時に、オルタナティブ経済運動とエコロジー思想の間とを接合し、「経済想念に依存しない自律社会」の基礎を構築しようとしたこと、第2に、自律社会とエコロジズムを再評価し、それらが示唆する社会的実践を経済的グローバリゼーションへの対案として発展させようとしたこと、第3に、「社会主義の精神」再生の展望として、再ローカリゼーション＝「ローカルな自律社会の創造」を提起したこと、である。これらは、これまでの多様な資本主義批判と「社会主義の精神」の展開の中に「脱成長論」を捉え直してみる必要性を示しているであろう。

　ラトゥーシュはしかし、「資本主義を問題視するだけでは不十分で、あらゆる成長社会をも批判する必要がある。この点においてマルクスは道を誤った。」と言う。そして、「自由主義的な資本主義と生産主義的社会主義は、成長社会という同一のプロジェクトの二つの類型」だとして、「〈脱成長〉はおそらく『エコロジカルな社会主義』とみなすことができるだろう」と言っている（pp.245、248）。晩期マルクスとその将来社会論も含めて、こうした批判が妥当かどうか、後に検討する。ここでは、脱成長論にかかわって、マルクスの言う「生産的労働」論は不生産的労働や非生産的労働と区別され、それらを批判的に捉え直す枠組みを持っていたことを指摘しておきたい。

　たとえば飯盛信男は、サービス産業や情報産業が拡大していった時代に、マルクスの「生産的労働の体系的把握」を試み、①自然と人間とのあいだの物質

代謝の観点からする本源的規定、②資本の価値増殖からの歴史的規定、③社会的再生産の観点からの規定、④国家機構の担い手を不生産的階級とする規定、から構成されると整理した。そして、生産的労働論は(1)人間生活における生産的実践＝労働の機軸的位置を示し、(2)労働生産力の発展の成果が資本によって横領されることを批判すると同時に、労働解放の必然性を示し、(3)階級が廃絶された真の人間社会の未来像を示したものであるとまとめていた。そして、それは「生産関係を生産力の中に解消させ、技術進歩そのものが資本主義の矛盾を取り除くかのごとく説く技術主義的経済理論、あるいはその一変種としての情報化社会論・脱工業化社会論等の未来社会論に対する有効な批判となりうる」ことを指摘していた[26]。

　ここでは「生産的労働の体系的把握」には立ち入らないが、こうした視点は今日においてもまさに有効であるだけでなく、大量生産・大量消費のムダや腐朽・腐敗的な非生産労働を縮減し、不生産部門を再編成して、「脱成長論」をより具体的に展開する上で必要な視点を提供している[27]。1997年の「アジア通貨危機」や2008年の「リーマンショック」でもどの産業を救うかが問われたが、当面する「コロナ危機」でも、生存権保障の課題とは別に、たとえば、すでにカロリーベースで食料自由率37％にまで落ちてしまった段階で日本の農業の将来をどう考えるかが問われている[28]。保健・医療やエネルギーと合わせて、長期的視点から産業構成のあり方を考えた危機対策が必要であろう。

　ラトゥーシュに戻って最後に、彼が〈脱成長〉の「具体的ユートピア」として「8つの再生プログラム」を提起していたことに注目しておこう（第2章）。すなわち、(1)再評価する reevaluer、(2)概念を再構成する reconceputaliser、

---

(26) 飯盛信男『生産的労働の理論―サービス部門の経済学―』青木書店、1977、pp.61、65-66。

(27) 飯盛信男『生産的労働と第三次産業』（青木書店、1978）は具体的分析のために、①から④の四つの視点からなる産業分類を再整理している（第1表および第12表）。そこで「非再生産的＝腐朽的・消費部門」とされているのは、奢侈品生産、軍需品生産、大量生産＝大量消費のためのムダ、投機的活動である（p.18-20）。まずこのような非生産的部門の縮減から始まり、飯盛の言う(1)～(3)を具体化することが、「脱成長」の未来社会への道であろう。

(28) 鈴木宣弘「食料自給という政治責任の再確認」『世界』2020年7月号。

(3)社会構造を組み立て直す restructurer、(4)再分配を行う redistribuer、(5)
再ローカリゼーションを行う relocaliser、(6)削減する reduire、(7)再利用する
reutiliser、(8)リサイクルを行う recycler、である。最後の３つは環境保全運
動における 3R の標語であるが、ラトゥーシュはそれらを「地域プロジェクト」
として行うことが必要であり、それは思想において「革命的」であるが、「政
治的改革主義と適合する」ものであるとしている（p.216）。

　彼はのちに『〈脱成長〉は、世界を変えられるか？』（2010 年）で、この「具
体的ユートピア」に基づいて、10 の政策案を提起している[29]。それは、①持
続可能なエコロジカル・フットプリントを回復する、②適切な環境税による環
境コストの内部化を通して、交通量を削減する、③経済・政治・社会的諸活動
の再ローカリゼーションを行う、④農民主体の農業を再生する、⑤生産性の増
加分を労働時間削減と雇用創出へ割り当てる、⑥対人関係サービスに基づく「生
産」を促進する、⑦エネルギー消費を４分の１まで削減する、⑧宣伝広告を行
う空間を大幅に制限する、⑨科学技術研究の方向性を転換する、⑩貨幣を再領
有化する（地域社会や地域住民の手に奪還する）、である。全体として、⑩を
除いて、彼が批判してきた持続可能な発展論者やオルター・グローバリゼー
ション運動、連帯経済論者とも合意できる可能性のある政策案であろう。①や
②、⑦は「持続可能な発展（SD）」論の中から生まれてきた主張そのものであ
り、⑤や⑩は連帯経済論者の主張の中に含まれている。上述の「生産的労働」
の視点から見れば、重複するものもあるが、③や④は基盤となる生産的労働（お
よびそれに不可分な不生産的労働）の促進、②⑥や⑨は不生産的部門の再構成、
⑧や⑩は非生産的部門の縮減、に関わる政策であると言えよう。

　ラトゥーシュは、８つの再生プログラムは「最良の意味でのユートピアを表
現したもの」であるのに対して、10 の政策提案は「第２の水準、すなわち実
践のレベル」だとしている。そして、「脱成長の道は、世界の西洋化という圧
縮ローラーに対する対抗の道であると同時に、グローバル化した消費社会とい
う蔓延する全体主義に対する離反の道」であり、とくに文明的あるいは倫理的

---

(29) S. ラトゥーシュ『〈脱成長〉は、世界を変えられるか？―贈与・幸福・自律の
　　新たな社会へ―』中野佳裕訳、作品社、2013（原著2010）、p.70-71。以下、引
　　用は同書。

側面を重視して、「簡素な生活の自主的な選択と欲求の内発的抑制に基づく文明の構築」を模索したと言う（p.18）。そのために、ギリシャ悲劇に始まる旧来の関連思想、アメリカ先住民の文化や地中海ユートピア、あるいは東洋的な「道」にも学ぼうとしている。その日本語版の付録は「〈脱成長〉の美学」とされ、文化・芸術活動の重要性、とくに W. モリスの「田園社会主義」を「具現化されたユートピア」として高く評価している。

　われわれは、消費社会だけでなく、それと不可分な資本主義的生産の矛盾的展開の中に将来社会への条件と可能性を探らなければならない。その上で将来社会のあり方を考える際には、生産や労働あるいは消費だけでなく、倫理のあり方、文化・芸術活動の意味についても検討していかなければならない。倫理は「実践 praxis」に直結するはずである。これらを含んで、彼が「脱成長論」と同じだと言う「エコロジカルな社会主義」については第5章で、「簡素な生活」や「生活の芸術化」を主張した「脱成長の先駆者」・モリス[30] の思想については第6章でふれることにしよう。

　なお、脱成長論は「定常型（定常化）社会」論に重なってくる。今日、定常型社会への必然性は、しばしば人類史の「S字（ロジスティック）曲線」を使って説明されている[31]。

　たとえば見田宗介は、人類史は①原始社会（定常期）、②文明社会（過渡期）、③近代社会（爆発期）、④現代社会（過渡期）を経て、⑤未来社会（定常期）＝安定平衡期に至ると主張している。もちろん、「一定の環境条件の下での生物種の消長を示す理論式」を人類史に当てはめるには、それが可能となる現代社会的条件が必要である。見田は、外部がなくなった「グローバリゼーション」、「1個体あたり資源消費量、環境破壊量の増大の加速化」、「リスク社会化」（U.

---

(30) モリスを「脱成長の先駆者」として考えてきたラトゥーシュは、脱成長は「モリスの著作を通して模索されるエコロジカルな社会主義の実現を希求するのだ」と言っている。ラトゥーシュ『〈脱成長〉は、世界を変えられるか？』前出、pp.243、258-261。

(31) もちろん、J. S. ミルの定常型経済論を発展させようとする主張もある。たとえば、相沢幸悦『定常型社会の経済学』（ミネルヴァ書房、2020）によれば、定常型社会とは「福祉国家を基盤として、経済・賃金・資産格差を可能なかぎり是正し、ベーシックインカムを導入した経済社会」（p.v）である。

ベック）などを挙げているが、問題は社会の歴史的展開の論理に基づく「定常
化社会」の必然性とその内実の理解である。彼は、〈情報化／消費化資本主義〉
としての現代社会の限界から「永続する現在の生の輝きを享受すると言う高原」
を実現するためには「幾層もの現実的な課題の克服」が必要だと言っている。
しかし、日本の各世代や欧米の青年の社会意識動向の検討はあるものの、その
「定常化社会」への提起はなお理念的・抽象的であることを免れない[32]。

　日本における定常型社会論の代表者である広井良典も、日本と世界の現段階
は文明論的に、採集狩猟社会後期と農業社会後期に次ぐ、産業（工業）社会後
期の定常化時代に位置づくという。狩猟社会と農耕社会の区別、各時期への移
行期に定常化の段階が置かれていること、現代社会の見方（情報化・金融化）
などに見田との違いが見られるが、ロジスティック曲線を前提にしていること
には変わりがない。広井の提起はしかし、福祉や環境の政策と実践を念頭にお
いているだけにより具体的であり、「環境と福祉と経済を統一」した定常型社
会として、ポスト資本主義の「創造的定常経済」ないし「創造的福祉社会」を
提起している[33]。

　見田と広井の将来社会論の特徴と問題点・課題については別のところでふれ
たので[34]、ここでは省略しよう。文明論的視点からみた未来論については本

(32) 見田宗介『社会学入門―人間と社会の未来―』岩波新書、2006、p.159、同『現
　代社会はどこに向かうか―高原の見晴らしを切り開くこと―』岩波新書、2018、
　pp.8-12、17-18、114-121。後者の補章では、世界を変えるために、positive、
　diverse、consummatoryという三つの公準によって〈胚芽をつくる〉ことを提
　起しているが（p.155）、実践論的展開があるわけではない。
(33) 広井良典『創造的福祉社会―「成長」後の社会構想と人間・地域・価値―』筑
　摩新書、2011、p.48。同『グローバル定常型社会―地球社会の理論のために―』
　岩波書店、2009、も参照。
(34) 拙著『将来社会への学び』前出、補論B。なお、ロジスティック曲線はAIのよ
　うな技術革新についても適用され、たとえば吉見は、シンギュラリティ（技術
　的特異点）が来る前にAIは飽和点に達し、「特異点なきAI社会」は、本章第1
　章第1節でみたハラリが言うような「ペシミスティックな将来」をもたらすと
　し、AIの連続的パターン認識を超えて、「非連続」に充ちた社会に対応する知
　的創造が必要だとしている。吉見俊哉『知的創造の条件―AI的思考を超えるヒ
　ント―』筑摩書房、2020、pp.182-183、195-196、200、216。

章第1節でみたが、第5章ではあらためて、とくに「エコロジカルな将来社会」論に焦点化して検討することにする。その前に次節で、脱成長論が提起してきたことを、批判を受けたSD・ESD論の視点から捉え直しておこう。

第5節　ラディカルなSDへ

　筆者は、グローバリゼーション時代の「双子の基本問題」はグローカルな環境問題と格差・貧困・社会的排除問題であると考え、ポスト・グローバリゼーションの将来社会は、両問題を解決する「持続可能で包容的な社会」づくりの延長線上にあるものと考えてきた。そのために、グローバリゼーション時代に国際的共通理解となってきた「持続可能な発展 Sustainable Development, SD」と「SD へのための教育（ESD）」を積極的に捉え直してきた。脱成長論は、そのSD への批判を含んでいる。ラトゥーシュは、そもそも脱成長というスローガンが誕生したのは、「持続可能な発展の拡張的用法が作り出す欺瞞から抜け出すためである」（『脱成長は世界を変えられるか？』、p.60）と言う。SD とは持続的経済成長、あるいはグリーン経済のことであるというような理解がこれまでのSD 論の中に含まれているからであろう。国際的に理解されているSD、すなわち国連のブルントラント委員会報告（1987年）に始まり、いわゆる地球サミット（1992年）で共通理解となり、今SDGs（持続可能な開発目標）で確認されているSD の基本的概念は包括的なものであり、多様な理解が成り立つ。そして、実際に我が国の政府や財界によるSDGs 理解では、SD と持続的経済成長が同一視される傾向がある。

　しかし、筆者の理解によれば、ブルントラント委員会報告の基本的理念は、「世代間および世代内の公正」であった。その後のグローバリゼーション時代に深刻化した「双子の基本問題」を考えれば、その重要性は最近になるほど高まっていると言える。「世代間および世代内の公正」は本来、近代以降の公的教育が課題としたことと重なっており、ESD（SD のための教育）でもそうした視点からの取り組みが重要課題となっている[35]。

　それは、環境・資源・エネルギー問題を考えればわかるように、人間社会のことだけではない。東日本大震災（2011年）も「コロナ危機」も、自然・人

表4-1　持続可能な発展（SD）とESDの位置

	自　然	人　間	社　会
循環性	再生可能性	生命・生活再生産	循環型社会
多様性	生物多様性	個性の相互承認	共生型社会
持続性	生態系保全	持続可能な発展のための教育（ESD）	世代間・世代内公正（SD）

間・社会の理解全体の問い直しを迫っており、SD も ESD もそうした中で位置付けられる必要がある。「地球サミット」（1992 年）では、SD の宣言とともに、気候変動枠組条約（地球温暖化条約）と生物多様性条約が締結された。人間とその社会の持続性は、グローバルな物質的「循環性」と生物的・生態的「多様性」を基盤にして考えられなければならないことが確認されたのである。

　以上のことを踏まえて SD と ESD の位置付けを考えて見れば、**表4-1** のようになるであろう。

　各セルはいずれも独自の価値と展開論理を持っているが、全体として、第3章第6節で述べた「4次元の民主主義」を考える上で不可欠な諸要素である。この表をふまえれば、「社会」のしかも経済的発展だけを考える SD ＝持続的経済成長論はもちろん、グリーン経済論の提起も一面的であることは明らかであろう。環境経済学や環境社会学、さらにはラムサール条約が提起した「賢い利用 wise use」や「生態系サービス」論も、それぞれの固有の意義を理解しつつ、批判的な検討が可能である。脱成長論が提起していることも、より広い視野に立って捉え直すことができるであろう。

　たとえば、ラトゥーシュが提起した8つの「具体的ユートピア」については、次のように言えよう。(1)再評価は、「生命・生活の再生産」にかかわる倫理的あるいは存在論的な視点だけでなく、表に示したすべての視点からなされる必要がある。それは必然的に(2)「概念の再構築」を求めることになるであろう。具体的な活動にかかわる(6)削減・(7)再利用・(8)リサイクルは「再生可能性」とそれに基づく「循環型社会」構築の課題である。(5)再ローカリゼーションは、

(35) 筆者のSDおよびESDの理解については、拙著『持続可能な発展の教育学―ともに世界をつくる学び―』東洋館出版社、2013、第Ⅲ編などを参照されたい。

「個性の相互承認」（集団的には「文化的多様性」）のテーマだと言えるであろう。
⑷再分配は、⑴に基づいて行われるであろうが、当面する「コロナ危機」への
対応としても、「生命・生活の再生産」の保障が喫緊の課題となっている。こ
れらを実現しようとすれば、とくに「社会」のあり方が問われ、⑶社会構造の
組み立て直しが求められるのである。

　このように見てくれば、ラトゥーシュの「8つのユートピア」では、「自然」
に関する提起が弱いこと、「人間」については ESD、「社会」については（排
除型社会克服による）共生社会（あるいは個性の相互承認）の課題提起が含ま
れていないことなどを指摘することができるであろう。これに対して、同じく
脱成長を主張したコーエンは、社会的排除問題（「社会的族内婚」）を重視した
共生社会についての主張が目立っているが、自然－人間関係のあり方について
の提案が欠落していると言える。いずれにしても脱成長論は、**表 4-1** の全体を
視野に入れて、その提起の意味を捉え直してみなければならないであろう。

　なお、「8つのユートピア」に ESD の提起がないことは、脱成長論が教育の
重要性や必要性を理解していないと言うことでは全くない。ラトゥーシュによ
れば、現代の学校教育制度の下では、SD やグリーン経済の教育は「情報歪曲
の企てに参画」（『〈脱成長〉は、世界を変えられるか？』、p.134）するだけで
あり、脱成長の教育は不可能である。そこには I. イリッチの学校批判、すな
わち学校教育が教育を独占し、あらゆるオルタナティブを見えなくさせるどこ
ろか、学校外でも子どもと青年を操作する異常な形態（「学校化社会」）を生み
出したと言う理解が前提になっている[36]。それは今日、マスコミなどのメディ
アにも広がっている。こうした中では、「万人が教育を受ける権利」が経済成
長主義を促進するという逆説から出発して「市民養成様式の基礎」に立ち戻
り、「近代啓蒙主義の敗れた夢、すなわち人間の開放の夢の実現を試みなけれ
ばならない」（同上、p.137）と言うのである。「主体形成様式」としての学校は、
経済成長と熾烈な競争を中心価値とするこの社会に備えるように若者を教育す
べきか、それとも、あるべき社会——脱成長社会——に備えるように「消費主

---

(36) イリッチに始まる学校批判の動向については、拙稿「教育制度論の前提として
の学校批判—社会制度論的アプローチから—」『北海道文教大学論集』第19号、
2018。

義的な転覆に抵抗する能力をもつ市民の形成」を模索するように教育すべきか
といったディレンマに直面している（p.141）。ここでラトゥーシュは脱成長に
向けての市民の教育、とくに歴史教育の必要性を強調しているのであるが、経
済成長・進歩・消費といった価値は「自発的に断念できない薬物」であるがゆ
えに、「消費社会の諸価値に基づく文明の歴史的失敗ならびに『実用的（教訓
として役立つ）』カタストロフの二つ」（p.148）、今日の生態学的危機と金融的・
経済的危機に学ぶことの重要性を指摘している。

　筆者は、こうした教育も ESD として位置付けるべきだと考えている。たと
えば、東日本大震災・原発事故に際して「原発いじめ教育」「復興教育」の展
開があったが、当面する「コロナ危機」では「ウィルス教育」「感染症教育」「社
会的排除問題教育」も重要な課題となるであろう。その上で、市民性教育を重
視した ESD の学校教育における取り組み、そしてグローカルな時代の生涯学
習における市民性教育の課題を提起しているのである [37]。それらは「人権中
の人権」としての「学習権」を前提にしている。それらが「万人が受ける教育
の権利の逆説」に陥らないとは言えないが、それらの吟味は実践論のテーマで
ある。次章では、ラトゥーシュが重視した「文明の歴史的失敗（あるいは逆説
的「成功」）」から学ぶ「エコロジカルな将来社会」論や「エコロジカルな社会
主義」論を取り上げてみよう。

---

(37)鈴木敏正・降旗信一編『教育の課程と方法―持続可能で包容的な社会のために
　―』学文社、2017、拙稿「市民性教育と児童・生徒の社会参画」、同「新グロ
　ーカル時代の市民性教育と生涯学習」『北海道文教大学論集』第20、21号、
　2019、2020、を参照されたい。

第5章

エコロジカルな将来社会に向けて

第1節　ユートピアと将来社会論の方法

　今日、ユートピア的未来という考え方そのものを批判する主張も多い。たとえば J. グレイは、政治学の立場から、近代啓蒙主義や自由主義から社会主義、そして全体主義や新自由主義あるいはイスラム主義、さらにはグローバル民主主義論までを含めて、それらの背景にあるユートピア主義から脱却しなければならないとしている。

　彼はその出発点を 12 世紀、フィオーレのヨアキムがキリスト教の三位一体説を「人類が三段階を経て高みに昇る歴史哲学へと転換」させたことに置いている。その歴史3区分論は世俗の思想にも甚大な影響を及ぼし、ヘーゲルの弁証法、マルクスの人類史理解、コントの実証主義理解などは「すべてヨアキムの3区分図式を再現」したもので、それは古代・中世・近代という歴史理解やナチスの「第3国家」論、さらには現代の政治的諸思想、そしてグローバルな民主主義革命論にもつながっているというのである[1]。

　このような黙示録的なユートピア論、あるいは終末論的・千年王国的思想一般に見られる目的論的歴史理解や人間中心的神話に対して、グレイが提起するのは「現実主義」である。たとえば、第4章第1節で見たダイアモンド『文明崩壊』における希望についても、「世界が相互依存的であるという点は正しいが、もっと協力的になっていると考える理由はない」、（アメリカの対応にみられるような）「無秩序の世界では、地球環境問題は政治的に解決することは不可能」で、環境危機は「人間が抑制することはできるが、克服することはでき

（1）J. グレイ『ユートピア政治の終焉―グローバル・デモクラシーの神話―』松野弘監訳、岩波書店、2011（原著2007）、p.12-13。

ない運命」だと理解する必要があると言う。そして、こうした最もゆゆしい人間の混乱は日々対処していく他に改善されることはないが、「将来を非合理的に信頼することは、現代の生活のなかに潜んでいて、現実主義へと移ることはユートピア的な理想であるかもしれない」と悲観的である（p.288-289）。グレイは、「後期近代の時代は変わることなく混成的（ハイブリッド）で、多元的」で、世界観や宗教観には多様性があることを受け入れた上で、世俗的な一枚岩をつくろうとすることを放棄した「宗教間の暫定協定」が必要だと言うのである（p.296）。

　ここで、A. ギデンズの「ユートピア的現実主義」が想起されよう。彼は、後期（ポスト）近代に必要なのは「ユートピア的現実主義というモデルの創造」だと主張していた[2]。ユートピア思想と現実主義のバランスをとりながら、「望ましい社会のモデル」を創り出さなければならないというのである。ギデンズが提起したのは、グローバルなものの政治化・ローカルなものの政治化・生きること（自己実現）の政治学・解放の政治学の四つの次元であった。そのことをふまえた彼の「新しい社会学の方法規準」については、「新しい社会科学」を目指す努力の一つとして別稿[3]で検討した。その後グローバリゼーション時代の動向を見たグレイは、ユートピア思想を拒否し、現実主義に徹底することを主張しているのである。

　たしかに 21 世紀においては、「第 4 次産業革命」「Society5.0」をはじめ技術主義的なユートピア論は盛んであるが、社会論的に見ればむしろディストピア論、将来に対する否定的な見方、あるいはシニズムが支配的である。冷戦体制崩壊前の「世紀末社会主義」においても、グレイが言うようなユートピア思想はすでに過去のものとなっていた[4]。将来社会論の視点に立った場合、ユートピア思想の現実批判機能、将来社会への一つの参照点としての役割を踏まえ

（2）A. ギデンズ『近代とはいかなる時代か？―モダニティの帰結―』松尾清文・小幡正敏訳、自立書房、1993（原著1993）、p.192。
（3）拙稿「批判から創造へ：『実践の学』の提起」北海学園大学『開発論集』第105号、2020、Ⅱ。本書第 4 章第 2 節も参照。
（4）M. ジェイ『世紀末社会主義』今村仁司・大谷遊介訳、法政大学出版局、1997（原著1988）、第 1 章。同『マルクス主義と全体性――ルカーチからハーバマスへの概念の冒険――』荒川幾夫ほか訳、国文社、1993（原著1984）、も参照。

て、より広い視野にたったユートピアの理解が求められている。こうした中で
は、F. ジェイムソン『未来の考古学』（2005 年）の試みが参考になるであろう。

　ジェイムソンは、いわゆる「ユートピア思想」だけでなく、ギリシャ・ロー
マに始まる演劇から、近現代の SF や映画などのメディアまで、広範な領域の
「ユートピア・ジャンル」、さらには日常生活における多くのものに見られる
「ユートピア衝動」をも視野に入れて、「ユートピア的想像力」の今日的役割を
提起している。そして、現代におけるユートピアの観念とプログラムの真に現
実的な政治的役割を心にとどめているものたちにとって、「『反ユートピア主義
に反対』というスローガンこそが、最善の作業戦略」となると言う[5]。これ
までユートピア社会主義は、マルクス主義によって批判されたり、逆にスター
リン主義と同一視されたりして、反権威主義的左翼・無政府主義者の中で命脈
を保つというような歴史であったが、「グローバリゼーション時代の左翼——
旧左翼や新左翼の残存勢力、社会民主主義の中の急進派、第 1 世界の文化的少
数派、プロレタリア化された第 3 世界の農耕民、土地を持たず、構造的に雇用
されえない大衆などを含む勢力——」のなかに、ユートピアのスローガンが広
がっていることを見てのことである。

　彼はユートピア政治の根源的ダイナミズムの本質は「〈同一性〉と〈差異〉
の弁証法」であり、政治の目標は「現存の政治システムとは根本的に異なるシ
ステム」を創造し、それを実現することだと主張している（p.8-9）。その際に、
芸術のユートピア機能を重視した E. ブロッホ『希望の原理』（1938-47 年執筆）
で提起されている「異化効果（作用）」にふれている。異化作用を持った文化
活動が希望につながる可能性があることは、バフチンの「カーニバル」論の見
直しなどからも指摘されている[6]。先行きの見えない 21 世紀的状況の中で「希
望」が多く語られ、「希望学」や「未来創生学」も提起されている[7]。こうし

（5）F. ジェイムソン『未来の考古学 I』秦邦生訳、作品社、2011（原著2005）、
　　　p.14。以下、引用は同書。
（6）北岡誠司『バフチン—対話とカーニヴァル—』講談社、1998、など参照。
（7）東大社研・玄田有史・宇野重規編『希望学』全 4 巻、東京大学出版会、2009、
　　　山極寿一・村瀬雅俊・西平直編『未来創生学の展望—逆説・非連続・普遍性に
　　　挑む—』ナカニシヤ出版、2020。

た中でジェイムソンが、ユートピア的文化的活動の政治的意味を検討していることが注目されるのである。本編では第6章で、将来社会論における芸術・文化活動の意味について見ていくことにする。

　ここで指摘しておきたいことは、彼がユートピアの内容とともに「形式表象」に着目していること、そこに、グレイが問題視しているものとは異なる意味で「弁証法」の捉え直しをしていることである。彼はそのユートピア論において、「〈同一性〉と〈差異〉の弁証法」のほか、マルクーゼを踏まえた「社会的なものからの芸術と文化の分離そのもの」から生まれる「文化と社会の弁証法」、すなわち「文化と社会的状況の間の距離は、文化が後者の批判・告発として機能することを可能とする」が、それと同時に、まさにこの距離のせいで文化による介入は無益なものとなり、「芸術と文化は、そうした横断的実践があらかじめ無効化されるような、取るに足らない矮小化された領域に追いやられる」ことを指摘している（p.13）。このことは、ユートピア的テクストのアンビヴァレンスを読み解く場合に重要な視点となる。

　ジェイムソンには別著『21世紀に、資本論をいかに読むべきか？』（2011年）があり、マルクス『資本論』の読み直しによる弁証法を提起している。マルクスの弁証法はヘーゲルの「同一と差異の弁証法」をはるかに凌駕するもので、多重的で、「同一性と差異の交代そのものが、別の（もっと弁証法的な仕方で）不安定化」されていると彼は言う。そして、〈量〉と〈質〉の対立は『資本論』におけるマルクスの思想の基本であるが、それは「新しい実体」に到達するもので「俗流ヘーゲル主義の『ジンテーゼ』などとは完全に区別される」としている[8]。

　将来社会論の視点から重要な弁証法は、「否定の否定」の弁証法である。彼は、『資本論』から弁証法を削除したり改訂したりして失うものは「否定性と矛盾の中心的な働きである」（p.217）という。そして、「否定の否定」は「ジンテーゼ」とは異なる開かれたものであり、『資本論』は「弁証法的内在の実践」として「特異なもの singular」であり、「それ自体が歴史的な出来事であり、これこそ

（8）F. ジェイムソン『21世紀に、資本論をいかによむべきか？』作品社、2015（原著2011）、p.28-32。以下、引用は同書。

がその（構造と事象の2面性を持った）弁証法を構想している」（p.229-230）、と。ジェイムソンは、『資本論』は「システム」を対立物の統一として分析し、「まさに資本主義の開かれたシステムこそが閉じたシステム」であることを証明したと言う（p.245）。『資本論』を具体的に「失業の書」と読んだ彼は、政治的結論としてはロスト・ポピュレーションズの立場に立ち、「グローバルな失業の観点から考えることこそが、今一度、地球規模での変容をもたらす政治学を発明することにつながる」（p.254）と結論づけているが、将来社会論としての展開はない。

　将来社会論につながる弁証法の社会哲学的研究は、第4章第2節でふれた批判的実在論の創始者・バスカーによってより精緻かつ体系的に展開されている。彼は弁証法とは、究極的には形態転換（制限の乗り越え）をしながら発展する「自由の弁証法」であり、それは「具体的に単独化された普遍的人間的開花を目的とするエウダウモニア（幸福）社会」＝「各自の自由な発展が万人の自由な発展の条件であるようなアソシエーション」という目標と形式的に一致すると言っている。他方で彼は、旧来のマルクス主義においては、ヘーゲル的弁証法を適切に発展させることができなかったが故に、W. モリス的契機を持った「建設的な具体的ユートピア主義」定立の必要を感じなかったと批判している[9]。モリスの「具体的ユートピア」については第6章で検討するが、ここでわれわれは、マルクスの将来社会論を再確認しておく必要がある。

第2節　未来社会＝社会主義・共産主義論の現在

　20世紀の「世俗的ユートピア」として最も大きな影響力を持ち、それが現存のものとなったのは「社会主義」であった。しかし、ソビエト社会主義・東欧社会主義体制が崩壊した今、「科学的社会主義」と呼ばれてきたマルクス主義の歴史観も見直しが必要となっている。あらためて、「科学的社会主義」による人類史理解、そこにおけるユートピアや将来像が再検討されなければなら

（9）R. バスカー『弁証法—自由の脈動—』式部信訳、作品社、2015（原著2008）、pp.458（図3-11）、529、582-583。将来社会を民主主義の発展として考えるならば、序章で述べたように、求められているのは「自由と平等の弁証法」であろう。

ない。

　マルクス主義の未来社会像は、共産主義ないし社会主義の社会である。共産主義像はマルクスとエンゲルスによる『共産党宣言』（1848 年）で提示された。前書きの後の最初の言葉「これまでのすべての社会の歴史は階級闘争の歴史である」から、その歴史観はまず、「階級闘争史観」であると言われてきた。無階級社会→階級社会→共産主義社会という歴史である。階級社会の最後の段階が（奴隷制社会、封建制社会に続く）資本主義社会である。周知のように（バスカーも引用したように）、『共産党宣言』における共産主義社会は「各人の自由な発展が万人の自由な発展の条件であるような一つの結合社会 Assoziation」である。

　そのことを重視した人類史は、その後マルクス『経済学批判要綱』（1857-58 年）において、「人格的依存関係→物象的依存にもとづく人格的自立→自由な個人性」という、一般に「依存関係史観」と呼ばれる理解によって説明された。これはマルクス『資本論』（1867 年）の第 24 章第 7 節（資本制蓄積の歴史的傾向）における、自己労働にもとづく個人的な私的所有→資本制的私的所有→「自由な労働者の協業と、土地および労働そのものによって生産された生産手段の共有にもとづく個人的所有」（『資本論』第 1 部 791 頁、以下、KⅠS. 791 のようにMEGA 原文ページを表記する）という歴史理解、いわば「生産関係論（とくに所有論）的歴史観」と呼ばれているものと重なる。

　『資本論』第 3 部第 48 章（三位一体的定式）では、以上の第 3 の歴史段階に関して、「必然性の国から自由の国へ」の発展について述べられており、「自由の国は、窮乏や外的な合目的性に迫られて労働するということがなくなったときに、はじめて始まる」とされている。それは、欲望とともに生産力も拡大され、「社会化された人間、結合された生産者たちが、盲目的な力によって支配されるように自分たちと自然との物質代謝によって支配されることをやめて、この物質代謝を合理的に規制し自分たちの共同的統制のもとに置くということ、つまり、力の最小の消費によって、自分たちの人間性に最も相応しく最も適合した条件のもとでこの物質代謝を行うということ」（KⅢ S.828）と表現されている。こうした社会がのちに「社会主義社会」と呼ばれるようになるが、それはなお「必然性の国」であり、このかなたに、労働日の短縮を根本条件として、

「自己目的として認められる人間の力の発展が、真の自由の国が始まる」（同上）とされ、それが「共産主義社会」と呼ばれるものとなる。

　以上は異なる年代に異なる視点から書かれたものであるから、その後発見された新しい資料なども含めて、それらの相違や食い違い、それぞれの解釈をめぐって膨大な議論がなされてきた [(10)]。マルクスの代表作『資本論』の読み直しを通して、将来（未来）社会論を考える試みもあった。たとえば、基礎経済学研究所編『未来社会を展望する』は、人間発達論の視点から未来社会を展望し、アソシエーションに相当する「非営利協同セクター」や株式会社の可能性を検討している [(11)]。ここでは、マルクスの思想と理論の全体にわたる最新の研究成果とされる伊藤誠ほか編『21世紀のマルクス』（2019年）[(12)] を前提にして、将来社会論に関わる限りでふれておく。なお、教育学の立場から見たマルクスの将来社会論についての筆者の理解については別稿 [(13)] で述べているので参照されたい。

　まず、社会主義・共産主義社会の基本的条件として「生産力の拡大」と「労働日の短縮」があげられていることである。マルクスが労働生産力にもとづく生産力至上主義者であり、そのことがソ連や中国に見られるような環境破壊を生んだ原因であると批判されたりしてきた。しかし、『資本論』では、労働を「人間が自然とのその物質代謝を彼自身の行為によって媒介し、規制し、管理する一過程」（ＫⅠ S.192）と規定しているのであり、上記引用でも社会主義社会では「力の最小の消費によって、自分たちの人間性に最も相応しく最も適合した条件のもとでこの物質代謝を行う」とされている。それゆえ、エコロジーの視点から見ても「持続可能な人間的発展」論だと理解される [(14)]。尾関周二

---

(10) 最近のものとして、渡辺憲正ほか編『資本主義を超えるマルクス理論入門』大月書店、2016。

(11) 基礎経済学研究所編『未来社会を展望する―甦るマルクス―』大月書店、2010。

(12) 伊藤誠・大藪龍介・田畑稔編『21世紀のマルクス―マルクス研究の到達点―』新泉社、2019。以下、引用は同書。

(13) 拙稿「将来社会論としての教育学」『札幌唯物論』第62/63合併号、2020。

(14) P. バーケット「持続可能な人間的発展についてのマルクスのビジョン」岩佐茂・佐々木隆治編『マルクスとエコロジー―資本主義批判としての物質代謝―』堀之内出版、2016。

は、誤解を与えやすい「生産力史観」という表現を避け、とくにマルクス理論の「エコロジー的潜勢力」をふまえて、「物質代謝史観」と呼ぶことを提起している（『21世紀のマルクス』、p.322）[15]。このような理解に立った場合、将来社会論はどのように考えられるのであろうか。エコロジーを重視する将来社会論については、次節以降でとりあげよう。

　関連して第2は、自然と人間社会を媒介する「労働」の理解である。『共産党宣言』では「労働者革命」を提起していたから、共産主義＝社会主義社会は搾取のない「労働への解放」を意味するものと考えられた。しかし、上記引用にも見られるように、共産主義社会成立の根本条件は「労働日の短縮」であり、「自己目的として認められる人間の力」が自由に発揮できることであった。マルクスは資本主義社会においては、「労働日の規制」によって労働者の社会的・文化的・教育的活動を拡充することを重視していた。田畑稔はマルクスの「生活過程」論の全体像を示しているが（『21世紀のマルクス』第5章）、その中における労働とその他の活動との関係、将来社会における労働時間と自由時間の関係が考えられなければならない。第6章でふれることにしよう。

　第3に、労働者革命は階級闘争史観や生産関係（その基礎とされた所有）論的史観によって説明されることが多かった。しかし、上記引用にあるように社会主義社会は「自由な労働者の協業と、土地および労働そのものによって生産された生産手段の共有にもとづく個人的所有」とあり、所有関係の転換だけでなく「自由な労働者の協業」あるいは「社会化された gesellshaftet 人間、結合された assoziiert 生産者たちによって物質代謝を合理的に規制し自分たちの共同的統制のもとに置く」ということが重視されていた。それは、大谷禎之助が言うように、「アソシエートした労働の生産様式」（p.74）であろう。現代社会でも多様なアソシエーション（社会的協同）の展開を見ることができるが、その本質を考え、アソシエーションの諸形態が中心的生産様式になっていく将来社会が考えられなければならないであろう。

　第4に、そのことに関わって、21世紀社会主義の可能性を検討する必要が

---

(15) 前提となる晩期の抜粋ノートを含むマルクス思想の体系的捉え直しの試みについては、斎藤幸平『大洪水の前に─マルクスと惑星の物質代謝─』堀之内出版、2019。

ある。伊藤誠は、市場社会主義の多様なモデルを提起し、「21世紀社会主義は、国家の権限や役割を縮小する方向で、分権的でグラスルーツの人々の協力・連帯を強化し、地域社会の自治の再生を重視しつつ、社会的連帯経済を基本理念とする方向を大切にしてゆくことが望ましい」（p.48-49）と言っている。それをマルクスが提起した社会主義・共産主義と言えるか吟味が必要であるが、当面目指すべき将来社会としては十分考えられることである。そのためには、ユートピア的と言われてきた社会主義運動や無政府主義的運動も含めて⁽¹⁶⁾、当時から今日にかけて資本主義を批判し、超えようとしてきた諸運動と諸思想を視野に入れなければならないであろう。第3章で見た「絶対的民主主義」論などはその一環とも言えよう。

　第5に、社会主義に至る多様な道が検討されなければならない。平子友長は、晩期マルクスが、資本主義の展開とともに消滅するとされていた小経営的生産様式を高く評価するようになり、とくに L. マウラーによるドイツのマルク共同体研究に出会って以来、農業共同体の再評価をし、それがよく知られた「ヴェラ・ザスーリッチへの手紙」に見るような、農業共同体を位置付けたロシア的社会主義への道の理解につながったとしている（p.256-258）。尾関周二は、現代の農民経営・農村共同体の独自の意義を指摘すると同時に、「もうひとつの未来社会像」として W. モリスの「田園社会主義」をあげている。これらについても、第6章で取り上げることにしよう。

　ここではその前に、前章で見てきたこともふまえ、尾関がいう「物質代謝史観」にもとづく将来社会論として、「エコ社会主義」を取り上げてみよう。尾関は資本主義の後の将来社会は、コミューン主義革命と同時にエコロジー革命によって「人間と自然の物質代謝の健全なエコロジカルなあり方を実現することになろう」（p.324）と言っている。まさに「コロナ後社会」で求められてい

---

(16)『共産党宣言』当時の多様な「空想的社会主義」について、的場昭弘『共産党宣言―初版ブルクハルト版（1948年）―』作品社、2018、の資料編、18世紀のアナーキズムの動向と諸形態について、クロポトキン「近代科学とアナーキズム」『世界の名著　42』中央公論社、1967（原著1901）、M. デイヴィス『マルクス　古き神々と新しき謎―失われた革命の理論を求めて―』佐復秀樹訳、明石書店、2020（原著2018）、など。

ることである。彼自身の将来社会論は別著で提起されているので、第6章第4節で取り上げる。

第3節　エコマルクス主義とソーシャル・エコロジー

　エコロジーの視点からマルクス主義を捉え直す試みは、多様になされてきた。そうした中で島崎隆は、マルクス主義の「環境論的転回」を提起し、内外とくにアメリカでの論争をふまえ、「オリジナルのマルクスをできる限り正確に描出し、明確にする」ことを通して「エコマルクス主義」の現代的意義を強調している。その特徴は、以下のようである[17]。

　すなわち、(1)人間の主体性やその発現としての労働と生産を人類の生存と発展に第1に不可欠なものとみなすエコロジーとして、基本的に人間－自然（物質代謝）関係のダイナミズムに注目する。(2)現存の資本制社会への批判、市場経済への批判を基盤に据えるエコロジーである。(3)自然史的過程ないし自然の根源性を重視し、「自然弁証法」（エンゲルス）を土台に持つエコロジーである。(4)科学的・学問的（wissenshaftlich）である。(5)弁証法的な〈実践的唯物論〉を基礎としている。(6)人類史を「史的唯物論」として展望し、「自然主義」と「人間主義」の統一を実現する共産主義社会、資本と自然の衝突・矛盾を解消し、人間－自然間の「物質代謝」を共同で統制しようとする将来社会を目指す、である。これらのうち(6)がエコマルクス主義の総括的規定だとされている。

　ここでは、本編のテーマに即して、(6)で述べられている将来社会＝社会主義・共産主義の「実践的可能性」に注目したい。そこではしかし、「計画経済と自由な諸個人による連合社会との両側面」＝ディレンマにふれつつ、〈実践家〉としてのマルクスの構想には「現時点では大いに根拠が欠けている」ので、「もっと人々の知性・教養やモラルが、ライフスタイルのありようを含めて、実践的な意味で深まった時に、再び共産主義がリアリティをもつであろう」と予測するのにとどまっている（p.268）。そして、前著『ポスト・マルクス主義の思想と方法』（1997年）を引用しつつ、現段階では〈エコマルクス主義〉による共

(17)島崎隆『エコマルクス主義―環境論的転回を目指して―』知泉書館、2007、p.23-27。以下、引用は同書。

産主義構想をあえて「ユートピア」として措定して、それを判断基準として現
実を把握し、「現実批判の中からユートピアへ向かう実践的道のりを展望する
こと」が大事であるとしている（p.270）。

　それでは、こうした「実践的意味」や「実践的道のり」の探求はどのように
してなされるのであろうか。島崎がそれらに立ち入らないのは、哲学的探求、
それも「オリジナルのマルクスをできる限り正確に描出し、明確にする」こと
にこだわっているからであろう。たとえば今日、自然・人間・社会関係の総体
は、グローバリゼーション時代に問われた循環性・多様性・持続性を踏まえて、
表4-1で示した論点が不可欠である。とくに生物多様性をふまえた文化的多様
性（個性の相互承認）、環境・経済・社会・政治の関連構造をふまえたグロー
カルなエコロジー的実践の位置付けがなければ、「人々の知性・教養やモラルが、
ライフスタイルのありようを含めて、実践的な意味で」深まっていくような「実
践的道のり」を考えることはできないであろう[18]。

　そこでさらに、エコマルクス主義との区別が曖昧であるとされている「ソー
シャル・エコロジー」を代表する、M. ブクチン『エコロジーと社会』[19]を
見ておこう。ブクチンはエコロジー問題により実践的視点からアプローチし、
マルクスやマルクス主義によって批判されてきた「リバータリアン的ユートピ
ア主義とアナーキズム」の立場に立って、逆にマルクスやマルクス主義を批判
しつつ、「ソーシャル・エコロジー」論を展開している。

　彼によればソーシャル・エコロジーは、自然と人間社会の「二元論の単純さ
と還元主義の粗雑さを回避する」ものとして、「一方では社会と自然の違いを
無視することなく、他方では両者がどれほど浸透しあっているかに注意しなが
ら、いかに自然が徐々に社会に移行するか」を示すものである。「私たちは社
会進化の産物であるのと同じくらい自然進化の所産なのである」という理解は、
島崎と共通であろう。その上でソーシャル・エコロジーの重要な特徴は、社会
を自然に対立させる基本的な問題点は「社会と自然とのあいだではなく、社会

---

(18) さしあたって、拙著『持続可能な発展の教育学─ともに世界をつくる学び─』
　　東洋館出版社、2014、第Ⅱ編および第Ⅲ編を参照されたい。
(19) M. ブクチン『エコロジーと社会』藤堂真理子ほか訳、1996（原著1990）。島崎
　　はソーシャル・エコロジーでは「ある意味での深い自然中心主義が見落とされ
　　ている」と批判している（島崎同上書、p.16）。

発展の内部」で形成される、つまり「人間と人間の根深い対立」の中にあると
いう理解にある（p.40-42)。「人間による人間の支配が、自然の支配という観念
に先行している」のであり、「あらゆる形態の支配を取り除くまでは、合理的
でエコロジー的な社会を本当に実現することはできない」（p.57-58）と言うの
である。

　ブクチンが人類史上、「合理的でエコロジー的な社会」に向けての画期と考
えるのは、自由と理性がスローガンとなった啓蒙時代、とくにフランス革命後
の19世紀の「革命の時代」であり、「歴史における選択」を強調した思想と実
践の展開である。それらは、歴史の必然性を主張する目的論的な「科学的社会
主義」と異なる「根本的に新しい出発点」を作り出し、「社会はつねに作り変
えることができる」と主張した（p.158-159)。自由の理想は「堅固に自然主義
的で、技術的に実行可能、そして堅実で物質的な基盤」を得たのであり、そこ
に人類が「市場と利益を志向する拡張路線から地域社会とエコロジーを志向す
る調和路線へ転換するかもしれないという、歴史における注目すべき転換点」
があったと言うのである。自然世界を全面的に改造していた産業発展に次第に
飲み込まれた後半に比べると、19世紀の前半は「自然への最も豊かな推進力
を可能にさせたはずの社会と自然の新しい統合、そして協同的な連合体（コモ
ンウェルス）の希望に満たされていた」のであった、と（p.164-166)。

　その後、自由（および理性）の理想自体が「ブルジョア化」し、「解放のプロジェ
クトの倫理的な核心、ビジョンを描く精神、そしてエコロジー的な実質」を奪っ
ていった。マルクスの「科学的社会主義」は、国家や大量生産技術を正当化す
ることによって、そうした動向と協同しながら発展することになった（p.168)、
というのがブクチンの評価である。「新しい社会」は「古い社会の子宮の中で
生まれ、そこから成長して、やがては頑健な子どものようにその親を食い物に
したり、殺したりする」という革命の「胎児理論」（p.177）がその背景にある。
それゆえブクチンは、そうした理論を批判する「解放のプロジェクト」＝アナー
キズムとリバータリアン的ユートピア主義の系譜、たとえば、両大戦間の解放
運動、戦後の新左翼急進主義と対抗文化のユートピアに注目するのである。

　それらをふまえてブクチンは、「私たちは自然のバランスの能動的な一部分
となる必要性」があり、革命的プロジェクトは「ヒエラルキーの廃絶として、

人間と人間の調和の回復を通して、人間と自然の調和を回復するものとして、エコロジー的に健全な技術や、直接民主主義に基づいたエコロジカルな社会の実現として明確に定義できる」と結論づける（p.207-208）。この「直接民主主義」（参加民主主義）についてブクチンは、民衆集会・民衆会議（自治管理的な、顔を合わせて話し合う会議）の重要性を強調し、「リバータリアン的な地域自治主義」を主張している（p.232-239）。それが「都市と農村の新しいバランス」を創り、エコロジー的技術を発展させることによって、「エコロジーは完全に社会とつながり合っていて、エコロジー問題と社会問題の相互連関を強調するソーシャル・エコロジーが生み出される」（p.250）ことを展望するのである。かくしてエコロジー的な地域社会は、国有化や集産化ではなく、「経済を地域自治化 municipalize し、他の自治団体と連携してその資源を地域連合システムの中に統合するであろう」（p.259）、と。

　ブクチンはしかし、「来るべき社会」への移行は「知的および倫理的な長い準備期間」が必要であり、「もし人類が、やがては自治管理に参加するために必要な自己意識を達成しなければならないとするなら、感受性、倫理、現実に対する見方、個性が教育的手段によって、そして理性的な討論、実験、失敗の繰り返しからの学習に基づく政治によって、変えられなければならない」（p.252）と言う。しかしながら、民衆集会に始まるどのような実践形態で、エコロジーのために必要な「理性、配慮、共感の潜在的可能性」を現実化させることが可能なのかについてふれることはない。

　その後のグローバリゼーション時代の「直接民主主義」の課題について本書では、第3章で根源的民主主義や絶対的民主主義論に関わって触れた。世界社会フォーラムなどのオルター・グローバリゼーション運動やアメリカ発のオキュパイ運動など、より参加型で直接的な民主主義に関わるグローカルな運動もみられ、それらを念頭においたポスト資本主義論も展開されている。そうした中で、学習論的にみた民衆集会＝地域集会に始まる諸実践の経験を、「すでに始まっている未来」を示すものとして考えていくような将来社会論の展開が必要となるであろう。

　そのためには、政治社会や市民社会のあり方だけでなく、それらの基盤となる経済構造にまで遡って考えることが必要である。ポスト・グローバリゼーショ

ンが問われてきたこの時期、「始まっている未来」を考えるためにも、経済学
の革新が不可欠である[20]。

　たとえば長島誠一は、都留重人や宮本憲一など日本の環境経済学の動向も視
野に入れ、とくに経済社会システムのあり方に重点を置くJ.オコーナーのエ
コロジカル（エコ）社会主義論をふまえて、「エコロジカル・マルクス経済学」
を提起している。それは「広義の経済学」に相当するものとして「自然と人間
と社会と思想の相互関係と全体構図（唯物史観）の中で理論的に考察しよう
とする試み」で、広い意味での社会システム全体の中で自然を根源的要素とし
て位置付け、「生産力概念を拡充（本源的生産、人間の再生産、社会の再生産、
文化的再生産）し、生産関係視点を自然との関連において労働過程・労働関係・
生産関係にまで拡充し、かつ変革視点に立ってあるべき生産関係・人間関係・
社会関係（本来の社会主義社会・共産制社会）を構想する」ものである[21]。

　たしかに、資本主義的生産をその「生産条件の再生産」と不可分のものとし、
資本蓄積とその不均等発展・複合発展を環境問題・環境危機の原因と考える視
点には経済学的視点の特徴が現れている。長島は、エコロジカル社会主義の理
論的基礎を「資本の過剰生産」と「資本の過少生産」に求め、それぞれに対応
して「過剰生産恐慌は生産力と生産関係双方の再建を意味するのとちょうど同
じに、過少生産恐慌は生産条件の再建を意味する」としつつ、「恐慌は社会主
義への移行のイメージの可能性を作り出す」とするオコーナーの理論[22]をふ
まえ、伝統的マルクス主義理論とエコロジカル・マルクス主義理論を統一し、「望

(20)宇沢弘文・内橋克人『始まっている未来―新しい経済学は可能か―』岩波書店、
　　2009。「社会的共通資本」（後述のコモンズ論の一環）で知られる宇沢と、共生
　　経済・FEC（食料・エネルギー・ケア）自給圏を提起している内橋の対談集で
　　ある。宇沢が「社会的共通資本」はJ.S.ミルの「定常状態」を実現するための
　　制度を具体的な形で考えようとしたものだと発言していること（p.83-84）は注
　　目されるが、宇沢・内橋がいう「人間らしく生きるための経済学」の展開は残
　　された課題となっている。第4章でもふれた脱成長とポスト・グローバリゼー
　　ションの視点からの経済学問い直しの動向については、西川潤『グローバル化
　　を超えて―脱成長期　日本の選択―』日本経済新聞出版社、2011、第7章参照。
(21)長島誠一『エコロジカル・マルクス経済学』桜井書店、2010、p.11-14。
(22)その「過少生産」恐慌論は、「障害を乗り越えようとする資本の絶え間ない試み」
　　や「資本の適応能力」をふまえないものだと批判されている。斎藤幸平『大洪
　　水の前に』前出、p.286-287。

ましさ」が「必要性」に優先する新しい「社会主義」（より透明な社会）像を
提示している（p.128-131）。

　オコーナーが提起するのは「維持可能な社会」、Preservation First！の社会
である。そこでは労働が、剰余価値生産のための労働ではなく、コミュニティ・
環境・社会生活一般の「増殖」＝「自発的で自由に組織された労働」、「道具的
意味とともに愛情に満ちた芸術的意味を含む」労働となるとされ、長島はそう
した理解が「マルクスの展望と基本的に一致」していると言う。そして、維持
可能な社会については、sustainable を「維持可能な」と訳すべきことを主張
している宮本憲一の「内発的発展論」と重なるとし、オコーナーが日本の地域
づくりに学ぶべきだとしていることも紹介して、具体例として「菜の花プロジェ
クト」をはじめとする地域づくり運動を挙げている。内発的発展論について筆
者は「地域づくり教育」への胎動として位置付けてきたが[23]、内発的な地域
づくり運動の事例は「持続可能で包容的な地域づくり教育（ESIC）」として考
えることができる。それらの地域づくり実践を経済学に結びつけていくために
は、自己疎外＝社会的陶冶論が不可欠であるが、長島はそうした展開をしてい
ない。

　それでは、長島＝オコーナーが言うような、「自発的で自由に組織された労
働」、「道具的意味とともに愛情に満ちた芸術的意味を含む」労働が実現するよ
うな「維持可能な社会」はどのような将来社会で、どのようにして実現される
のであろうか。次章で考えてみよう。

第4節　エコ社会主義と「未来の先取り」

　ここではその前に、本章で見てきたことのまとめを兼ねて、エコロジー的実
践を重視して「未来の先取り」を提起する「エコ社会主義」論からの発展課題
を考えてみよう。まず、J. コヴェル『エコ社会主義とは何か』[24]を取り上げ

---

(23)拙著『地域づくり教育の誕生―北アイルランドの実践分析―』北海道大学図書
　　刊行会、1998、序章第2節。
(24)J. コヴェル『エコ社会主義とは何か』戸田清訳、緑風出版、2009（原著2007）。
　　以下、引用は同書。

てみる。

　コヴェルは、前節で見た「ソーシャル・エコロジー」はエコ社会主義と「多くの点で共鳴する」という。「ヒエラルキーがそれ自体で原罪」でエコロジー危機の原因だとするような傾向、および、そのアナーキスト的プロジェクトが国家的支配の批判はしても「資本主義を超えてエコロジー的社会を構築するという問題を未解決のままに残す」「資本主義を労働の支配と搾取というその根源に至るまで分析しようとしない傾向」については批判されているが、エコ社会主義とは「敵対的な矛盾」にならないという評価である（p.308-311）。それでは、社会主義的であると同時にエコロジー的、すなわち「資本主義的生産を、自然の固有の価値に開かれた使用価値の再興を通じて、エコ中心的な社会主義的生産によって置き換える」ことを目指すエコ社会主義（p.36-38）には、どのような独自性があり、どのような「未来の先取り」を見て将来社会を展望するのであろうか。

　コヴェルは「未来の先取り」の事例として、キリスト教共同体「ブルーデルホーフ」を挙げる。それは農業共同体であったが、学校と障害者施設のための高付加価値学習補助器具を製造するビジネスを展開しながら、「ラディカルに非資本主義的」で、構成員に個人財産はなく「共同の食事、教育、健康管理」をする。ブルーデルホーフから学ぶべきは、一つに、スピリチュアルなモメントを組み込んだ「意図的なコミュニティ」としての「共産主義」である。もう一つは、資本主義的市場関係に組み込まれつつも、商品の「使用価値」、さらにはニーズの充足に関わる質的な側面、その物やサービスに関わる「固有な価値」が重要だということである。ブルーデルホーフでは「キリスト教的な固有の価値」が問題とされるが、エコロジカルな視点からは、「私たちの原基であり宇宙であるような自然——自然の『本質』であり、その固有の存在であり、感覚に直接訴えるとともに、私たちの知識と把握を永遠に超えているような自然——に固有な価値」であり、スピリチュアルな側面も持つが、「積極的な受容性」によって得られる価値である（p.333-337）。

　一般に、交換価値に支配された資本主義的市場に対する批判はまず使用価値、その質的側面を根拠としてなされる。そのことを追求すれば、固有価値に至るのである。固有価値については既に、ラスキンの文化経済学をふまえた池上惇

の提起がある⁽²⁵⁾。固有価値理解に「積極的な受容性」が必要だということは、池上のいう「享受能力」の発展に関わるであろう。ラスキンと池上が文化経済学の視点から「固有価値」に到達したとすれば、コヴェルはエコロジカルな視点から自然の根源的な価値に至ったと言える。本書「はしがき」で引用した露木和男の言う「センス・オブ・ワンダー」に拡張して考えることもできよう。

　コヴェルはさらに、「そのなかに資本の核が凝縮されているひとつの使用価値、すなわち労働力」の問題に進み、エコロジー危機は「労働の解放」（社会主義の核心）なしには克服できない（p.343）と言う。それは「生産者の自由な連合」（純粋に集合的でそのなかで各人が違いを示す公共圏と公的所有を伴う、民主主義の最も完全な拡張を含意）によらなければならないが（p.346）、「現存社会主義と呼ばれた国家資本主義」はそれを果たせず、エコロジー危機を招いた。マルクス主義は、R. ルクセンブルクや W. モリスのような少数を除いて、「生態中心的態度を正当に評価すること」ができなかった（p.358）。コヴェルは、自己をより拡張・膨張することではなく「より実現されること」を求め、「相互関連した、互いに認識する、美しい、スピリチュアルに充足した生活様式」の発展を期待する。持続可能性よりも「充足性 sufficiency」がより良い言葉である（p.360）、と。

　その際に重要なことが、「積極的受容性」という考え方である。労働は「ある種の自然的気質に対する本質的に能動的な関係」なのだが、そこには能動性としての「受容力 receptivity」も含まれる。「十分な受容力はアイデンティティと差異についてのもの」であり、「存在の能動的な解放が必要」なのである。そうした意味での「労働のエコロジー的変革」、「労働がエコロジー的に健全な方法で自然を変革ができる」ような「労働の受容力」が求められるのである（p.367-368）。それに対応するエコ社会主義は、搾取と交換価値の体制を打倒するだけでなく、「使用価値の実現と固有価値の領有」を通して「生態系の健全性の再構築」をするのである。そこでは「適正技術」、人間生態系の「受容的な存在様式」の発展も課題となっている（p.370-374）。こうしてエコロジカルな視点は、人間労働力－生産過程－生産物－享受（－社会関係）の全体に

(25)池上惇『文化と固有価値の経済学—人間復興と地域再生のために—』岩波書店、2003。

及ばざるを得ないということになろう。

　コヴェルによれば、エコ社会主義社会は「生産が、自由に連合した労働によっ
て、意識的に生態中心的な手段と目的をもって行われる社会」（p.383）である。
あくまで、生産と労働、生産様式が中心的規定である。しかし、そうした社会
では「人間はより直接的かつ受容的に自然に埋め込まれて生きることになる」
とし、そこでは、頭脳労働と肉体労働の分断の克服と「工芸の充実」を伴い、「満
足、喜び、美的実現の豊かさによって、主体のレベルで、使用価値／生態系の
成就が同時に生じる」、と（p.372）。こうした将来像は、W. モリスのものと重
なる。労働と工芸、芸術にかかわるテーマとして、次章で検討する。

　コヴェルは、そうしたエコ社会主義的契機は非常に遠くにあると同時に、
「ニーズが生じる社会的有機体のすべての地点に埋め込まれた形で未来への契
機が存在する限りにおいてまさに間近に」あり、生態中心的生産が生態中心的
生産様式になるまでは、「課題はそれらを解放し、互いに結びつけ、それらの
固有の潜在的可能性が実現できるようにすること」（p.378-379）だとして、「未
来の先取り」の意義を強調していた。

　未来の先取りは「『まだここにない』ものを見つけるために『かつてあった』
ものの尊厳を再発見し、回復する持続的なプロセス」であり、この原理を把
握していた例外的社会主義者がモリスだというのである。その際、生産（pro-
duction）は前向きにものを作ることであるから、生産の変革の中に「過去、現
在、未来が統合される」のであり、そこに「創造的可能性」があると言う。そ
れは、「自然のなかに埋め込まれた歴史と、固有の価値を伴う歴史に注ぎ込め
られる自然を読み取る」こと、「どのようにして生態中心的な労働が未来先取
り的に作用し、認識のプロセスが半分生気のない集合体から統合的な人間生態
系」を創ることだとコヴェルは言う。この集合体のなかに来るべき「統合的生
態系の萌芽を読み取ること」が、エコ社会主義の課題であり、そうした意味で
の「集合体 ensembles」は「コモンズ」と呼ぶことができる、と（p.387-388）。
コモンズについてはこれまでに、都市と農山漁村の実践に基いて、社会学的・
経済学的あるいは文化人類学的提起があった[26]。第3章で「絶対的民主主義」
論として取り上げたネグリ／ハートは、「〈共〉的な富（コモン・ウェルス）か
ら成る世界を制度化し、管理運営すること、すなわち集団的な生産と自己統治

を重視し、拡大することの必要性」[27]を強調している。

　さて、前節で見たブクチンが主張する「地域集会」に始まり、長島＝オコーナー
が注目する「維持可能な」地域づくり、とくにコヴェルが重視する「コモン
ズ」づくりまでの実践を、われわれは今日、日本の「持続可能で包容的な地域
づくりのための教育（Education for Sustainable and Inclusive Communities,
ESIC）」の展開過程に見ることができる。たとえば、北海道浜中町における実
践は**図 5-1** に示すとおりであった[28]。この図は、各地域での実践をお互いに
比較し合い、学び合うことができるように、筆者が東日本大震災後の復興過程
を整理した際の枠組みと同じものを示している。

　ここで「地域集会」とは①「地域課題討議の（公論の）場」としての「浜中
21 世紀プラン会議」にはじまり「霧多布湿原トラスト」の活動として展開さ
れている集会・フォーラム・シンポジウムなどであり、コモンズとは④の「湿
原センター」（霧多布湿原そのものを含む）である。浜中町の湿原保全、湿原
を位置付けた地域づくりの実践は、そこにあったのに地域住民も気付かなかっ
た自然生態系（湿原）の美しさ（「固有価値」！）に感動して、脱サラをして
保全しようとした会社員の活動から始まり、それに共感した地域住民が「楽し
みながら」活動することによって湿原の固有価値を再発見していった活動であ
る。その活動は、湿原を保全しようとするトラスト運動を核にして全国的ネッ
トワークへと広がり、霧多布湿原はラムサール条約に登録されることとなった。

　図 5-1 に示したような、関連して不可欠な６つの実践領域を位置付け、それ

---

(26) 多辺田正弘『コモンズの経済学』学陽書房、1990、井上真・宮内康介編『コモ
　　ンズの社会学―森・川・海の資源共同管理を考える―』新曜社、2001、井上真
　　『コモンズの思想を求めて―カリマンタンの森で考える―』岩波書店、2004、
　　秋道智彌『コモンズの地球史―グローバル化時代の共有論に向けて―』岩波書
　　店、2010。など。
(27) A. ネグリ／M. ハート『コモンウェルス（上）』水嶋一憲監訳、NHK 出版、
　　2012（原著2009）、p.22。
(28) くわしくは、鈴木敏正・伊東俊和編『環境保全から地域創造へ―霧多布湿原の
　　町で―』北樹出版、2001、小島廣光・平本健太編『戦略的協働の本質―NPO、
　　政府、企業の価値創造―』有斐閣、2011、pp.117-148。湿原（湿地）を舞台に
　　した活動における位置づけについては、矢部和夫・山田浩之・牛山克己監修『湿
　　地の科学と暮らし』北海道大学出版会、2017。

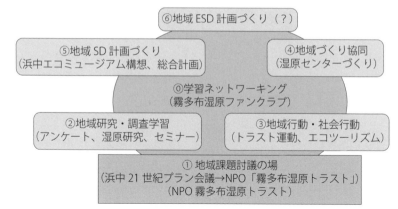

図5-1　ESIC の展開構造（浜中町の場合）

らを「未来を先取り」する実践として考えていく必要がある。浜中町に即した未来像は⑤「地域 SD 計画」（エコミュージアム構想から総合計画へ）に示された。⑥「地域 ESD 計画づくり」は本格的には残された課題となっているが、地域で展開されている学習諸実践を「未来に向けて集団的に総括」する実践である。①から⑥にわたる諸実践を、グローカルな視点から学び合うことが、自然生態系に支えられた持続可能な将来社会を構築していく上で有益なものとなると言えよう[29]。そのためには、**表4-1**に立ち戻ってこれらの実践の意味を考え、社会システム全体のなかに位置付けて、その将来を再検討してみる必要がある。それは「コロナ危機」に際しても求められていることである。

　ここで指摘しておくべきことは、これらの実践が、近代主義的な合理的＝手段的「理性」（実際は「悟性」）やそれを批判した G. W. F. ヘーゲル理性論はもとより、I. カントが「世界市民」のために必要であるといった「理性の公共的使用」、さらには現代のコミュニケーション的理性（J. ハーバマス）や解釈学的理性（H-G. ガダマー）、そして「ポスト・コロニアル理性」（G. C. スピヴァク）をも超えた、「実践的理性」としての「現代の理性」を多声的に創造するグローカルな実践であるということである。すなわち、⑩学習ネットワーキングを基

(29) 筆者はESICをグローカルに共有可能な実践だと考えている。この点、拙稿「『地域づくり教育』海外展開の条件と可能性―日英韓比較協同研究の経験から―」日本教育学会『教育学研究』第86巻第 4 号、2019。

盤とし、①による討議的理性の形成を出発点として、②の観察的（現実的）理性、③の行為的（活動的）理性、④の協同的理性、⑤の公共的理性の形成、それら全体を⑥の計画的理性によって実践的に統一する実践にほかならない。②と③は主体と客体、④と⑤は個別（個人）と普遍（社会）という、いずれも近現代が抱える二元論を乗り越えようとする運動である⁽³⁰⁾。

こうした実践の積み重ねとそれらに連帯する諸活動こそ、東日本大震災に関する「風化・風評・風当たり」の動向を乗り越えて、内発的な被災地復興を実現する力であった。それらは、序章で述べた「ポスト真実」と「イリベラル」の権威主義的ポピュリズムを克服して、実質的に「市民性 citizenship」形成をしていくグローカルな諸実践に共通する論理をもっている。そうした実践は、経済的グローバリゼーションへ過度に依存することなくなく、地域内循環を重視する内発的な地域づくり運動を支えるものである。たとえば、「コロナ危機」に対応するためにも、コモンズとしての地域保健・医療体制の構築が喫緊の課題となっているが、それは ESIC の実践の一環として位置付けられるであろう。

東日本大震災後の政府の対応には、「人間の復興」よりも経済対策を優先させた「創造的復興」、むしろ「災事便乗型資本主義」（N. クライン）の側面が強く見られた。「アベノマスク」に始まり、「持続化給付金」や「Go To キャンペーン」など、今回の「コロナ対策」にもそうした傾向が見られる。こうした状況において、図 5-1 に枠組を示したような、ボトムアップの「人間の復興」活動の経験に学ぶことは多い。たとえば、被災者と支援者の相互受容に始まる学習活動から、被災者自身が中心となって放射能・原発について学び、住民主体で放射線量調査を行い、自分たちでできることに集団的に取り組み、復興への地域づくり協同活動を進め、地域再生計画づくりを進めたというような諸実践である⁽³¹⁾。

われわれは本書で、これらに呼応した日本での ESIC のその後の実践例を、

---

(30) この点、くわしくは拙著『将来社会への学び―3.11後の社会教育とESDと「実践の学」―』筑波書房、2016、第Ⅲ編。
(31) その具体的な実践については、日本社会教育学会編『東日本大震災と社会教育』東洋館出版社、2019、最近の動向としては、『月刊　社会教育』2020年7月号特集「震災後に根を張る新たな『学び舎』」を参照されたい。

北海道の事例においてみることになるであろう（第Ⅲ編）。もちろん、同じ目に見えないものだとはいえ、新型コロナウィルスと放射能は異なるし、それらがもたらした危機の具体的現れには大きな違いがある。しかし本書では、両者には社会問題として本質的な同一性があり、それらを乗り越えて近未来の将来社会を創造していく上で、ESIC が重要な役割を果たすものとして考えている。

第 **6** 章

労働への、労働の、労働からの解放

第1節　AI時代の労働：「活動社会」へ

　将来社会を考える際のわれわれの出発点は、現実的人間の現実的生活過程である。前章第2節で触れた『21世紀のマルクス』で田畑稔は、生活過程の全体図を総過程、生命過程、部分過程、「個人的」生活過程に整理し、部分過程としては物質的、社会的、政治的、精神的生活過程を挙げていた。これらの現実的生活過程全体の「社会的生産」をする根源的主体は「労働する諸個人」である[1]。ここで「労働」を基軸に将来社会を考えようとする基本的理由である。

　現代社会＝政治的国家・市民社会・経済構造を基礎づける〈自然－人間関係〉は、物質代謝過程→生態系サービス享受→自然循環媒介→生産力形成→生態域循環、である[2]。ここで生産力という場合には、「労働の生産力」だけでなく、「社会の生産力」＝「総体としての社会が生産において自然を制御する力量」[3]を含む。これら全体を通して、〈自然－人間〉関係を媒介するもの、それが「労働」である。

　しかし、今日の「疎外された労働」は、生命過程としての生活過程の諸問題、その結果である生態学的危機としての地球的環境問題、そして身体的危機としての健康問題をもたらし、それらの克服が現代的課題となっている。われわれが直面している「コロナ危機」においても、その現れを見ることができる。これに対して、現在進行中の技術革命は、労働の縮減＝失業をもたらす一方、労

（1）詳しくは、鈴木敏正・高田純・宮田和保編『21世紀に生きる資本論—労働する個人・物質代謝・社会的陶冶—』ナカニシヤ書店、2020。
（2）拙著『将来社会への学び』筑波書房、2016、p.191。
（3）大谷禎之介『図解　社会経済学—資本主義とはどのような社会システムか—』桜井書店、2004、p.15。

働からの解放による将来社会を実現するとされている。ユートピアとしても
ディストピアとしても、労働の行末が焦点となっているのである。まず、この
点の検討から始めよう。

　いまや経団連や政府の各省庁が、「超スマート社会（Society5.0）の到来」を
予測し前提としている。たとえば、現行の「第3期教育振興基本計画」では、
多くの仕事が「AIやロボット等により代替できるようになる可能性」（野村総
研の予測では49％の職業が代替可能）が指摘される一方、「これまでになかっ
た仕事が新たに生まれる」ことが考えられ、「メンバーシップ型雇用からジョ
ブ型雇用への移行や労働市場の流動化が一層進展すること」も予想している。
第Ⅰ編で既述のコーエンが格差拡大（中間階級没落、トップ総取り）を、ハラ
リが「役立たず階級 useless class」の大量発生を予測したのと同じデジタル社
会化の、楽観的予測である。

　上記職業構成予測をした野村総研（NRI）は、"デジタル化が拓く近未来"
についての研究成果を『デジタル資本主義』にまとめている。同書で「デジタ
ル資本主義」とは、商業資本主義、産業資本主義に続く資本主義の第3段階で、
「デジタル技術を活用して差異を発見・活用・創出し、利潤を獲得することで
資本の永続的な蓄積を追求するシステム」である[4]。「デジタル技術を活用し
て」以外は資本主義一般の定義である。デジタル時代には「GDPという指標
で見ると経済は停滞し、賃金は伸びないが、その一方で生活者は生活の質の豊
かさを享受している」という。それは、NRIが実施している「生活者1万人
アンケート調査」で、2010年頃を境に、自分の生活レベルが「上」ないし「中
の上」という回答が増えているということを根拠にしたものである（p.1-2）。

　「世間一般から見た自分の生活レベルに対する意識」から実際に「生活者は
生活の質の豊かさを享受」していると言えるかどうか、この間に急激に深刻化
した社会格差や、3.11後における危機的状況（「第2期教育振興基本計画」）も
ふまえて判断しなければならない。しかし同書は、それをデジタル資本主義に
特有の「消費者余剰の拡大と生産者余剰の縮小」と読む。そして、GDPでは

（4）森健・日戸浩之『デジタル資本主義』東洋経済新報社、2018、p.42。以下、引
　　用は同書。

捉えられない「生産者余剰＋消費者余剰＝総余剰」の視点から分析を加え、価格やコストよりも「支払意志」が重要な意味を持つような「デジタル資本主義の第3ステージへの道」を探っている（第7章）。

　そこでは「業種分類の崩壊」、すなわち「顧客とのアクセス等のビジネスインフラを提供するプラットフォーマーと、そのうえで特徴のある製品やサービスを提供する企業群に弁別される」ことを指摘している。そして、社会全体の動向としては、「労働社会から活動社会へ」、労働生産性から知識生産性へ、消費者と生産者の協同活動、あるいは生産者と消費者の境界の曖昧化などが指摘されている。それらは、農業・工業・サービスに続く「第4次産業経済」を提起したR. シュー（後述）や、農業社会・産業社会の後の『第三の波』としてとくに「プロシューマー（生産＝消費者)」の出現を予測したA. トフラーを想起させる[5]。NRIは、H. アーレント『人間の条件』（1958年）にふれつつ、「現在進行中のデジタル資本主義は、これまで私的領域に隠されていた個人の『活動』情報が公的領域に現れ、ビッグデータとして組織化されるという『活動社会』を生み出しつつある」（p.162）、と言う。

　ここでNRIは、世界史を交換様式から捉える柄谷行人『世界史の構造』（2010年）をふまえ、A 共同体、B 国家、C 資本（商品交換・貨幣と商品）に加えて、D デジタル・コモンズ（シェアリング）を提起する（p.184）。そして、今後の経済社会の三つのシナリオとして、デジタルが① Cを強化する「純粋デジタル資本主義」、② CとDの両方を強化する「市民資本主義」、③ Dを強化する「ポスト資本主義」（潤沢さの経済）、を提示する。その際、①と③は両極端のシナリオであり、とくに③は「SF的な要素が強い」思考実験であるとしている（p.217）。デジタル・コモンズ（シェアリング）が中心となる社会は思考実験であり、現実的には「市民資本主義」が将来像となると考えているかのようである。日本はデジタル化の先進国ランキングでは低い位置にあるが、消費者余剰の大きさやインターネット普及率の高さ、ロボットの普及などを考えれば「デジタル受容度」はかなり高いのではないかと評価されている。

（5）A. トフラー『第三の波』鈴木健次ほか訳、日本放送出版協会、1980（原著とも）、
　　p.21、具体例は第20章。トフラーの文明論的提起は包括的であるが、NRIはそ
　　れらがデジタルによって可能となったと主張しているようにも読める。

　最後に NRI は、「デジタル革命は、センサー技術やネットワークを駆使して、さらに奥深いところに存在する人間の感情や意志のようなものまでを、何とか表出化」しようとしているかのように見え、それに伴いアーレントのいう労働・仕事・活動という序列には「完全な転倒」が起こるという。すなわち、「自分が何者かをさらしていく『活動』の序列が最も高まり、次に人間の想像力をベースに世界を作り出す『仕事』が続く。そして『労働』はロボットや AI に代替されるにつれて序列が下がっていくだろう」（p.233-234）、と。ここでいう活動が「活動」（政治活動を中心とする）と同じであるかどうかは疑問であるが、「労働社会から活動社会へ」という提起は、将来社会論として、あらためて検討しなければならないだろう。次章で取り上げる。

　ここでは AI 時代の労働の変容について別の視点も見るために、さらに稲葉振一郎『AI 時代の労働の哲学』（2019 年）を取り上げてみよう。

　稲葉は、「AI が労働、雇用に対して与えるインパクト」という主題は、経済学と機械という「古くて新しい問題」であり、古典的な「機械化と雇用の問題についての一般論の枠」内にあると言う（p.115-116）。たしかに、自律的な人工知能機械の進化は、人間の精神活動をも代替するようになり、芸術や娯楽あるいは文化にしか人間らしさが残っていないかの議論もあるが、そのことを真剣に考えなければならないのは「当分先のこと」で、われわれはむしろ別のことを考えなければならない（p.136-137）、と。稲葉はそれを「人／物」二分法の解体に始まる問題であり、人工知能機械やロボットが人と物との中間にある存在となり、自然人にも手が加えられるようになっていくならば、人間も互いに別種の存在へ分岐し、人間の法的・道徳的な同格性や近代的「人権」理念はどこまで守り切れるのか、と問いかける（p.166）。

　稲葉は、「資本主義の下での労働の分析から、資本主義全体の分析へ」を提起し、AI 時代の資本主義論について次のようにまとめる（p.189）。すなわち、資本主義は①単なる市場経済ではなく、生産要素についての市場取引が行われる経済である、②完全競争とは程遠く、企業組織その他の組織によって補完される必要があるが、生産要素市場があるからこそ、新たな財、新たな技術が創出されるイノヴェーションが活発になる（イノヴェーションのインキュベーターとしての機能）、と。この理解をもとに稲葉は、「労働の未来」にふれてい

る（p.200-203）。

　彼によれば、マルクスの独自性は「社会関係としての資本」というアイデア
にあり、そこから「労働の多義性、とりわけ本来的な労働、社会的存在として
の人間の能動性、創造性の発揮としての労働と、それが資本主義の下で堕落
した、疎外された労働との二面性とを強調することが、面白味であると同時に、
その議論を混乱させる弱みともなっている」。上記のような理解に立てば、資
本にとって「経営管理的労働」は必須の構成要素であるが、「従属的労働」は
必ずしもそうではなく、物財、なかんずく機械によってある程度置き換え可能
なものである。長期的には、自律的に稼働しうる人口知能機械がビジネスの現
場に参入してくれば、「肉体労働はもとより経営管理業務や技術開発、創造的
業務にも参入してくる」ことになる。その場合には、「ある種の法的人格、財
産権やそれに伴う業務を備えた地位を、そうした機械、ロボットには付与せざ
るをえなくなる」、と。しかし、IoT や第4章第1節でふれたハラリのいう「デー
タ至上主義」[6] の動向を見ると、それは逆に、人間が物件＝データとなると
いうことに繋がらざるを得ないであろう。

　稲葉の主張は、経営管理労働の問題に立ち入っているとはいえ、やはり技術
主義的であることを免れていない。まず、ロボットや AI を導入した企業の労
働現場をふまえた検討が必要である。そうすれば、その労働過程は資本主義的
な「機械工業の原理」で成り立っていることを見ることができるであろう[7]。
AI 機械もロボットも「一般的知」（K. マルクス）の一部が凝縮された固定資
本であり、可変資本としての労働力と結合されて初めて機能する。もちろん、
管理労働（それに伴う労働者の階層分化）についての具体的な分析が必要であ
るが、その際には、「人間と自然を媒介・統制・管理」する「社会的管理労働」
も視野に入れなければならない。稲葉が重視する「生産要素市場」も「知財」
もグローバルな情報資本主義、それを推進する新自由主義的国家戦略、それら
に基づく「人材」確保・育成戦略のもとで展開している[8]。

　このような理解の上で、人間の「現実的生活過程」の全体をふまえた「労働

（6）Y. N. ハラリ『ホモ・デウス（下）』柴田裕之訳、河出書房新社、2018、第11章。
（7）この点に立ち入っては、友寄英隆『AIと資本主義—マルクス経済学ではこう考
　　える—』本の泉社、2019、を参照。

の未来」を考えることが必要である。そうすれば、消費生活はもとより、芸術
や娯楽あるいは文化のことを真剣に考えなければならないのは「当分先のこと」
だと言うことはできないはずである。ここではむしろ、NRI がいう「労働社
会から活動社会へ」といった提起を正面から考えてみる必要がある。次節以降
の課題である。

第2節　労働から活動へ：「労働の解放」

　前節でふれたトフラーは、第一の波＝「消費のための生産」にもとづく農業
社会は、第二の波＝「交換のための生産」にもとづく産業社会に移行し、今、
第三の波として再び「消費のための生産」、「自分のことは自分でやろうという
生活態度」が広まってきていることを指摘していた[9]。その担い手が「プロ
シューマー」と呼ばれたのである。シューは、その第三の波の発展を「労働か
ら活動へ」と表現し、生産様式（主導的生産要素、主たる生産のタイプ、経済
的交換調整の支配的な様式から成る）を、「労働－商品供給－商品生産」から「専
門能力－社会的需要－相互サービス」への移行と捉えたのである[10]。これら
の議論と事実上関わりつつ NRI は、アーレントによる人間活動の3区分（労働、
仕事、活動）をふまえ、「労働社会から活動社会へ」の移行を提起したのである。
　これまで人間活動の中でとくに労働を重視してきたマルクス主義的理解に対
しては、様々な批判があった。J. ハーバマスは労働に対する相互行為（コミュ
ニケーション的行為）の重要性を強調して『史的唯物論の再構成』を提起した
が、その後、尾関周二は「労働と言語的コミュニケーション」の統一的把握の
必要性を提起している[11]。アーレントもまた人間を「労働する動物」と考え

（8）佐貫浩『「知識基盤社会」論批判―学力・教育の未来像―』花伝社、2020、な
　　ど参照。
（9）A. トフラー『第三の波』前出、p.382-383。
（10）R. シュー『「第4次経済」の時代―人間の豊かさと非営利部門―』山本一郎訳、
　　新評論、1999（原著1997）、pp.94、174-5。
（11）尾関周二『増補改訂版　言語的コミュニケーションと労働の弁証法―現代社会
　　と人間の理解のために―』大月書店、2002。

るマルクス（エンゲルス）の一面性を批判し、アリストテレスの三つのカテゴリー、すなわち「他者のために労働し奴隷である人々、自分のために労働し自由ではあるが政治的とはなりえない人々、そして、奴隷を支配することで自分たちの生活の外にある労働を支配していた政治的動物たち、つまり自由市民自身」にしたがって、「政治的動物＝自由市民」の「活動」の重要性を強調した。

　そのマルクス批判の書を翻訳した「アーレント研究会」は、アーレントはマルクスが労働 labor と仕事 work を混同したと批判したが、仕事（ギリシャ語のポイエーシスに対応）は「自分の設計図に基づいて現実を作り上げようとする根深い傾向」という「全体主義につながる危険性」をもつと言う。これに対して「人々が必要に迫られた生活から解放された自由で平等な状況のなかで協同で生き、互いの固有なかけがえのなさを認め合うなかで話し合い公事を営むことこそが、積極的な意味で人間を人間的なものとする」とされている。具体的には祭りや演劇、政治的な話し合いや戦い、スポーツ競技などを意味する活動を action と表現しているので、本来は「協同活動」という言葉を当てた方が適切と思うが、それでも十分に意を尽くせないので「活動」と翻訳したと断っている [12]。

　前章で見たように、マルクスは人間の「生活過程」全体を視野に入れ、その将来構想として「自由な諸個人による協同組織 Assoziation」を提起しているのであるから、アーレントのマルクス批判は当たっていない。もちろん、アーレントのいう意味での「労働」社会を乗り越えるために「政治」を復権させ、公共空間を創造していくことは重要な課題である [13]。第Ⅰ編では「社会的協同」活動の展開論理に触れ、「活動」において最も重視されている「政治」に関わる民主主義の課題について述べた。ここでは、労働と仕事、「祭りや演劇」、そして政治の区別も念頭に置きながら、近代の労働観と「活動」の関係、「労働

---

(12) H. アーレント『カール・マルクスと西欧政治思想の伝統』アーレント研究会訳、大月書店、2002（原著1953）、pp.v-vi、23-25。

(13) たとえば、アーレントの提起をふまえて、近代的「労働」と経済学の批判をし、「社会の目的について討論し社会的きずなを構築する術（l'art）」としての政治の重要性を強調した、D. メーダ『労働社会の終焉―経済学に挑む政治哲学―』若森章隆・若森文子訳、法政大学出版局、2000（原著1995）。

社会から活動社会へ」の展開の意味を考えていくことにしよう⁽¹⁴⁾。

　前節でふれた稲葉は、AIと労働について検討するにあたって「近代の労働観」について述べている。そこでは、A. スミス、G. W. F. ヘーゲル、そしてマルクスの検討から、近代の「労働」概念には、「人間を人間たらしめている、世界に対する積極的なはたらきかけ一般を指すと同時に、経済活動における、具体的なものから切り離され、かつ雇い主の指揮命令下に柔軟になされる、融通無碍な人間によるサービス一般」という「奇妙な二重性」があるとしている（前掲書、p.15-30）。マルクスの言う、具体的有用的労働と抽象的人間労働の矛盾とそこから生まれる「労働の疎外」の問題であろう。しかし稲葉は、両者の矛盾を出発点としたマルクス『資本論』におけるその後の労働論の展開を踏まえることなく、アーレントとハーバマスの「労働中心主義」批判をそのまま受け入れる一方、「労働力商品」を売買という形式でのみ捉えるマルクスを批判して賃貸借・請負・委任といった契約・取引形式を展開する方が実り多かったのではないか、と言う（同上、p.43）。たしかに、AI時代の労働について多様な契約形式として検討することには一定の意味があるが（例えば、非正規労働の多様性）、近代の労働観そのものへの批判には対応できないであろう。

　そこで、フランスの現代思想を近代の労働観に焦点化して考察し、「非対象化労働」の重要性をふまえて「具体的有用労働と抽象的人間労働」の新しい解釈をした、今村仁司『労働のオントロジー』⁽¹⁵⁾をみておく必要がある。今村によれば、近代の労働観ではほとんどが「労働」を「生産としての労働」＝対

---

(14) その際にアレントが、芸術理解において「制作」が優位を占めたギリシャ文明に対して、農耕（自然を養うこと）との関連を重視したローマ人の考え方によって、文化の独自の位置づけをしていることも、本章とのかかわりでふまえておくべきであろう。彼女によれば、ローマ人が考えた文化人＝ヒューマニストとは「さまざまな人びと、事物や思想の中から、自らの友とするべきものを選択するすべを心得ている人」であり、ヒューマニズムは「文化的精神、すなわち世界の事物を気遣い、保存し称賛するすべを心得ている態度」によってもたらされる。H. アレント『過去と未来の間』疋田隆也・斎藤純一訳、みすず書房、1994（原著1968）、pp.287、305-306。

(15) 今村仁司『労働のオントロジー──フランス現代思想の底流──』勁草書房、1981。以下、引用は同書。

象化労働として捉えてきた。これに対して「非対象化労働」の重要性を理解していた例外は、フーリエとマルクスであった。

　フーリエは「いやな労働」（メカニカルな身体活動としての生産活動）と区別して「楽しい労働」（労働をも楽しくさせる労働）を提起した。それはアソシアシオンの活動、すなわち非対象化的に結合（アソシエ）する協働関係、何よりもまず、互いにひきつけあう力そのものである（p.221）。マルクス（エンゲルス）は『ドイツ・イデオロギー』で、このフーリエ的アイデアを受けて、「自由な時間で自由に活動する人間のふるまい」＝非分業的活動はアソシアシオンによって可能となると考え、「自由な人間たちのアソシアシオン（連合＝協働）」をユートピア＝将来社会像とした（p.222）。

　今村はさらに、『資本論』ではフーリエの二つの労働論を、「具体的有用労働」＝生産としての労働と、「抽象的人間労働」、すなわち「社会的労働」あるいは「協働＝アソシアシオン」とし、後者を、生産系の世界を「尺度する」（とりまとめる、ひとつのところへと収斂させるアクシオス）ものとしたと言う。それゆえ、抑圧された社会的労働（尺度）を復権することがアソシアシオニスムとしてのソシアリスムの建設に不可欠・不可避であることをマルクスは主張したのだ、と（p.223）。これまで「抽象的労働」の展開は、「抽象の支配」として否定的に考えられる場合が多かった[16]。「抽象的人間労働」＝「社会的労働」はともかく、それを「協働＝アソシアシオン」と等値するためにはいくつかの媒介項が必要である。今村は、マルクス『経済学・哲学草稿』では対象化労働に対して「享受」が、マルクス／エンゲルス『ドイツ・イデオロギー』ではさらに「労働の廃棄」が主張されていることに注目している。

　すなわち、「人間は交換、生産、かれらの相互関係のあり方を自由に支配しうる力を取り戻す」こと、そのことによって「生産活動も、諸個人が交流しあう交通形態も、真の意味での対象化活動、『人間の自己産出活動』になり、『自己表出』活動になる」、そうして「物質的生活の生産と自己表出活動は一体となり、仕事の分割が個人において消失する限りで、『全体的』個人の展開が可

---

(16)最近のものとして、M. ポストン『時間・労働・支配』白井聡・野尻英一訳、筑摩書房、2012（原著1993）、横田英一『ネオリベラリズムと世界の疑似─自然化』梓出版社、2016。

能になる」という『ドイツ・イデオロギー』の将来社会像が生まれたと言うのである。それは後の『経済学批判要綱』や『資本論』で展開されている将来社会論にもつながっている。そこで諸個人は、連合＝アソシアシオンにおいて自由と自立を得る「社会的個人」である、と（p.248-253）。

　筆者は、『経済学批判要綱』における「豊かな個性を持つ社会的個人」に至る形成論理を確認しているが⁽¹⁷⁾、それは『資本論』においてさらに精緻に展開された物象的関係の中で進行する自己疎外＝社会的陶冶過程の論理をふまえてのことである。「非対象化労働」の展開としてではない。今村は、アソシアシオンは協働関係（zusammenwirkende Verhalten）として「互いに引きつけあう力そのもの」であり、スピノザの意味での「実体的活動」であると言うが（p.221）、抽象的人間労働はまさに「価値実体」であり、それは交換価値として、さらに商品・貨幣・資本として物象化されていく。その矛盾関係の中で展開する「実体の弁証法」、「実体としての人格」⁽¹⁸⁾の展開過程においてアソシアシオンを理解する必要がある。「協働関係」は、「協業 Kooperation」を出発点とした「労働の社会化」として展開する。今村は「社会的個人」は「ツーザメンヴィルケンとコーオペラチオンにおいて・それを土台にして・自由に自立的に生きる諸個人」だとしているが（p.254）、そうであれば、資本そして現代資本主義の下での Zuzammenwirken（協働）と Kooperation（協同）の展開をふまえて「社会的個人」の形成過程を検討しなければならないであろう。

　今村はのちに、現代の労働体験の事例を踏まえ、そこに私的だけでなく公共空間での「対他欲望」＝「対等な人間関係、公的な人格の相互承認を求める欲望」＝「正義への欲望」があるとしている。そこには「二つの正義」、一つは「労働と成果に応じた」承認、二つは「対等な人格としての承認」＝「同等性の正義」があり、この両者が統一されるときに「公平の正義」が実現される。しかし、「人格的承認なしには労働に応じた承認すら実現しない」。かくして、「労働文明の転換」が迫られている今日、「労働人間で満足するのか、自由な人格として共同の事物を思考し、ひいては人間存在の意味を考えながら生きるのか」という選択がわれわれに課されている、と⁽¹⁹⁾。あらためて、存在論的な人間理解に

(17)拙著『主体形成の教育学』御茶の水書房、2000、第3章を参照されたい。
(18)同上、第4章を参照されたい。

立ち戻って、「自由な人格」の生成・展開論理が検討されなければならないであろう。

　筆者は、人間的活動とはほんらい「自己実現と相互承認の実践的統一」（＝主体形成）だと考えている。D. メーダは、近代以降における労働社会の出現＝経済思想の支配＝政治学の衰退の中で、「個人の自己実現および社会的きずな」が「労働」に縮減されてきたことを批判し、生産活動（労働）以外の人間活動、とりわけ共通善（集合的財）の「納得のいく配分様式」に関わる「政治」の復権を主張した。それは「個人の自己実現および社会的きずな」、すなわち「自己実現と相互承認」の領域を社会全体に拡充していくためであろう[20]。「裸の資本主義」が展開する 21 世紀の自己疎外＝社会的陶冶過程をふまえて、人間存在の将来像が考えられなければならない。そこでは、「正義」に関わる倫理や政治だけでなく、芸術や文化、資本主義社会では周辺に置かれている諸活動も視野に入れていく必要がある。次節で検討しよう。

第3節　「労働からの解放」と「生活の芸術化」

　A. ゴルツは『労働のメタモルフォーゼ』で、前節で見た「楽しい労働」＝「魅力的労働」の理論、「労働者の全能力の発展による全生産力の調和」の理論を裏付けるようなものは何もない、と言っていた。マルクスは「労働のなかでの解放」としての「労働の解放」を求め、「生産力も人間自身による人間の発展も、ふたつながら再調和させるかもしれない歴史主体」を求めたが、それは「根拠のないユートピア」である、と。「時間の解放による人間の自由な開花が達成

---

(19) 今村仁司『近代の労働観』岩波新書、1998、pp.177-181、191。
(20) D. メーダ『労働社会の終焉』前出、pp.7、294、および第 9 章。その将来像は、労働の縮減による「時間に対する新しい関係の創出という画期的な個人的・集団的価値」の実現であり、「時間を制御したり組織化したりすることが再び本質的な術としてよみがえるであろう」（p.301）とされている。マルクスをはじめとする「労働解放のユートピア」論批判（第 6 章）にもかかわらず、この将来像はマルクスが『経済学批判要綱』において、将来社会においては「時間の経済」が支配的となり、富の尺度は「処分可能な時間」だと考えたことに重なるであろう。

されるとすれば、それは〈歴史〉の意味がそうであるからではなく、私たちが
そのような意味をもつ歴史をつくるから」で、その実現は「政治的意志と、そ
の源である倫理的希求」それ自体を足場にするほかない⁽²¹⁾。新しいユートピ
ア＝時間解放社会は、「労働からの解放」を通して行われる。「労働時間の短縮
によってこそ、人間は新たな安らぎや『生活の必要』からの隔たり、実存的自
律性を獲得することができるのであり、それが労働のなかでの自律性を拡大し、
人間の目的を政治的にコントロールし、自発的で自主的に組織された活動を広
げることのできる社会的場をつくることを要求するよう、人間を導くのである」
（p.174）、とゴルツは主張した。

　「労働日の制限」が労働者の社会的・文化的・教養的活動の発展に不可欠で
あり、労働時間の短縮が「自由の国」への根本条件であると言うマルクスの指
摘を考えるまでもなく、ゴルツの言う「時間解放社会」は、（ゴルツの批判に
もかかわらず）マルクスの主張そのものである。問題はそれを遠いユートピア
ではなく、今日的状況をふまえて「労働からの解放」を媒介にした「労働の解
放」をどのように考えるかである。ゴルツは、付録「労働組合員などの左翼活
動家のための要約」で、「3種類の労働」を区別している。①経済的目的を持っ
た労働、②家事労働と自分のための労働、そして③自律的労働（それ自体を目
的として、自由に、必要性をもたずに行われる自律的活動）である。③は「労働」
と言うよりも「活動」そのもので、「芸術あるいは哲学、科学、人間関係、教育、
慈善、相互扶助、自家生産など、人間を開花させ、豊かにし、意味と喜びの源
泉になると感じられるすべての活動」とされている。その上で、今日の経済は
次第に①の賃労働を次第に必要しなくなってきており、20世紀はじめにユー
トピア的だった③の活動も部分的にユートピアでなくなり、「経済的・商品的
合理性からの解放」が可能となってきたが、それが可能であることを具体的に
示す行動、とくに「文化的行動、『オルタナティブな活動』の発達が特別の重
要性をもつ」ようになった、と述べている（p.366-369）。

(21) A. ゴルツ『労働のメタモルフォーズ　働くことの意味を求めて—経済的理性
　　批判—』真下俊樹訳、緑風出版、1997（原著1988）、p.163-166。以下、引用ペ
　　ージは同書。

　第4章でみた脱成長論の代表者ラトゥーシュは、経済成長論を超えるために倫理学、さらに美学的視点を重視し、脱成長のユートピア論の代表として W. モリスを位置付けていた。第5章で取り上げた共著『21世紀のマルクス』のなかで最終章を担当した尾関周二は、「もうひとつの未来社会像」としてモリスを位置付けている。エコ社会主義者・コヴェルもモリスを評価していた。そこで本節では、「生活の芸術化」や「田園社会主義」を提起し、ラスキンとともに文化経済学の先駆者[22]とされているモリスの提起をふまえて、将来社会論と芸術・文化の関係を検討しておくことにしよう。

　モリスがその晩年、イギリスの社会民主連盟（SDF）の機関誌『正義』に投稿した「私はどうして社会主義者になったか」と言う文章がある。そこでモリスは自らを、歴史を学び、芸術実践に情熱を燃やしてきた「実践的社会主義者」であり、彼が理解する社会主義とは「すべての人が平等な条件のもとに生活し、無駄を出すことなく、自分たちの暮らしをまかなっており、一人を傷つけることはすべての人を傷つけることになると、はっきり自覚している社会」で、「共同の富（コモンウェルス）を共有する共同体」だと述べている[23]。彼が「共同体社会主義者」だとされる所以であろう。その文章の最後では、「文明が、労働者をあんなにも痩せこけた、哀れな存在に貶めてしまったために、労働者にはいま耐え忍んでいる生活しか見えず、それよりも少しでもましな生活へとどう醸成するかが、わからない」という状況に置かれている、だからこそ、「芸術は、生きるにふさわしい豊かな生活の真の理想を彼らに指し示し、芸術の本分を全うすべきだ」、「美を感じ、創造すること、つまり本当の喜びを堪能することが、日々のパンと同じように必要だと感じられる人間の暮らし」が奪われてはならない、と言う。こうした主張と彼のライフヒストリーから、モリスは「芸術社会主義者」だとも呼ばれている。

　モリスはしかし、（エンゲルスの批評などで知られているような）センチメンタルなユートピア主義者だった、とは言えない。エコロジーの視点からモリ

(22) 池上惇『文化経済学のすすめ』丸善ライブラリー、1991、同『文化と固有価値の経済学』岩波書店、2003。
(23) W. モリス『素朴で平等な社会のために─ウィリアム・モリスが語る労働・芸術・社会・自然─』城下真知子訳、せせらぎ出版、2019、p.3。

スは、資本主義の展開が「人間と自然の物質代謝の亀裂」＝「絶対的疎外」を
もたらし「労働過程を極めて浪費的な形態」＝「無駄な骨折り労働」に転化す
ることを「大々的に認識した最初の人物」だと評価されている[24]。モリスの
社会主義とくに「共同体社会主義」を高く評価しているのは大内秀明であるが、
その最大の根拠は、F. B. バックスとの共著『社会主義』に見られる『資本論』
理解と社会主義評価である[25]。

　「生活の芸術化」を主張したモリスは、代表的な「労働からの解放」論者と
考えられよう。しかし、それほど単純ではない。同上書「序論」では、「社会
主義」は経済・道徳・政治の文明的大変革であるが、「そのために不可欠な基
盤は、労働者階級がみずからの労働とその産物への管理権（コントロール）を
付与される地点にまで高まっていくこと」であると言っている。そして、その
ことを理解してもらうために、社会主義の理想や理念を述べるのではなく、「歴
史的方法」をとると言っている。「新しい社会」はその後で述べるが、それは「個
人的な意見以上のものではありえないし、さらにこれに重点をおかない」と言っ
ている。そこで、労働時間を削減して自由を獲得するというのではなく、「労
働を喜びに」する社会主義が語られているのである[26]。これらから見ればモ
リスらの主張は、「労働への解放」から「労働の解放」へ、だと言うことがで
きよう。

　同書では、古代以後パリコミューン（1871年）に至る世界史と、社会主義
の思想および運動を整理した上で、当時をユートピストから社会主義への移
行の時代と認識し、ユートピア社会主義者の思想と活動を批判し、これにマ
ルクスの「科学的社会主義」を対置させている。その第19章「科学的社会主
義」はほとんどマルクス『資本論』第1巻の紹介であるが、その最後に、よく
知られた第24章第7節「資本主義的蓄積の歴史的傾向」が引用されている[27]。
そして、第20章で当時のイギリスの〈社会主義〉運動の動向を分析し、それ

(24) J. B. フォスター「マルクスと自然の普遍的な物質代謝の亀裂」岩佐茂・佐々木
　　隆治編『マルクスとエコロジー』堀之内出版、2016、p.69。
(25) 大内秀明『ウィリアム・モリスのマルクス主義』平凡社新書、2012。
(26) W. モリス/E. B. バックス『社会主義―その成長と帰結―』川端康雄監訳、晶
　　文社、2014（原著1893）、p.23。以下、引用ページは同書。

　らが「大衆の意見と切望が徐々に変化することと組み合わさって」いくことが
「〈社会主義〉体制の始まりをもたらす唯一の手段」(p.210) だと結論づけてい
る。社会主義は大衆の意識変革にかかわる実践を抜きに現実のものとならない、
という主張であろう。それは本来、商品・貨幣・資本の展開にともなう物象化、
そこで進行する労働者の自己疎外＝社会的陶冶過程をふまえてリアリティをも
つことになるはずであるが、モリスらの科学的社会主義＝『資本論』分析には
そうした視点は見られない[28]。そのような限界を持ちながら、ある意味では
それゆえに独自な「勝ちとられた〈社会主義〉」論、すなわち社会主義像の「個
人的意見」が、最終章で示されるのである。

　そこでは、「自由と協同」を基礎とした移行期のシステムとして「連邦制の
原理」が提起されている。一つに、地域に根ざしたもので、地理的・地勢的な
場所や民族や言語により政策決定がなされ（町区＝タウンシップを最小単位と
する）、もう一つに、産業は職業ギルドと似たようなやり方で組織されるとさ
れている(p.214)。「共同体社会主義」の具体化であろうが、前者の「コミュニティ
（共同組織）」と後者の「アソシエーション（協同組織）」が両輪となっている
ことが注目される。本書第2章で検討した J. デューイの民主主義論が未完の
テーマとしたものの、ひとつの回答とも言えよう。デューイは、「民主主義と
は自由で豊かな交わりを持つ生活」であり、「自由な社会的探求が豊かで感動
的なコミュニケーションの芸術と固く結びつけられる時、民主主義はその極致
に達する」と述べていた。民主主義の極致＝社会主義において「コミュニケー
ションの芸術」に基礎的な位置付けを与えていたのである[29]。

　モリスらが考える「社会主義」の統治組織の下で、宗教・道徳をはじめ、「社

---

(27) 大内秀明は、「所有者の労働に基づいた個人的な私的所有」の部分にモリスが、
　　そこでは「精神的な面から見れば、連合・アソシエーションの原理によって、
　　かなり明確に支配されていた」という注記をつけたことに注目している。「否
　　定の否定」による「個人的所有」論や「収奪者が収奪される」といったヘーゲ
　　ル的弁証法への批判、モリスの「ギルド的社会主義」の側面が明確だと考える
　　からである。大内『ウィリアム・モリスのマルクス主義』前出、p.114-115。
(28) それは、モリス／バックスを経済学的視点から検討した大内秀明の場合でも同
　　様である。『資本論』における物象化＝自己疎外＝社会的陶冶論については、
　　鈴木・高田・宮田編『21世紀に生きる資本論』前出、第6章を参照されたい。

会主義の倫理」に基づく日々の生活、家族や職業が説明されている。そこで注目されることは、「労働に起因する喜び」が増大し、必要な仕事を楽しみに転化するところから「確たる芸術」が生まれてくるとして、芸術に多くの字数を割いていることである。労働から仕事を経て芸術へという方向性の指摘だと言ってよいが、それこそ「自己実現と相互承認」の領域を拡充する諸実践であり、そこで展開する「協働活動」が「コミュニティ（共同組織）」と「アソシエーション（協同組織）」の活動を活性化すると言う関係になっていると考えることができる。「協同・協働・共同の響同関係」[30] の形成である。

　「生活の芸術化」に関しては、芸術を付随的芸術（建物から留針まで、多少なりとも長持ちする日用品の生産に楽しみが混じるときに無意識に発展したもの）と、実質的芸術（職人技術を駆使した作品であって、芸術品であることを存在理由とし、ある種の明確な意味や物語を伝えることを図ったもの）に区分しながら、「すべての労働は一定の条件下では喜びとなる」（フーリエ）ことを主張しているのである（p.222-224）。すなわち、生計の不安からの解放、労働時間の短縮、職種をいろいろ変えることができること、負担となる労働への機械の利用、能力と特性に応じた職業を選ぶ機会をすべての人が持てること、そして、「装飾の導入によって労働の慰安が得られること、つまり労働者にとってそれを作ることが喜びとなること」、である（p.224）。このことを、建築（付随的芸術と実質的芸術の連結点＝アソシエーションの芸術＝協同社会の代表的芸術）、絵画、演劇、音楽、衣食住、そして都市空間についてふれつつ提案し、最後に、「都会と田舎の対立――そして都会が田舎から生気を吸い尽くしてしまう傾向――を一切無くしてしまうこと」を提起しているのである。これらに対応して教育は、「人それぞれがその本性にみちびかれてむかうあらゆる方面で、自身のもてる力を最大限に発揮する習慣になるであろう」と述べてい

---

(29) J. デューイ『公衆とその問題―現代政治の基礎―』阿部斉訳、ちくま学芸文庫、2014（原著1927）、p.227。『経験としての芸術』（1931年）をはじめとする後期デューイの経験主義的・コミュニケーション論的芸術論の展開については、上野正道『学校の公共性と民主主義―デューイの美的経験論へ―』東京大学出版会、2010、とくに第4章。本書第2章第4節参照。
(30) 拙著『増補改訂版　生涯学習の教育学』北樹出版、2014、第Ⅳ章第4節、同『将来社会への学び』筑波書房、2016、補論Aの3。

る（p.231）。「自由な社会的個性」の展開である。

　「生活の芸術化」を主張し実践した「芸術社会主義者」、そして小説『ユートピアだより』を書いた「田園社会主義者」の面目躍如というところであろう。モリスの講演録などを邦訳した城下真知子は、モリスの思想のユニークさを、以下の7点にまとめている。①無駄を大量生産する資本主義への批判、②自然破壊への怒り、③多様性を認め、尊重する、④平等な社会を求め、独裁者を憎む、⑤あえてユートピアを語る、⑥独特の芸術観、⑦労働の本質的省察、である。⑥では、日常生活の中で芸術を考えると言うだけでなく、「労働は本質的に芸術」であり、過去の人間たちの思考も反映すると言う歴史的規定を持っていることを理解していたということ、⑦では、工芸作品の生産という自らの経験をとおして「芸術は人間労働の喜びの表現である」という労働の本質を捉えた、ということが指摘されている[31]。

　その際に、実質的芸術と付随的芸術（あるいは大芸術と小芸術）を区別しながら関連づけ、工芸職人としての経験から「労働から、仕事を経て、芸術へ」の論理を発展させ、「生活の芸術化」を主張したことが、モリスの最大の特徴であろう。バックスとの共著における将来社会＝「勝ち取られた社会主義」では、「人間を高めて、知的な幸福と喜ばしい活力を未だ到達しえない次元まで導く」、「人はまず身体の欲求をみたし、それから知的、道徳的、美的欲求を満たすことで喜びを得ることになるであろう」と展望していた[32]。その将来社会のシステムで「職業ギルド」的組織が位置付けられているのも「生活の芸術化」を重視していることの現れであろうが、もう一つの「地域に根差した」システム、すなわち「町区（タウンシップ）」と合わせて、「労働を喜びに」（フーリエ）するような社会が考えられたのである。

　最後に、モリスが「生活の芸術化」や「田園社会主義」、「共同体社会主義」の将来社会論を、小説『ユートピアだより』のような形で表現したことの意義についてふれておこう。モリスはその講演「未来の社会」（1887年）で、自らを分析的タイプというより「構築的タイプ」だと言い、そうした立場から将来

---

(31) W. モリス『素朴で平等な社会のために』前出、「訳者あとがき」参照。
(32) モリス／バックス『社会主義』前出、p.232-234。

社会像を提示することの重要性を強調している。「この想像、この希望、もっと言えば、未来の夢の数々こそが、多くの人を動かして社会主義者に」させ、「科学や、政治経済や、自然淘汰説から導き出された、冷静な理性だけでは動かなかった人々を動かした」からである⁽³³⁾。ここに、「科学的社会主義」をふまえながらユートピア的将来社会論を提示することの重要な意味が表現されていると言える。

　生活から始まり、付随的芸術を経て、実質的芸術への「生活の芸術化」の展開論理、それを地域に根差したものにするための組織や実践の論理を明らかにし、さらに将来社会論に結びつけることは後に残された課題となっている。「生活の芸術化」の今日的意義を強調していた池上惇は、芸術と産業が一体化していた近代以前から、とくに産業機械化の発展以降、両者が分離し（付随的芸術と実質的芸術の分裂を含む）、今日の情報社社会化の中で両者の再結合が進むことを展望していた⁽³⁴⁾。

　世界人権宣言（1948 年）には「文化生活に参加する権利」が規定され、戦後日本は「文化国家」として出発したはずであった。しかし、日本で「文化芸術振興基本法」が制定されたのは 2001 年、ようやく「文化芸術創造享受権」を具体化し、「生活の芸術化」を地域から社会全体に広げていくことが課題となってきた。その動向と具体的実践については、第 10 章で取り上げよう。

第4節　近未来への将来社会論

　以上で見てきた「実践的社会主義者」・モリスの将来社会論に学ぶならば、「ユートピア（現実にはどこにもない場所）」を構想することの意義を大切にしつつ、現段階の世界と日本で展開されている「すでに始まっている未来」の実践の蓄積に基づいた「近未来」への将来社会論が必要となるであろう。

　筆者は、いわゆる冷戦体制崩壊後のグローバリゼーション時代の「双子の基本問題」を、グローカルな環境問題（自然 - 人間関係）と格差・貧困・社会的

(33) W. モリス『素朴で平等な社会のために』前出、p.206-207。
(34) 池上惇『情報社会の文化経済学』丸善ライブラリー、1996、p.59-63。同『生活の芸術化—ラスキン、モリスと現代—』丸善ライブラリー、1993、第 5 章も参照。

排除問題（人間 - 人間関係）と考え、両者を同時的に解決しようとする諸実践を検討してきた。そして、この課題に「人間の自己関係」としての教育の視点から取り組む実践、とくに「持続可能で包容的な地域づくり教育 Education for Sustainable and Inclusive Communities, ESIC」の実践（**図 5-1** 参照）の分析を通して、「持続可能で包容的な社会」を近未来社会像として考えてきた[(35)]。これを将来社会論として本格的に展開していくためには、これまで見てきた多様な将来社会論をふまえた拡充が求められるであろう。

　ここでは、尾関周二『多元的共生社会が未来を開く』（2015 年）を取り上げてみよう。尾関は後に同書の補論としてモリス社会主義論を再検討し、同書での将来社会構想は、「モリスの社会主義に意外と近いところ」があり、今日、「モリスの『ユートピアだより』のバージョンアップが再度試みられてもよいかもしれない」と述べている[(36)]。「多元的共生社会」は筆者のいう「持続可能（エコロジカル）で包容的な（異質な他者を排除しない）社会」に重なるところが多いが、尾関の提起は、日本で形成されてきた〈共生〉と〈農〉の思想を引き継ぐものである[(37)]。その積極的意義については、すでに亀山純生の丁寧な書評[(38)]があるので、ここで屋上屋を重ねることはしないが、亀山は同書の思想的・理論的な問題提起として、次の四つを挙げている。

　すなわち、①〈農〉の人間学的基礎・社会哲学的意義の初の本格的解明、②史的唯物論の再構成による「新しい世界史」、多元的共生社会に向けた世界システムと「環境福祉国家」の提起、③共同体解体を経てアソシエーションへと

(35)拙著『持続可能で包容的な社会のために』北樹出版、2012。

(36)尾関周二「『多元的共生社会が未来を開く』補論―モリスの「社会主義」を考える―」『環境思想・教育研究』第 9 号、2016、pp.98、105。

(37)尾関周二『多元的共生社会が未来を開く』農林統計出版、2015。尾関周二・亀山純生ほか編『〈農〉と共生の思想―〈農〉の復権の哲学的探求―』農林統計協会、2011、も参照。「総論」で尾関は、〈農〉を基礎とした「エコロジー文明」を提起していた（p.21）。

(38)亀山純生「書評　多元的社会が未来を開く」『季論』第21号、2016。なお、『環境思想・教育研究』（第 9 号、2016）は、同書の合評会をふまえた「特集Ⅱ」を編集し、渡辺憲正の書評を掲載している。〈共生（kyosei）〉原理の再考（穴見慎一）、資本主義の廃棄と多元的共生社会との関係（渡辺）など重要な提起もあるが、ここでは立ち入らない。

いう進歩史観ではなく、アソシエーションの基礎に共同体、〈農〉の自給的共同体を基礎付けること、④史的唯物論的人類史に「精神史」を位置付け、思想史の新しい視点を拓くことである。②は、コミュニケーション論的マルクス理解と「物質代謝史観」のことであるといえる。①の「人間学的基礎・社会哲学的意義」については上柿・尾関編『環境哲学と人間学の架橋』（2015年）があり、筆者は同書に関するノートを、また、全体にかかわる「共生システム」については、尾関・矢口監修『共生社会　Ⅰ』（2016年）の書評を書いているので[39]、筆者の理解については、さしあたって、それらを参照されたい。

　本編でも見てきたように、20世紀以降の将来社会論は、肯定的にであれ否定的にであれ、マルクス（およびエンゲルス）の共産主義・社会主義論を巡ってのものが多かった。その将来社会論の今日的理解については別稿[40]で述べたが、本書ではいわゆる「新メガ」をふまえたマルクス理論の最新研究として伊藤誠ほか『21世紀のマルクス』を取り上げた（第5章第2節）。同書で経済学者・伊藤は②にかかわる多元的な「21世紀型社会主義」の提起、社会哲学者・平子友長は③にかかわる農業共同体の提起とそれにもとづく市民主義的社会主義論批判をし、尾関は①と③にかかわる「物質代謝史観」の視点からモリスの田園社会主義に注目していた。

　伊藤は、別著で改めてマルクスの思想と理論を再検討し、先進国における21世紀型社会主義は「おそらく21世紀型社会民主主義により新自由主義的資本主義をのりこえることから、新たな展望を開いてゆくステップをふんでゆかなければならないであろう」と述べている。尾関のいう「環境福祉国家」や「国際連帯国家」は、ここに位置付けて考えることができる。伊藤には、『資本論』の体系構成は「資本主義と市場経済との理論的分離可能性と、それにもとづく市場社会主義の理論的可能性にも重要な論拠を示唆している」という宇野理論的理解と、『資本論』による社会主義論は「剰余価値廃止論ではなく、その敵対的搾取廃止論であった」という解釈が前提にある[41]。

(39) 拙稿「環境哲学と人間学の実践的統一のために」『環境思想・教育研究』第9号、2016、同「〈書評〉 尾関周二・矢口芳生監修『共生社会　Ⅰ　―共生社会とは何か―』」『共生社会システム研究』Vol.11　No.1、2017。
(40) 拙稿「将来社会論としての教育学」前出。

　マルクスの経済学体系の再検討をふまえた国家論が必要である。『21世紀のマルクス』では国分幸が、社会主義国家論として「非政治的国家」論について論じている。それは第1章で触れた「政治的国家の市民社会への再吸収」（A. グラムシ）に相当し、「環境福祉国家」はより民主的な「政治的国家」であろう。現代民主主義の課題については第Ⅰ編で述べたが、現代国家論の動向をふまえた「移行期国家」の検討が課題として残されている。新福祉国家論や第4章第2節でふれた「プロジェクト・ゼロ」（P. メイソン）などの吟味から始める必要があろう⁽⁴²⁾。

　平子は、マルクス『経済学批判要綱』とくに「資本主義に先行する諸形態」の再解釈と『マウラー抜粋ノート』の検討から、「人類史の起点は私的所有にではなく『農業共同体』に据えなおされた」として、市民主義的将来社会論を批判したが、そこで自身の将来社会論を展開しているわけではない。農業共同体の再検討は、『経済学批判要綱』の（原始的蓄積論の視点で書かれている）「資本主義に先行する諸形態」論で展開された所有論・共同体論だけでなく、農業生産様式とくに農法の比較検討にまで進まなければならない⁽⁴³⁾。

　マルクスの農業と農業共同体の理解については、『フラース抜粋ノート』の研究によって、それまでのリービッヒの化学論にもとづく物質代謝論から自然生態学的なものへと転換があったことが注目されている⁽⁴⁴⁾。フラースは、狭義の農学だけでなく、森林伐採や気候変動まで含めて農業のあり方を考えており、第4章で見た「文明崩壊論」（J. ダイアモンド）ともつながる可能性を持っていた。ダイアモンドも指摘していたように、文明存続のためにも森林保全計画が不可欠である。とくに農業にかかわっては、形成と侵食のバランスの下に成り立つ「土壌」の保全計画が求められる。今日、各生態域の森林保全・土壌保全の上に立った、持続可能な農業のあり方、とくに農法論的な検討が求めら

(41) 伊藤誠『マルクスの思想と理論』青土社、2020、pp.186-187、211。
(42) 現代国家論の動向については、拙稿「資本蓄積体制と社会制度」北海学園大学『開発論集』第103号、2019。
(43) 中村哲編『『経済学批判要綱』における歴史と論理』青木書店、2001、とくに第5章「農業・環境問題とマルクス」（野田公夫稿）参照。
(44) 岩佐茂・佐々木隆治編『マルクスとエコロジー』前出、とくに第3部第1章「『フラース抜粋』と『物質代謝論』の新地平」（斎藤幸平稿）参照。

れている。

　たとえば、イギリスをモデルとした資本主義的農業は、三圃式から穀草式を経て輪栽式へ、あるいはエンクロージャーによる羊放牧経営へとして理解されるが、それらのエコロジー的評価は農法の具体的検討とその地帯論的比較検討を抜きに判断することはできないであろう[(45)]。『土の文明史』で知られるモントゴメリーは、その後の農法の展開も踏まえ、有機農業や不耕起農業などの今日的可能性を評価しながら、「生態系・生命系としての土壌」を考える必要性を強調している[(46)]。エコロジー自体も、遺伝子や微生物のレベルから地球生態系までを視野に入れ、たとえば生物多様性についての議論が、個体から種そして生態域、人間にとっては生態系サービスから風土、文化的多様性やバイオ・デモクラシーなどをふまえた「共生的進化」理解に広がってきている中で、エコロジーが政策的・実践的課題となっていることを念頭におかなければならないであろう[(47)]。その上で、**表 4-1** の全体を視野に入れた人間の個人的・集団的実践が問われているのである。そうした理解は、今日の「新型コロナウィルス」への対応においても求められていると言える。

　エコロジカルな「持続可能な農業」が叫ばれている今日、国連家族農業年（2014年）や国連食糧農業機関（FAO）の「家族農業の 10 年」（2019-28 年）に示されるように、農民的家族経営の重要性が理解されてきている[(48)]。ここでふまえておくべきは、マルクス『資本論』第 3 部の地代論における「農民的分割地所有論」に見るように、農民的経営は農民の「人格的自立化の基盤」であるということと、農村家内工業や共同体組織によって補完されて存在してきたということである。それゆえ、小農たとえば日本の戦後自作農、その農法・農業経営の変容は、それら全体の中で検討されなければならない（総合農協と生産・生活組織、関連地域産業の評価を含む）。

---

(45) 農法論、とくに日本農法論の現代的課題については、徳永光俊「生きもの循環論から見る新たな日本農法史」『大阪経大論集』第71巻 2 号、2020。

(46) D. モントゴメリー『土の文明史—ローマ帝国、マヤ文明を滅ぼし、米国、中国を衰退させる土の話—』築地書館、2010（原著2007）、pp.284-293、335。

(47) 拙著『持続可能な発展の教育学』東洋館出版社、2014、第Ⅱ編を参照されたい。

(48) 村田武『家族農業は『合理的農業』の担い手たりうるか』筑波書房、2020。

　筆者は、日本の山陰における実態調査に基づいて農法論の再検討をし、農林業生産力や農畜林複合経営などを提起したことがある⁽⁴⁹⁾。今日、生態域を視野に入れた広い意味での農法論と農村生活論の発展に基づく「地域計画論」の展開が望まれる。**図 5-1** で示した諸実践、とくに環境活動や文化・芸術・ケア活動など多様な③の実践をつなげる④の地域づくり協同実践を計画的に推進しようとする⑤と⑥の実践領域である。④はコモンズ創造を基盤に、「協同・協働・共同の響同関係」を形成しようとする実践であり、前節で見たように、それは W. モリスが描いた「共同体的社会主義」と「生活の芸術化」を地域レベルで具体化する活動であるとも言え、それらの分析を通した将来社会像の拡充が考えられよう⁽⁵⁰⁾。

第5節　グローカルな将来社会計画へ

　日本の地域の現場では、たとえば成長主義的資本主義に対して「里山資本主義」（藻谷浩介）が提起され、若者の「農村回帰」が見られたりしている。さらに、コモンズとしての里地・里山・里川・里海の重要性が、生活だけでなく生物多様性を保全する役割を持ったものとして国際的にも注目されてきている（「SATOYAMA」）。そこには、自然保護だけでなく自然再生、「加工された自然」の変革、持続可能な地域づくりの活動の評価が含まれている⁽⁵¹⁾。最近では AI 農業が政策的に推進される一方、反近代の「新しい農本主義」⁽⁵²⁾ が主張され、地方における「山水郷」を生かした地域産業（「生活の芸術化」を含むだろう）振興による新たな日本列島改造論も提起されている⁽⁵³⁾。モリスの

---

(49) 桐野昭二・渡辺基編『商業的農業と農法問題』日本経済評論社、1985、所収の拙稿など。
(50) それは、市民社会論的な近代共同体論を批判し、「協同性に対する共同性の基礎性」をふまえつつ、「協同体以前に、人間的基礎能力の回復が焦眉であり、それはもはや個人内部や人間関係それ自体からは絶望的で、自然の介在による〈農〉的な共同態の中でのみ可能」（尾関・亀山編『〈農〉と共生の思想』前出、p.295-296）だと言う亀山純生の「人間と社会の危機」理解へのひとつの対応にもなるであろう。
(51) その意味については、拙著『持続可能な発展の教育学』前出、第1編を参照。
(52) 宇根豊『農本主義のすすめ』ちくま新書、2016。

「田園社会主義論」を今日的に活かし、尾関の言う〈農〉の復権、「農村都市共生社会」を考えるためには、それらの実践論的検討が不可欠である。そうした検討は、**表4-1** の全体を視野に入れ、誰をも排除しない持続可能な地域づくり、都市と農村の「持続可能な発展のための地域づくり教育（ESIC）」を通したグローカルな連帯による、近未来の将来社会像を創造していくことにつながる。そうした将来社会像を育て、実現していくことを推進するような国家、それは大国主義的グローバル国家に対置される「グローカル国家」（**表序-2** 参照）と呼ばれるであろう⁽⁵⁴⁾。

「農村都市共生社会」は、マルクス／エンゲルス『共産党宣言』（1948年）が提起した労働者革命に向けた方策の9「農業経営と工業経営の統合、都市と農村の対立をしだいに除去すること」、あるいはマルクス『資本論』第1部第13章「大工業と農業」にいう「農業と工業の新しいより高い総合」に、21世紀段階で取り組むことだとも言える。そのためには、これまで述べたことに加えて、コモンズ・社会的共通資本をグローカルな視点から公的計画に位置付ける都市再生⁽⁵⁵⁾が不可欠である。

たとえば、P. ゲデスらの都市社会学やモリス「生活の芸術化」論の影響の下、「芸術と技術の統一」としての建築（モリスによれば「協同社会の代表的芸術」）を中心とした都市の文明論的研究を進めたL. マンフォードは、欧米の多様な都市の人間的発展にとっての意味と可能性を探求した⁽⁵⁶⁾。それは、20世紀前半に到達した「技術的組織化と物理的エネルギーとの危険なまでの過剰発達」の時代を「後史」とする、新しい「世界文化」の時代に自らが生きていると考えていたからである。この時代、「人間はいま歴史上はじめて、この地球をひとつの全体として知り、そこに住む人々すべてと応答しあいはじめている」、と⁽⁵⁷⁾。

---

(53) 井上岳一『日本列島回復論─この国で生き続けるために─』新潮社、2019。

(54) SDGs時代を「新グローカル時代」と捉えた実践的課題については、拙稿「新グローカル時代の市民性教育と生涯学習」『北海道文教大学論集』第21号、2020。

(55) 宇沢弘文・茂木愛一郎編『社会的共通資本─コモンズと都市─』東京大学出版会、1994、など。

(56) L. マンフォード『都市と人間』生田勉・横山正訳、思索社、1972（原著1963）。

　マンフォードは、そのような「“一つの世界”人」には、愛を出発点として、「開かれた総合と開かれた自己」を創造する統一的人間＝人格の哲学の展開が求められると言う。それを可能とするのは、「もはや仕事が生活を支配するのではなく、より豊かで、意味深い生活の中へ仕事を統合する営みが可能であるという事実」である。「労働への、労働の、労働からの解放」が意識されていると言って良いが、マンフォードは、その結果「教育が生活の第一の本務」となると言う。モアからモリスに至るユートピア思想を受け継いだものであるが、「生活の芸術化」ならぬ「生活の教育化」という将来像だと言える。

　彼の言う教育は、V. イェーガーのいう「パイデイア」[58]である。すなわち、「生きるという行為そのものに形式を与える仕事」であり、「人生の機会を自己形成の手段として扱い、事実を価値に、過程を目的に、希望と計画を成就と実現に転化していく」制作作業・形成作業であり、「人間自身がその芸術の作品に他ならない」というものである。それはマルクスの未来社会概念、ヘーゲルの教養人（他の誰でもができることを為しうる人間）概念に新しい重要性を与えるが、開かれた世界の中で「仕事と、余暇と、学習と、愛が一つに結び合って、生命と生活のすべての段階のための新鮮な形式と、全体としての生命と生活のためのより高度な軌道をつくりだすような、再生の時代」は始まったばかりで、「終着点のない道」であるとマンフォードは指摘していた。

　しかし、その後の冷戦体制の下での先進国の高度経済成長、そしてグローバリゼーション（「世界文化」の時代？）の展開の中で、世界の南北格差は拡大し、先進国とくに日本では過密・公害をはじめとする環境問題が深刻化していった。それに対して公害反対や環境保全運動が起こったが、そこで重要性が理解

(57) 以下、L. マンフォード『人間—過去・現在・未来—（下）』久野収訳、岩波新書、1984（原著1956）、pp.158、163-166、203、207-209、216。

(58) W. イェーガーの「パイデイア」論については、畑潤の連続稿がある。最新のものとして、畑潤「古代ギリシャにおける教養・教育の理念に関する研究（16）」『都留文科大学大学院紀要』第24集、2020。なお、今日の教育における「パイデイア」アプローチは、J. デューイの動的民主主義に対する静的民主主義であり、しばしば多元的文化・マイノリティを無視するものとして批判されている。美術教育にかかわって、N. ノディングズ『学校におけるケアの挑戦—もう一つの教育を求めて—』佐藤学監訳、ゆるみ出版、2007（原著1997）、p.294-299。

されてきたのは、住民自治・環境自治に向けた「住民の知的参加」（マンフォード）、自治能力形成への環境教育であった[59]。その後新たな都市論の展開も見られ[60]、21世紀にはスマート・シティ、デジタル都市やスーパー・シティといった未来像も政府や先端大企業から提示されている。しかし、「多文化化」の中で、移民・難民問題や国境問題などを契機とした排外主義・権威主義的ポピュリズムが蔓延り、社会的格差と分断、貧困・社会的排除問題が深刻化している[61]。あらためて、グローカルな地球市民性の視点に立った現代民主主義の発展の下での、持続可能で共生的な「ネクスト都市」が模索され[62]、いま「コロナ危機」下で、レジリアントかつ包容的な都市のあり方、日本ではとくに東京一極集中の都市構造の見直しが迫られている。

　吉原直樹は、第4章などで触れたJ. アーリの社会学と未来論をふまえて、こうした時代の「ポスト都市共生」を問うている。そして、近代的主体を超えた「二人以上の同意にもとづく、複合的で間主観的な主体」に視点をおき、「創発性と接合の機制」を重視しつつ、多様な市民運動の基盤をなす「国家よりもローカルなコミュニティ、それも新しいまちづくりの集合的的主体となるようなコミュニティ」がキーファクターになるような都市の未来を展望している[63]。吉原の提起は「創発するコミュニティ」論の展開であり、東日本大震災被災地の復興活動から学んだことでもある[64]。

　その展望は、既述のモリスらがいう「勝ち取られた〈社会主義〉」に重なる

(59) 宮本憲一『環境経済学　新版』岩波書店、2007、pp.358、368-371。
(60) 工業化社会の中で作品としての都市論を提起したH. ルフェーブル『都市への権利』森本和夫訳、ちくま学芸文庫、2011（原著1968）、グローバル化・情報化＝フロー空間における都市市民運動と地方自治の重要性を指摘したM. カステル『都市・情報・グローバル経済』大澤喜信訳、青木書店、原著とも1999、など。
(61) 権威主義的国家のもとでの未来都市構想には、戦後の代表的ディストピア小説であるJ. オーウェル『1984年』（高橋和久訳、早川書房、2009、原著初出1949）を想起させるものすらある。「戦争は平和なり、自由は隷従なり、無知は力なり」（pp.11、285-332）。
(62) 西川潤『グローバル化を超えて』日本経済新聞出版社、2011、第8章「都市化の行く手と都市再生」参照。
(63) 吉原直樹『コミュニティと都市の未来―新しい共生の作法―』ちくま新書、2019、p.270-272。

ところがあり、今日的実践としては、筆者のいう社会的協同実践を通した「協同 co-operation・協働 collaboration・共同 community の響同 symphony 関係」、その基盤となるコモンズの形成に関わることである。こうした視点からの都市内のコミュニティ形成、都市間そして都市と農村の交流・連帯の理論的・実践的発展に基づいて、将来社会への展望を切り拓いていくことが必要になるであろう。

〈中間考察〉

　これまで見てきたことをまとめて今日的な将来社会論を考えることもできようが、それらを現実的なものとするためには「すでに始まっている未来」の実践をふまえたものでなければならない。具体的には第Ⅲ編で検討するが、そうした方向に向けて、ここで中間考察をしておこう。

　第Ⅰ編で述べた「4次元の民主主義」にかかわる「最広義の教育学」の視点から言えば、社会的協同実践に不可分な学習を援助する「社会教育としての生涯学習」、すなわち、自己実現を目的とする自己教育と相互承認を目的とする相互教育の実践を社会活動全体に拡充していくこと、「教育が生活の第一の本務」（L. マンフォード）となるような「生活の（社会）教育化」が求められるであろう。そうした意味で、第Ⅰ編で述べた、ヘゲモニー＝教育学的関係の民主化、民主主義の主体化が問われるのである。

　J. アーリは『〈未来像〉の未来』を論じ、未来を「主流に組み入れ」、「民主化する」ことを主張した。その際に、経済的未来や技術的未来と異なる「社会的未来」にとっては、計画的な未来よりも「調整的な未来」が求められ、その重要な論点は、「『民主主義的』な未来思考の展開と実践がどのような有効な方式で立ち現れ、埋め込まれるようになるかという点」[65] であるとしていた。

---

(64) 吉原直樹『絶望と希望―福島・被災者とコミュニティ―』作品社、2016。ESIC の視点からの検討については、日本社会教育学会編『東日本大震災と社会教育』東洋館出版社、2019、終章を参照。

(65) J. アーリ『〈未来像〉の未来』吉原直樹ほか訳、作品社、2019（原著2016）、p.242。

地域住民（子どもを含む）参画によって、多様な地域社会と全体社会の未来を語りあい（「未来の民主化」）、それを公的計画に仕上げ、実践的に検証していくサイクルを創造するような活動（「未来の主流化」）が求められていると言える。

　そのためには、**図5-1**で示したように、地域課題討議の「公論の場」の形成から地域社会発展計画づくりに至るような「地域をつくる学び」を、とくに世代間連帯で発展させることが必要である。そして、それらを「未来に向けて総括」し、それを新たな学びの展開に結びつけるような「教育計画」づくりの実践が求められる。しかし、今日の世界と日本で跋扈している「権威主義的ポピュリズム」は、そのようなボトムアップの民主的計画づくりを主流として位置付けることがないどころか、トップダウンの「教育振興基本計画」を教育現場に押し付ける傾向が見られる。序章で述べたような、これに抗する現代的民主主義と「現代的学習権」に基づいて展開する社会的協同実践に、地域社会発展計画づくりと地域生涯教育計画づくりが不可欠なものとして位置づけられなければならないであろう。

　われわれは今、「はしがき」で述べたようなパンデミックの渦中にある。しかし、確かに言えることは、「コロナ危機」が1990年代以降の経済的グローバリゼーションがもたらした「双子の基本問題」（グローカルな環境問題と貧困・社会的排除問題）をより一層深刻化させ、両問題への対応をより緊要なものとしていることである。近未来の「将来社会」像は、「双子の基本問題」を克服し、「世代間・世代内の公正」を実現するような、「持続可能で包容的な社会」を基本としなければならないであろう。それは、第5章第4節で述べたような、「未来を先取り」するグローカルな実践としてのESICを通して具体化するであろう。

　パンデミックそのものが、グローバリゼーションの結果（開発原病）であり、「自然の反逆」とも言える。「コロナ危機」がもたらす困難には、地域的・産業分野的にも階級・階層的にも大きな格差があり、問題はとりわけ貧困・社会的排除の状態にある「弱者」に集中している。21世紀に進行してきた貧困・社会的排除問題がより深刻化し、第Ⅱ編で見てきたソーシャル・エコロジーやエコ社会主義の主張が改めて意味を持つような状況にある。そこで残されていた課題を明らかにしつつ、第6章で見たような「労働・仕事」から「文化・芸術」

にわたる人間的実践総体の変革を視野に入れて、よりエコロジカルで共生的な未来を、グローカルな視点で漸次的に創造していくことが「ポスト・コロナ」の時代を切り拓いていくことになるであろう。

　もちろん、「コロナ後社会」を考えるためには、まずウィルスそのものの理解が求められるだろう。ウィルスは人間の内的・外的世界に遍在している。われわれは「ウィルスに囲まれ、ウィルスとともに生きている」のであり、特異な生命体としてのウィルスの視点から、あらためて自然・人間・社会の全体を捉え直してみる必要がある[66]。本書では**表4-1**の視点を大切にしながらも、あくまで人間社会の将来をめぐる諸議論を再検討し、筆者なりの見解を述べてきた。しかし、このような必要性を考えるならば、世界（自然・人間・社会）から宇宙に広がる視野を持った将来社会論の理論的拡充も必要となろう。

　たとえば、京都大学未来創成学国際研究ユニットで中心的活動をしている村瀬雅俊らは、「大統一生命理論」としての「未来共創の哲学」を展開している。そこでは「生命の基本原理」として「自己・非自己循環原理」が提起され、その本質はNECTE（1　否定 Negation、2　拡張 Expansion、3　収斂 Convergence、4　転移 Transformation、5　創発 Emergence）理論だとされている[67]。

　「自己・非自己循環原理」は、筆者の考える近現代的人格と社会構造の関係（自己包括的＝フラクタルな関係を含む）[68] の展開論理と同様である。そして、NECTE 理論は本書の**図5-1**で示した ESIC の各実践領域で見られる。とくに NECTE 理論の1は図中の①、2は②（非自己から）および③（自己から）、3は⑤、4は⑥（教育の視点から）、5は④の実践領域に関わると言える。

---

(66) 山内一也『ウィルスの意味論―生命の定義を超えた存在―』みすず書房、2018、p.2。もちろん、成長著しい免疫学の視点も併せてである。D. M. デイヴィス『美しき免疫の力―人体の動的ネットワークを解き明かす―』久保尚子訳、NHK出版、2018（原著とも）、　など。

(67) 村瀬雅俊・村瀬智子『未来共創の哲学―大統一生命理論に挑む―』言叢社、2020、p.302。

(68) 「自己包括的」は鈴木富久『グラムシ「獄中ノート」の学的構造』（御茶の水書房、2009）に学んだものである。拙稿「批判から創造へ：『実践の学』の提起」北海学園大学『開発論集』第105号、2020、を参照されたい。

ESIC の枠組みは、近現代的人格がもつ基本的対立、すなわち主体と客体、および個人と社会（グラムシ的3次元）の対立をグローカルな視点から実践的に乗り越えようとするものであった。それらの基盤となる自然－人間関係へ、あるいは未来に向けた文化・芸術活動へとより具体的に拡充する理論が必要となるであろう。

　しかし、これらについて立ち入った検討は今後の課題としておかなければならない。第Ⅲ編では、本書の課題に即して、「すでに始まっている未来」の諸実践を見ていこう。

第 **III** 編

すでに始まっている未来：北海道の実践から

はじめに

　第1次安倍政権のもとで2006年に「全部改正」された教育基本法では「教育の目的及び理念」の中に「生涯学習の理念」（第3条）が位置づけられている。それは、「国民一人一人が、自己の人格を磨き、豊かな人生を送ることができるよう、その生涯にわたって、あらゆる機会に、あらゆる場所において学習することができ、その成果を適切に生かすことのできる社会」の実現が図られなければならないというものである。このいわば「生涯学習社会」は、R. ハッチンスをはじめとした「学習社会」論のひとつであり、前編でみた W. モリスや L. マンフォードの思想の中にも含まれていた「将来社会論」だと言うこともできないわけではない。しかし、このような将来社会を実現しようとする理念は、早くも第2次安倍政権によって放棄されたかのようである。

　2018年10月、文部科学省（以下、文科省）では大きな組織再編があった。それまで文科省の筆頭局であった「生涯学習政策局」が廃止され、代わりに「総合教育政策局」が設置された。臨時教育審議会（1984-87年）が日本の教育を「生涯学習体系へ移行」することを打ち出し、「生涯学習局」を文部省筆頭局として設置したのは、1988年である。同局は、中央省庁再編に伴い文科省「生涯学習政策局」となったが（2001年）、約30年、筆頭局にあった「生涯学習」の名称が、2018年の組織再編でなくなったのである。これに伴い、生涯学習の要とされてきた「社会教育」課も廃止された。この組織再編の結果から見れば、「生涯学習政策の終焉」（総合教育政策への統合）ということができる。

　生涯学習推進のためには、そのための法制度の整備が不可欠であった。1990年、生涯学習振興法が成立したが、教育法体系におけるその位置付けは明確でなく、同法は教育法というよりも、当時の文部省と通産省の共同主管であり、

内容的にも、民間の生涯学習事業を推進する「産業法」としての性格が強かった。その後、「知識基盤社会」「知識循環型社会」と呼ばれる 21 世紀に入ってあらためて生涯学習の重要性が指摘され、ついに 2006 年、教育基本法「全部改正」によって「生涯学習の理念」が位置づけられることになったのである。

　新教育基本法で制度化された教育振興基本計画でも、生涯学習の重要性が強調され、「第 2 期教育振興基本計画（2013-2017 年度）」では、とくに東日本大震災後の「我が国を取り巻く危機的状況」に対応するために、「今後の社会の方向性」として、自立・協働・創造の 3 つの理念による「生涯学習社会の構築」が強調されていた。「第 3 期教育振興基本計画（2018-2022 年度）」における「2030 年以降の社会を展望した教育政策の重点事項」においても、「（自立・協働・創造の）3 つの方向性を実現するための生涯学習の構築を目指すという理念を引き続き継承し、教育改革の取組を力強く進めていく必要がある」ことが真っ先に挙げられている。

　それにもかかわらず、なぜ「生涯学習政策局」や「社会教育課」は廃止されたのか。それは現政権の政策と行政全体の改革に関わるものであり、多面的な検討が必要である。そこでは官邸主導の政治やアベデュケーションと呼ばれる教育改革の評価が必要であるが、ここではその経過には立ち入らず（第 1 節でその背景にふれるに留める）[1]、地域からのボトムアップの生涯学習政策が必要となっていることを指摘することに焦点化したい。そのために本編は、地域の現場からの声を紹介して、戦後日本の（「自己教育・相互教育」を本質とする）社会教育の理論と実践の蓄積を発展させるような生涯学習、すなわち「社会教育としての生涯学習」の視点の重要性を提起する。最近の社会教育・生涯学習をめぐる全国的な状況と課題については別著[2]に譲り、本編では地域で取り組まれている実践から具体的に考えるために、筆者が参加してきた「北海

（1）『月刊　社会教育』2020年 1 ～ 5 月号のシンポジウム「『生涯学習政策』とは何だったのか」を参照。1 ～ 3 月号で報告している寺脇研・前川嘉平の元文部官僚の発言が大きな参考になる。5 月号では筆者が、このシンポジウムへのコメントをしている。
（2）鈴木敏正・朝岡幸彦編『社会教育・生涯学習論─すべての人が「学ぶ」ために必要なこと─』学文社、2018。

道社会教育フォーラム」で報告された諸実践を中心に取り上げる。

　このフォーラムは2014年に始まり現在まで、北海道における社会教育の実践と研究に関わっている100名あまりの参加者によって毎年開催されてきた。その設立の経過と趣旨、第1回目の報告と討論については別に述べているので⁽³⁾、くわしくはそのまとめを参照いただきたい。同フォーラムは、社会教育推進全国協議会と現地実行委員会の共催で2008年に開催された社会教育研究全国集会（北海道・札幌集会）の成果を踏まえ、集会テーマとなった「つながる力を広げ、人が育ち合う地域をつくろう！―『生きる・働く・学ぶ』を励ます社会教育の創造を北の大地から―」の精神を具体化し、発展させようとするネットワーク活動である。同集会の開催と同じ年に始まった「リーマンショック」後の北海道各地の厳しい社会・経済的状況を踏まえつつ、それらがもたらす生活・地域課題に取り組んでいくために、「つながる力」を「地域をつくる力」にしていくことを目指すネットワーク活動であり、総合的な地域集会活動（本書第5章第4節参照）である。

　地域集会としてのフォーラムは、全体会と3つの分科会（「育ちあう仕組みをつくる」「つながる力を高める」「暮らし続けられる地域づくり」）から構成されている。それらについては、実行委員会によって各年の記録として「報告集」が作成されているので、報告と討論についての詳細はそれらを参照いただきたい。本編は、これらと各年フォーラムの準備過程（プレ集会を含む）で得られた資料と情報にもとづくが、以下のフォーラムでの報告・討論の引用は、主に同報告集からのものである。ここでは、上記第1回目のまとめを前提にし、第2回目から第6回目のフォーラムの成果を確認しておこうとするものである。ただし、筆者が世話人として参加してきた分科会は「暮らし続けられる地域づくり」であり、本書の課題からしても、このテーマを重視した整理になることをお断りしておく。

　まず第7章で、課題に必要な限りで、「生涯学習政策の終焉」の背景と現段階の「社会教育としての生涯学習」の課題を確認し、第8章で第2回フォーラ

（3）拙著『将来社会への学び―3.11後社会教育とESDと「実践の学」―』筑波書房、2016、第5章。

ムを取り上げて地域集会としての基本的枠組みと報告・討論の内容を、第9章
で第3〜5回フォーラムで報告・討論されたことで、とくに「暮らし続けられ
る地域づくり」の実践として重要だと思われることを整理する。そして、前編
で述べた「生活の文化化」「文化のまちづくり」にかかわる第6回フォーラム
については、第10章であらためて紹介することにする。

第 **7** 章

「生涯学習社会」の現段階

第1節　生涯学習時代の終焉？

　生涯学習政策は、「グローバリゼーション時代の教育政策」である。この時代は、低経済成長時代、ポスト・フォーディズム時代、消費社会・情報社会、あるいは「液状化社会」（Z. バウマン）や「排除型社会」（J. ヤング）などとも呼ばれてきた。生涯学習政策の歴史的性格については別にふれているので、ここでは**表7-1**を参照されたい。

　日本の生涯学習政策は、冷戦体制崩壊後のアメリカと多国籍企業が主導する経済的グローバリゼーションに対応した教育政策であった。それは「学習権宣

表7-1　現代生涯教育・学習の歴史的展開

時代区分	国家形態および政策	国際的動向
生涯教育時代（1970〜） ：中教審答申・社教審答申（1971）、中教審答申（1981）	構造調整国家 ：ニクソンショック（1971）・オイルショック（1973）後の内外構造調整	プレ・グローバリゼーション ：国際教育年とラングラン『生涯教育入門』（1970）、「学習権宣言」（1985）
生涯学習時代（1987〜） ：臨教審最終答申（1987）、生涯学習振興法（1990）	第4次全国総合開発計画（1987、目標年次2000年）、WTO発足・加盟（1995）	グローバリゼーション ：チェルノブイリ事故（1986）、リオ・サミット（1992）、「ハンブルク宣言」（1997）
：地方分権一括法（1999）、社会教育法改定（2001〜2012）、教育基本法改定（2006）	グローバル国家 ：小泉構造改革（2001〜）〜TPP参加とアベノミックス（2013〜）	（オルター・グローバリゼーション） ：世界社会フォーラム（2001〜）、ESDの10年（2005〜）、『ベレン行動枠組み』（2009）
生涯教育計画時代（2011〜） ：第2期教育振興基本計画（2013-2017年度）	グローカル国家へ？ ：東日本大震災、脱原発（2011〜）	ポスト・グローバリゼーション ：ESD総括（〜2014）SDGs（2015−2030）

　（注）詳しくは、拙著『増補改訂版　生涯学習の教育学』北樹出版、2016、第Ⅱ章第4節および第Ⅴ章第2節を参照。

言」（1985 年）に代表されるユネスコの生涯教育政策・生涯学習論とも、社会民主主義的な「ヨーロッパの道」とも異なる「新自由主義＋新保守主義＝大国主義（対米従属的なグローバル国家）」戦略の一環であった。生涯学習に関する唯一の法律である「生涯学習振興法」（1990 年）は、教育基本法・社会教育法体系に位置づけられた教育法ではなく、規制緩和・民間活力利用に始まる新自由主義的政策の一環としての側面が強い。21 世紀の教育政策は、知識基盤社会化の下での人材育成を中心とするグローバル国家戦略の性格を強め、生涯学習政策はそうした政策がもたらす諸矛盾への対応という役割も持たされてきた。しかし、リーマンショック（2008 年）と東日本大震災（2011 年）後の社会状況に示されるように、グローバリゼーション時代は終了し、ポスト・グローバリゼーション時代への対応が求められてきた。

　「生涯学習政策の終焉」は、こうした中での政策転換を示すものである。しかし、第 2 次以降の安倍政権は、「グローバル国家戦略」からの転換を図るというよりも、アベノミクスやアベデュケーションに見られるように、対米従属の枠組みの中でグローバルな経済競争に打ち勝っていくための中央集権的（官邸主導型）成長戦略を次々に打ち出してきた。「第 2 期教育振興基本計画（2013-2017 年度）」がその基本方向として、第 1 に「社会を生き抜く力の養成」、第 2 に「未来への飛躍を実現する人材の育成」、とくに「グローバル人材」の育成を掲げていたのはその端的な現れである。第 3 の「学びのセーフティネット」や第 4 の「絆づくりと活力あるコミュニティの形成」は、それらの残余政策、あるいはそれらの結果生まれる格差・貧困・社会的排除問題への対処政策に他ならない（「危機回避シナリオ」）。

　それは 2030 年以降の社会（「Society5.0」あるいは「第 4 次産業革命」）に対応する教育政策として打ち出された、現行の「第 3 期教育振興基本計画（2018-2022 年度）」でも基本的に変わらない。その「基本的な方針」は、⑴夢と志を持ち、可能性に挑戦するために必要となる力を育成する、⑵社会の持続的な発展を牽引するための多様な力を育成する、⑶生涯学び、活躍できる環境を整える、であり、その後に⑷学びのセーフティネット、⑸教育政策推進の条件整備が続いている。のみならず、その教育政策遂行にあたって「特に留意すべき視点」として、客観的な根拠の重視、とくに PDCA サイクルなどによって、このトッ

プダウン政策を確実に推進することが強調されている。

　背景には、安倍一極集中・官邸主導と呼ばれる政治があった。それは、序章で述べた「権威主義的ポピュリズム」の一環である。ポスト真実とも言われるこの時代、社会の格差・分断が深刻化し、「民主主義の危機」が進行している。民主主義の再生が課題となり、「民主主義と教育」のあり方の見直しが必要となってきている（本書序章及び第2章）。政治や民主主義の問題だけではない。グローバリゼーション時代の社会そのものが抱えている問題をどう捉え、ポスト・グローバリゼーション時代を切り拓く実践にいかに取り組むべきかについて多様な議論がなされてきた。

　グローバリゼーション時代の「双子の基本問題」は、グローカル（グローバルにしてローカル）な地球環境問題と（地域的・空間的および階級的・階層的な）格差・貧困・社会的排除問題であり、東日本大震災はその象徴的事例でもあった。現在はこれに「コロナ危機」が加わるであろう。両問題を同時的に解決すべく、日本のみならず世界各地で取り組まれている実践をふまえた、ボトムアップの政策が求められている。目指すべきは、「双子の基本問題」を同時的に解決するような「持続可能で包容的な（誰をも排除しない）社会」づくりを、グローカルな視点に立って実現することである。こうした理解に立った場合、日本における「生涯学習」はどのような視点から、どのように進めていけば良いのであろうか。

　21世紀の国際的教育運動の中心は「持続可能な発展のための教育（Education for Sustainable Development, ESD）であった。それは超大国アメリカと多国籍企業・国際金融資本が主導する経済的グローバリゼーションに対する「オルター・グローバリゼーション」の流れの一環であり、ヨハネスブルク・サミット（2002年）で国際的な合意となり、「ESDの10年（DESD、2005-2014）」を通して共通理解になってきた。その後継のグローバル・アクション・プログラム（GAP）を経て、現在ESDは「持続可能な開発目標（SDGs、2015-2030）」の目標4「すべての人に包摂（包容）的かつ公正な質の高い教育を確保し、生涯学習の機会を促進する」に位置付けられている。SDGs段階の教育は「ESD＋GCED（地球市民教育）」だと言われている。「持続可能な開発（発展）」は、世代間および世代内の公正を目指す活動であり、世界各地からのボトムアップ

の実践があってはじめて具体化する。このいわば「新グローカル時代」の課題に、「社会教育としての生涯学習」がどのように対応すべきかが問われているのである[4]。

　筆者はこれまで、今日の「生涯学習の教育学」の5つの視点を提起してきた。①生涯学習は「人権中の人権」であるという「現代的人権」、②大人の学びと子どもの学びをつなぐ「世代間連帯」、③学習は「社会的実践」であるという社会参画、④私と地域と世界をつなぐ「グローカル」、⑤地域生涯教育公共圏を創造するという「住民的公共性」の視点である。この5つの視点をふまえて、「社会教育としての生涯学習」の基本的な展開方向について結論的に言うならば、「学習ネットワークから、地域づくり教育を経て、地域生涯教育計画づくりへ」ということになる[5]。以下、この理解を前提にして実践紹介をしていくことにする。

第2節　「学習ネットワーク」の広がり

　北海道社会教育フォーラムの共通テーマは、第1回から第6回まで「いっしょにつくろう『地域』の力──つながるって、やっぱりいいよね──」で変わっていない。上述のような筆者の理解では、現代の「社会教育としての生涯学習」の出発点であり、その発展の基盤となるのは「学習ネットワーク」である。それは、実践的には「多彩な学習と交流のネットワーク」を基本活動とした「士別市人づくり・まちづくり推進計画」＝生涯学習計画づくりに、理論的にはI.イリッチが学校型教育のオルタナティヴとして提起した「学習のためのネットワーク」に学んだものである。

　学習のために意図されたものでなくとも「ネットワーク」そのものに教育的・生涯学習論的意味があるのだが[6]、イリッチによれば、すぐれた教育制度の目的は①誰でもが、学習しようとするなら人生のどの時期でも、そのため

（4）くわしくは、拙稿「新グローカル時代の市民性教育と生涯学習」『北海道文教大学論集』第21号、2020、を参照されたい。
（5）拙著『増補改訂版　生涯学習の教育学──学習ネットワークから地域生涯教育計画へ──』北樹出版、2016、序章および第Ⅰ章。

に必要な手段や教材を利用できる、②互いに自分が知っていることを分かち合い、学びたい知識を持っている他の人々を見つけ出すことができる、③公衆に問題提起をしようと思うすべての人々に対して、そのための機会を与えてやることができるようにする「公共の広場」である[7]。筆者が「学習ネットワーク」を重視するのは、それが生涯学習の基盤であり出発点というだけでない。それはひとつの将来社会像でもあるが、今日、諸個人の相互依存関係が客観的には強まり、グローバルに広がっているのにもかかわらず、主観的には諸個人・諸グループは孤立・分散し、しばしば対立し合い分断されているがゆえに、「共同的存在である人間」としてつながりあうことで生まれる本来の力が発揮できないでいる、という理解が前提にある。

　求められている社会教育実践はそれゆえ、「つなげる」活動＝「学習ネットワーク」が基本となるのである。東日本大震災（2011 年）を契機に「絆」の重要性が叫ばれ、政策的にも強調されてきた。2013 年に始まる「第 2 期教育振興基本計画」では大震災に伴う危機的状況をふまえ、「危機回避シナリオ」として「一人一人の絆の確保（社会関係資本の形成）」を挙げ、「社会関係資本論」は学界でも一つの流行となった[8]。しかし、その「シナリオ」はその前に、一つは、「個々人の自己実現」＝「生涯現役、全員参加に向けて個人の能力を最大限伸長」を掲げている。少子化・労働力不足対策としての「全員社会参加」政策である。もう一つは、「社会全体の生産性向上」（グローバル化に対応したイノベーションなど）である。それらは、「グローバル国家戦略」の一環である。「自立・協働・創造の生涯学習社会」の構築という生涯学習政策の基本方向がこうした脈絡で位置づけられた時に、果たして「一人一人が誇りと自信を取り戻し、社会の幅広い人々が実感できる成長を実現」（「第 2 期教育振興基本計画」）

（6）そのことを実践的に示した代表例は、松本市の「学習根っこワーキング」の実践であった。拙著『生涯学習の構造化—地域創造教育総論—』北樹出版、2001、第 4 章参照。
（7）I. イリッチ『脱学校の社会』東洋・小澤周三訳、東京創元社、1977（原著1971）、p.140-143。イリッチと学習ネットワークについては、拙著『増補改訂版　生涯学習の教育学』前出、序章第 2 節を参照されたい。
（8）東日本大震災後の北海道開発に関しても、「ソーシャル・キャピタル（社会関係資本）」が一つのキーワードになった。小林好宏・梶井祥子編『これからの選択　ソーシャル・キャピタル—地域に住むプライド—』北海道開発協会、2011。

できるであろうか。少なくとも東日本大震災被災地の人間的復興過程、「創造的復興」ではなく「人間の復興」の活動、そこで展開された社会教育実践に学び、被災地以外にも広がっていった「3.11後社会教育」を展開する必要があろう[9]。

　まず、それぞれの地域から生まれる学習ネットワークの広がりをふまえておかねばならない。筆者は、第1回目（2014年）の北海道社会教育フォーラム実行委員長としての挨拶で、「つながる力」を「地域をつくる学び」へと展開する際に参考にすべき活動として、次のような事例を紹介した。再掲する。

　たとえば、ちょうど1週間前、私が代表を務める北海道環境教育研究会と日本環境教育学会北海道支部の共催による地域フォーラムを、黒松内町の廃校舎を改築した作開地区生涯学習館と併設する「ブナの森自然学校」で開催しました。北限のブナの森を核とした「生物多様性条例」をもち、福祉行政も重視している黒松内町は、自然と共生し、多様な人々が共生する持続可能なまちづくりを進めています。地域フォーラムのテーマは学校環境教育としての自然体験に関するものでしたが、隠れたテーマは「つながる」だったと私は思いました。

　野外での子どもの学習を支援する活動は「森と川と海」をつなぐ流域全体にひろがり、「漁業の寿都町」をも巻き込んでいました。「農業と観光の留寿都町」から自然体験学習を実施するために来た小学校教師は、寿都と留寿都と黒松の「つ」は「つながる」の「つ」だと言っていました。その実践は自然体験だけではなく、林業・農業・漁業、農林水産物の加工・流通・販売や生活文化をもつなげる社会体験・文化体験にもなっているからです。

　しかし、最も重要なことは学び合う人々のつながりです。NPOによる体験学習にはじまるこの実践をとおして、大人と子どもと青年、地域住民と自営業者・教員・関連職員、さらに流域を越えて北海道から全国（一部は海外にも）にひろがる実践者のネットワークが形成されつつあり、そうした中で不断の学び合いが展開されているのです。

　実践的な「つながり」の発展は、本日このフォーラムで報告される他の領域

（9）日本社会教育学会60周年記念出版部会編『希望への社会教育—3.11後社会のために—』東洋館出版社、2013、日本社会教育学会編『東日本大震災と社会教育』東洋館出版社、2019、拙著『将来社会への学び』前出、第Ⅰ章を参照されたい。

でもみることができます。問われているのは、この「つながる力」を「学びの力」に換え、「学びの力」を「地域をつくる力」に換えていくことです。

　「持続可能で包容的な地域づくり」へ発展していく「つながり」は、まずは、現在世代の人間的つながりである（「ヨコのつながり」）。それはそれぞれのコミュニティにおける多様な生活領域の「つながり」、そして地域全体、流域生態系から全国・世界に広がる「つながり」となる。今日、あらゆる課題解決において、グローバルにしてローカル、つまりグローカルな「つながり」が求められている。地域における「つながり」づくりには、世代間の「つながり」が含まれる。そして今日、持続可能な社会を求める活動は、現在を生きている人々の世代的な「つながり」を越えて、一方ではすでに過去になった人々、他方ではこれから生まれてくる未来世代の人々を想起する歴史的な「つながり」を考慮することを求めている（「タテのつながり」）。人間一人ひとりの「つながり」から始まって、このように空間的・時間的に広がっていく「つながり」[10]を視野におきながら、人間的な「つながり」の持っている意義と可能性を考えることが必要となっているのである。

第3節　地域づくり教育のポリフォニー

　北海道では「誰もが安心して暮らし続けられる地域づくり」を目指した実践が、事実上、多様に展開されてきた。それらは「持続可能で包容的な地域づくり」と言えるが、地域づくり教育の視点から見れば、「持続可能で包容的な地域づくり教育 Education for Sustainable and Inclusive Communities, ESIC」と理解することができる。このことについてはこれまでに述べてきたところであり[11]、本書では第5章第4節で、環境保全運動から地域づくりへと展開した

---

(10) その絡み合いを理解するために、最近では教育人間学的視点からの提起もあるが（西平直『ライフサイクルの哲学』東京大学出版会、2019、など）、本編で注目するのは社会教育実践にとっての今日的意味である。
(11) 拙著『持続可能で包容的な社会のために―3.11後社会の「地域をつくる学び―」北樹出版、2012、など。

典型例として、北海道浜中町の事例を**図5-1**で示した。

　言うまでもなく、それぞれの地域は他に２つとない個性を持っており、取り組む地域住民は多様であるから、地域づくりの実践も個性的・多面的・多元的である。そうした中で**図5-1**の①から⑥の実践諸領域は、それぞれ相対的に独自の展開論理を持っており、図は地域づくり教育の「布置連関 constellation」を示すものである。各地域の具体的な展開過程は、地域の自然的・社会的・歴史的・文化的・政治的条件、とくにそれまでの実践的蓄積に応じて、どの領域からでも取り掛かることができる。理想的には、各実践領域が螺旋的・相互豊穣的に発展していくことであるが、どの領域から始まり、どのような領域に展開していくか、そして、どこまでどのように重なり合っていくのか、そこに各地域の実践の個性が現れるのである。それゆえ筆者は、歴史的転換期にあって地域を再生・創造しようとする諸実践を、「地域をつくる学び」の「ポリフォニー」（多声的響同）[12]と捉えてきた。

　ここであらためて確認しておくべきは、「地域をつくる学び」では①から⑥の領域が不可欠であるということであり、いずれかが欠落していれば、そこに取り組むべき課題があると考えられることである。もちろん、これら以外にも重要な実践領域があるかも知れない。いずれにしても、形式主義や予定調和論、あるいは（図の番号順に進めるというような）段階主義に陥ってはならない。地域づくりの実践には不確定性、創発性がつきものであり、そこに個性や創造性が生まれてくる要因がある。

　最後に指摘しておくべきことは、こうした地域づくり教育（ESIC）の展開があって、というよりもその一環として、生きた生涯学習・教育計画が可能となり、その現実化としての学習ネットワークやESICの実践が展開され、それらの実践諸領域がいわば螺旋的に発展していくことによって地域づくりが活性化するということである。安倍政権のもとでトップダウンの「地域創生政策」

---

(12)拙著『「地域をつくる学び」への道―転換期に聴くポリフォニー―』北樹出版、2000。ここでは立ち入ることができないが、「ポリフォニー」はもともと音楽用語であり、それを文学論あるいは「対話原理」として提起したバフチンが注目されてきた。桑野隆『増補　バフチン――カーニヴァル・対話・笑い――』平凡社、2020、とくに第3章参照。

が全国的に展開され、最近では「自治体戦略2040構想」（総務省、2018年）も提示されて、それらに照応する社会教育・生涯学習政策が推進されてきた。2018年の中央教育審議会答申「人口減少時代の新しい地域づくりに向けた社会教育の振興方策について」では、戦後に蓄積してきた「社会教育の強み」を生かした地域づくりが期待されている。しかし、その具体的内容と行財政的保障は明らかではない。これまでの社会教育の実践的蓄積を踏まえるならば、ここで示したESICにかかわる諸実践領域の相互豊穣的サイクルが成り立つようにしてはじめて、意味のある「地域づくり教育」の展開が可能となり、「生涯学習社会」が見えてくると言えよう。

第 **8** 章

今、社会教育が面白い
―「社会教育としての生涯学習」の広がり―

第1節 「面白い」の内実

　さて、第1回北海道社会教育フォーラムでは、行政活動、社会教育専門活動、NPO活動、その他市民活動に関わっている人たちから、社会教育にとって大切なものは、要するに「つながり」だという発言があった。その「つながる力」を「学ぶ力」に変え、それらによって「地域をつくる力」を育てていくことの大切さが共有されたのである。そのように考えると、社会教育の仕事は大変だけれども「面白い」、「つながる力」によって地域を変えることができる、これほど面白い活動はない、ということが表明されたのである。そこから第2回フォーラムの全体会テーマが、「今、社会教育は面白い」となった。

　それでは、何がどう面白いのか、全体会の報告と討論から考えてみよう。

　2015フォーラム全体会での報告者は3人、市民の立場から「さっぽろ子育てネットワーク」の吉岡亜希子氏、自治体行政の社会教育専門職員（社会教育主事）の立場から上士別教育委員会の牧野拓也氏、社会教育委員の立場から「佐呂間町社会教育委員」の真如智子氏であった。

　吉岡氏は主婦から市民活動実践者へ、そして社会教育研究者へと変貌していった経験を報告した。母親・専業主婦となってからの孤立した子育ての経験、背後にある固定的性別役割分担・ジェンダー問題への気づきから、それらへの対応を求める中で「さっぽろ子育てネットワーク」との出会いがあった。そこでは「お父さんの育児講座」など「自分でもできること」が実践できた。「先輩たちが機会を与え任せてくれたのが嬉しかった」。さらに探究心を燃やし、先輩の後を追うように大学院入学（社会教育専攻）、地域調査研究を進めながら「さっぽろ子育てネットワーク」の活動も続け、「自分たちで学びたいことを、

グループを作って学ぶ」ことの重要性を体験する。その活動は広がり、社会教育研究全国集会での「親が育つということに焦点化した分科会」づくりに参加し、「北海道父親ネットワーク」づくりを推進してその事務局長となる。それらの実践経験を通して「子どものことは思想信条を越えてつながりやすい」ことを体感し、「深くお互いを理解できる学習仲間、同志という感じ」を得ることにより、「生きることが楽になった」と言う。それが、彼女の「社会教育の楽しさ・面白さ」の内実である。

　牧野氏は若手社会教育主事である。「社会教育主事の仕事は職場で孤独で苦しんで悩みが多い」と言う経験を重ねることによって、「社会教育にてよかったなと思えるようなネットワークを作りたい」と思うようになる。社会教育主事たちの飲み会での議論から、「社会教育どんぶり」（社会教育という器にいろいろな要素が集まって来ればいいね＝なんでも話せる会、という主旨の表現）の活動を始める。そこでの対話と地域での「青年による青年教育」などの実践経験を通して、一般の行政活動ではなく「社会教育実践に関われるっていう瞬間は楽しい」と思えるようになる。社会教育実践がかかわる生活課題理解には「アンケートも場合によっては必要だが、そこでは本当の意味ではなかなか出てこない」。「社会教育主事は、対話をして、町民の皆様と話をしてその中から課題を抽出してくるのが仕事」だと思うようになる。地域課題も生活課題の集まりであり、「その課題なりの学び、幸せを作っていくんだ、より良い生活を作っていくんだというその営みに直接関わって、社会教育主事もいっしょになってやっていけるということがおそらく楽しいんだろう」と言う。「地域づくりというと難しそうだし大変そうだと思うんだけども、楽しいことしませんか、あなたの幸せをつくりませんかって言うと人は来てくれる」。「同じ目線であるということは、向かい合って物事を考えるのではなくて、同じ方向を見るためには、話をして行政、町民の皆様の課題をいっしょになって考えて、汗をかくのが僕らの仕事である、だから楽しい」、と。

　真如氏は、社会教育委員会活動の経験から、「良い会議から良いものが生まれる」という。だから佐呂間町社会教育委員は、選考委員会による他薦を重視し、年代・男女バランス、会議運営の工夫をする。とくに、研修会を大切にし、研修を含む会議を年30回以上開催し、1年間テーマを持って自分たち自らや

ろうという委員活動をする。中期計画づくりにも取り組んだが、社会教育に携わる人が「集まる、群れる、そこで楽しむ」ことが重要である。行政と社会教育委員が社会教育という場の両輪であり、自分たちが楽しんでいる（やってよかったな、自分たちも成長していると感じる）ことが重要である。たとえば「エビを喰う会」、教育委員会・他行政・議員などと懇談、他の町の人との交流などである。中でも特筆すべきは、「サロマでしゃべろ場」（佐呂間高校に通う高校生とサロマ町に住む普通の大人が、一つのテーマをもとに本音を語り合う場、時間）であり、ひとりの人間と人間という目線で物事を考えようとしている。こうした活動を通して、「佐呂間町にある課題をどういう形でまな板に載せるか、たとえば独居老人という言葉を社会教育のどんなまな板に載せたら課題解決に繋がるだろうか」を考え実行すること、それが「社会教育の醍醐味」だと言う。社会教育委員も町民の一人として自分たちも学習し、成長しないといけないが、そのことが町のレベル＝町民のレベルを上げることになる。そのために社会教育委員は、主体性を持って参加する（自分たちが動く、調査研究する、場に参加する）ことを重視している。そうして初めて、「社会教育の楽しさ」がわかるからである。

　質疑の中でフロアから、「社会教育は特別なことではない。私たちの日常生活の課題解決の一部だということを確認した」という発言があった。この発言は、市民であれ行政職員、NPO活動家であれ、まず現実的で活動的な人間諸個人の生活過程から出発することの重要性を指摘しているように思える。「同じ目線」に立つということは、真如氏が言うように「ひとりの人間と人間という目線で物事を考える」ということを意味している。そうすれば、牧野氏がいうように、自分と町民の「幸せを作っていくんだ、より良い生活を作っていくんだというその営み」が社会教育の仕事だということが理解される。吉岡氏が「深くお互いを理解できる学習仲間、同志という感じ」を得ることにより「生きることが楽になった」ということは、「社会教育の楽しさ」を考える上で大きな示唆を与えてくれる。

　筆者は人間的実践とは、諸個人の生活過程を通した「自己実現と相互承認」だと考えてきた。真如氏や牧野氏は、自分も楽しむような実践＝自己実現の活動を多様に展開しながら、人間・町民としての同じ目線で対応すること＝相互

承認過程を重視してきた。吉岡氏が実践的研究者として自己形成してきた過程は自己実現過程に他ならないが（自分でもできることを実践し、自分たちが学びたいことを学ぶ）、その過程で「お互いを理解できる学習仲間」＝同志の感覚を得られたのは相互承認過程と言えるであろう。「自己実現と相互承認」という人間的活動にかかわることこそ「幸せ」や「楽しさ」の内実であろう。学習をとおしてそれらを現実化するのが、社会教育の本質とされてきた自己教育・相互教育（合わせて自己教育活動と言う）であり、それを現実的生活過程に即して具体化すること（「自ら実際生活に即する文化的教養を高める」自己教育・相互教育活動、社会教育法第3条）を援助・組織化するのが社会教育実践に他ならない[1]。

　第1および第2分科会は、その「援助・組織化」のあり方を具体的に議論する場であった。

第2節　育ち合う仕組みをつくる

　第1分科会のテーマは、「支援する／されるという関係を超えて、お互いが育ちあう場や地域をどうつくっていくのか」ということであった。「支援する／されるという関係を超える」ためには、「立場交換」の実践が不可欠である。それは、貧困・社会的排除問題にかかわる対人援助活動において日常的に問われることである。その実践は、「自己受容」「他者受容」に始まり、上述の「自己実現と相互承認」への過程を意識的に編成する活動、すなわち協同して諸個人が育ち合う主体形成（エンパワーメント）過程が展開する「場や地域」を創造していく活動の一環である。最近の日本においては、とくに東日本大震災（2011年）による自己喪失・他者喪失・コミュニティ喪失からの、「人間の復興」過程において緊要な実践的課題となった。筆者が考えてきたその基本的な方向は、**表8-1**に示す通りである。

　第1回フォーラムの第1分科会での実践報告・討論から確認できたことは、以下のようであった。第1に、「日常の困りごと」が実践展開の原動力であり、

(1)拙著『増補改訂版　生涯学習の教育学』北樹出版、2014、第Ⅲ章第4節および第5節など参照。

表8-1　受容から始まるエンパワーメント過程

	相互受容	関係形成	交互関係	承認関係	協同実践
他者関係	他者受容	共感	立場交換	自己実現	主体形成
自己関係	自己受容	自己信頼	自己表現	相互承認	（エンパワーメント）

（注）拙著『将来社会への学び』筑波書房、2016、p.29、第5章第3節。

　その共有から新しい活動が生まれるということである。第2に、「赤の他人」がかかわることが実践を豊かにしていくということである。第3に、とくに自身が困難を抱えた者としての若者が参画することが実践の広がりをつくるということである。

　これらをふまえつつ、今回は一般社団法人アーティスト・イン・スクール（AIS）の小林亮太郎、釧路自主夜間中学校「くるかい」の佐藤康弘、とまこまいフリースクール検討委員会の藤井昌樹の3氏からの報告があった。学校から排除されがちな、排除されている子ども（あるいは元子ども）が中心的焦点となっている。ほんらい社会教育は『学校型教育を超えて』展開する実践である[2]。それは既存の教育や福祉の社会制度から排除された人々にかかわる活動においてこそ有効性を発揮する[3]。その蓄積をふまえて、現段階の「育ちあう場や地域」づくりにどのように関われるだろうか。

　第1回フォーラムの第3分科会では、不登校など困難を抱えた子どもを支援するNPO「北海道自由が丘学園」からの報告があった。その教育活動には、地球に生きる科、人間科、表現科など既存の学校にはない、あるいは周辺化されている科目が重視されていた。これに対してAISの実践は、「アーティストが小学校に滞在し、そこを拠点に作品を制作するプログラム」であり、小林氏はそのうちの「おとどけアート」の実践を紹介した。

　札幌市の小学校で展開されたその活動の「枠組み」は、①アーティストは「転校生」、②余裕教室がアトリエ、③休み時間や給食時間に交流、という3つである。具体的には音楽活動がとりあげられたが、子どもたちは誰がいつくる

（2）拙著『学校型教育を超えて—エンパワーメントの不定型教育—』北樹出版、1997。

（3）日本社会教育学会編『社会的排除と社会教育』東洋館出版社、2006、同『子ども・若者支援と社会教育』東洋館出版社、2017。

かわからず、ゴールは決めないが「育ちあえるような場、遊びの中でみんなが認知する場をつくること」が目的で、最終的には音楽祭のようにものを考えた。誰もが「立場ではなく、個人で」関わり、教師・教頭も参加した。学校制度や補助事業の枠内での調整が必要であったが、小林氏は、地域とのつながりが深い小学校という範囲で、「いろんな人が出会う地域ができる」きっかけになればと考えている。

　そのような場づくりは、社会的に排除されてきた人々の学びを支援する多様な活動を通して広がってきている。第 1 回フォーラムで報告された多世代型子育てサロン「ねっこぼっこのいえ」や共生型地域福祉ターミナル「ゆうゆう」もそうした活動であるが、ここで報告された釧路市の自主夜間中学「くるかい」と苫小牧市の「フリースクール」運動は、学校教育から排除された人々を支援する活動の典型例である。当時、2016 年 12 月に成立する「教育機会確保法」に向けた運動が進んでいたが、夜間中学はフリースクールともにその焦点となっていた[4]。

　「読みかつ書く権利」は、ユネスコ国際成人教育会議の「学習権宣言」（1985 年）の最初に掲げられている権利項目で、言語をとおしてコミュニケーション活動を行う人間が生きていくための基本的権利である。「くるかい」の報告をした佐藤氏は、その実践を通して「人は文字を獲得し、自分の名前が書けた時、自分が自分であることを実感することができる」と言う。「一人の人間として生まれ変わり、自分が生きてきたことの証を実感できる」と言うその活動は、「自分自身の世界を読み取り、歴史を綴る権利」と言う学習権宣言の第 4 項目につながるものである。

　当初、学習者の多くは高齢者であり、文字をかけないことの不便をかんがえて「最初は生活にやくにたつ」学習から始めたが、とくに北海道教育大学の学生スタッフには、「教える側／教わる側」と言う関係に立つ「教師」ではないことを伝える。「少なくとも大人の学習をサポートしながら、人生の先輩である学習者の生き様から学ばせてもらう、一人の人間として対等に尊重しながら

（4）添田祥史「第 8 章　すべての人に教育を！―学習権保障の制度―」小玉敏也・鈴木敏正・降旗信一編『持続可能な未来のための教育制度論』学文社、2018。

接する気持ちを大切にしてほしい」と言う。学習者と支援者がしばしば相互に入れ替わるような「立場交換」が求められているのである。

　個人学習とグループ学習の二本立てで進める学習活動や各種イベント活動を始め、「若いスタッフが若い発想でいろんなアイデアを出してくれる」。それは地域の中でこの活動を知ってもらい、多様な支援をうける上でも、重要である。会場確保、広域事業組合のポイント寄付、民間企業やマスコミの応援など、「地域の力が私たちの活動を支えてくれている」、「誕生した『くるかい』を残していく、これが地域の力だ」と佐藤氏は言う。

　「地域の力」の積極的ネットワークづくりを進めてきたのが「とまこまいフリースクール検討委員会」の活動である。既述のように第1回目フォーラムでは、「日常の困りごと」が実践展開の原動力であることが確認されたが、2014年に、ワーカーズコープのメンバーを中心に生まれた「とまこまい子ども・若者協力者委員会」は不登校者支援・フリースクール問題を取り上げ、「生きづらさ」をキーワードに学習を進め、「不登校親の会」の組織化、「生きづラジオ」などで発信するとともに、多様なシンポジウム・研究会、実践的活動に参加する。報告した藤井氏は、「できることから始めると、そこに参加した人からニーズが出てくる」、自分たちでできない時には、「他の取り組みに協力を要請し、既存の社会的資源を活用することによって、全体としてニーズを満たすことによって『フリースクール』になっていくのではないか」と言う。この過程で自分たちのノウハウも蓄積され、所属・年齢など多様に「異なる人々との出会い」が生まれ、「当事者には社会性が養われていく」、と。

　だから藤井氏は、「キーワードは自分とは違う人への想像力」であり、「会って話す、話すことから始めることが大事だ」と言う。小林氏はこれに、「分かってくれる人を見つけるというやり方でやっている」と呼応している。彼らは自分たちの活動を社会教育実践だとは言わないが、彼らが必要だと思う活動を通して、既述の「社会教育の楽しさ」を会得しているのである。

第3節　つながる力を高める

　初年度のフォーラムでは、つなげる力を高める上で「社会教育委員」の役割

が重要で、その積極的展開が見られるのが北海道の特徴である、ということが
確認された。ほんらい社会教育委員会は、社会教育を住民自治で進めるための
公的組織である。しかし、それが形骸化して久しく、委員も各住民組織代表の
形式的な「充て職」となっている場合が多い。しかし、今回の全体会で報告さ
れた佐呂間町の場合のように、北海道では社会教育委員の積極的活動が見られ
るようになってきている。その具体的ありかたに焦点化して報告・討論がなさ
れたのが、第2分科会である。

　商店街の空き店舗を活用した多世代交流拠点である長沼町の「創年のたまり
場『ほっこり』」については、弟子屈町の高齢者から子供までのたまり場「み
ちくさ」とともに、第1回フォーラムで報告されている。筆者はそれらの実践
を「地域住民のコモンズ（共有資産）」形成の実践と評価した上で、次のよう
な点に注目した。第1に、行政活動としてではなく、住民代表としての社会教
育委員が、一人の地域住民として取り組んでいる実践であること、第2に、そ
の活動拠点が、世代間交流・連帯の場となっていること、第3に、その活動が
社会的排除問題への取り組みにつながっていること、第4に、そこから「持続
可能で包容的な地域づくり」への方向が見えてきていることである[5]。

　全体会でも報告した真如氏は、佐呂間町の「しゃべろ場」の実践を紹介した。
それは青少年犯罪問題を契機にした、社会教育委員の「子どもについて考える
懇話会」活動から始まり、子どもの考えを聞くための「子どもの話を聴こう
会」に発展した。子ども（高校生）の反応が良く、その要望を聞いて、高校生
とともに実行委員会を組織して、2013年以降毎年開催するようになった。高
校生が抱える多様なテーマを取り上げてきたが、そうした活動を通して高校生
が人とかかわることの大切さを考え、いじめなどの問題を自分ごととして捉え
ると同時に、大人がしていることの理解をし、社会教育委員3名を出すまでに
なってきている。真如氏は、「一人の人間として子どもの悩みを共有すること、
一緒に悩んであげることが大切」で、「人と人とが関わり合う中で、自分を振
り返り、自分を見つめることが大切であり、このことは子どものみならず、私
たち大人にとっても同様」だと言う。それこそ、相互受容から相互承認へのプ

（5）拙著『将来社会への学び』筑波書房、2016、p.106-109。

ロセスの大切さを表明していると言える。「しゃべろ場」では、３分間ルール、傾聴、名前は苗字・敬称でと言うルールがある。そうした中での世代間連帯は、「子どもが抱えている問題は大人が抱えている問題でもある」と言う理解の上に成立し、実践を通してそれを実感している。

　前年から引き続き「ほっこり」の活動報告をした長沼町社会教育委員の金子清人氏は、社会教育委員の自主的活動が、空知管内の由仁町・栗山町・南幌町・長沼町に跨る「よんまちネットゆな〜く」に展開している一方で、「ほっこり」では協力者の高齢化の課題があり、それに対応した「麻雀教室」などの新たな事業を展開していることを紹介した。

　恵庭市社会教育委員の青野菜名氏は、中１の子どもの母であり、町内会役員で、社会教育委員２年目である（社会教育委員10名中４人が女性）。新任時の特別研修「社会教育委員とは？」をはじめ各種研修会で学ぶ一方、社会教育の理解を進めるために４人の女性委員と「女性会」を結成、学んだことを地域FM で市民に伝える活動をしている。町内会活動では、各町内会連携で子ども育成事業を実施することなどを進めつつある。恵庭市の社会教育委員会の積極的活動については、コミュニティスクールや生涯学習計画づくりなど知られているが [6]、社会教育についてよく知らなかった市民を社会教育委員に位置づけ、社会教育委員の仕事そのものを通して社会教育推進の担い手を育てようとしていることが注目される。真如氏が提起した「他薦」や「公募」の形式と合わせて、持続可能な社会教育委員活動に向けての一つのあり方として検討すべき課題であろう。

第４節　暮らし続けられる地域づくり

　誰もが安全・安心に暮らし続けられる地域づくり、そのための学習はいかにあるべきか、それを報告・討論し合うのが第３分科会の課題である。第１回フォーラムでは、「北海道新エネルギー普及協会（「NEPA」）、「ワーカーズコープ恵庭地域福祉事業所」そして「北海道自由が丘学園」の報告をもとに討論を

（6）拙著『増補改訂版　生涯学習の教育学』前出、終章を参照されたい。

進めた。いずれも NPO の活動であり、社会教育団体としては必ずしも認めら
れていない団体の実践であった。しかし、それらは持続可能な地域づくりを目
指す実践であり、そこに含まれている学習活動はむしろ将来社会への社会的協
同実践に伴うものとして、今日ますます重要となる社会教育実践領域として位
置付けられるべきものである。

　ESD はそれまでの環境教育と開発教育を統一しつつ、「持続可能な発展(SD)」
の理念にかかわる全ての活動を含むものとされた。日本では環境基本法（2003
年）に基づく「環境教育推進法」(2003 年)、それを改定した「環境教育促進
法」(2011 年) で、環境教育は「持続可能な社会の構築を目指して、家庭、学校、
職場、地域その他あらゆる場所において、環境と社会、経済及び文化とのつな
がりその他環境の保全についての理解を深めるために行われる環境の保全に関
する教育及び学習」とされ、ESD の考え方が法的に位置付けられた。そして、
そのための「協同取組」が主要課題とされた[7]。こうした経過から、日本で
ESD は環境教育の一環として考えられることが多い。

　しかし、環境教育促進法が成立した同じ年、地球的環境問題であると同時に
貧困・社会的排除問題の典型例となっていく東日本大震災が発生し、これらに
対応して地域再生を進めるために必要な「持続可能で包容的な地域」づくりを
進めることが各地域での課題となり、具体的な実践が進められてきた[8]。こ
うした中で、環境教育としての ESD だけでなく、「社会教育としての ESD」
とくに「持続可能な地域づくり」に社会教育的視点からどのように関わってい
くかが問われていたのである[9]。

　今回のフォーラム第3分科会で報告されたのは、より地域の実践に即して持
続可能な社会づくりを目指す、「かたくりの里とうべつ」と「いぶり自然学校」

（7）以上の経過と環境教育の動向、北海道における「協同取組」の実際については、
　　拙著『持続可能な発展の教育学―ともに世界をつくる学び―』東洋館出版社、
　　2013、とくに第2章。
（8）北海道における環境教育、地域再生教育の動向と合わせて、拙著『持続可能で
　　包容的な社会のために―3.11後社会の「地域をつくる学び」―』北樹出版、
　　2012、参照。
（9）日本社会教育学会編『社会教育としてのESD―持続可能な地域をつくる―』東
　　洋館出版社、2015。

の実践である。後者は、旧来、公害学習・教育とともに日本の環境教育の起源をなすと考えられてきた自然体験学習・教育の一環と考えられるが、前者はそもそも教育活動として位置付けられることがなかった活動である。これらの実践から何を学ぶことができるのであろうか。

　「かたくりの里とうべつ」とは、「菜園付きエコアパート」のことである。そのホームページによれば、「自然に還（かえ）ろう」という気持ちを表現した名称で、今は「水も土も空気すら安心して体に取り込めない時代」で「便利になった代償に地球はどんどん汚染され続けています」と言う時代認識のもと、「人に優しく、自然に優しく」ということが「かたくりの里とうべつ」の理念であるとされている。それはもちろん、アパート経営戦略でもあるが、アパートづくりを通して「持続可能で包容的な地域づくり」に貢献しようとしているのである。

　報告者である大澤産業株式会社の社長・大澤俊信氏は、大卒後、会社員のビジネス力やモチベーションの向上をはかるという「社会教育的な」仕事をしていたが、親の介護問題があって当別町に帰郷した。しばらく札幌に通うサラリーマンをしながら、町内会活動もしていたが、2年前から父親が創業した会社（学生向けのアパート業）を引き継ぐことになった。町内会やアパート組合の活動を通して、札幌に近接しながら「道民の森」もある自然豊かな地域条件を生かした地域づくりの必要性を感じるようになった。報告当時、エコアパートと地域コミュニティづくり、図書館づくり、そして木質バイオマス産業振興に取り組んでいた。学生向けアパートの限界を感じて取り組んだ、菜園付き・ペレットストーブ付きの「地域コミュニティの場としてのアパート」経営はそれらの中心にあった。

　大澤氏は、オーガニックガーデン、コミュニティ、心身が健康で癒される住環境を提供しようとした。森林資源をふんだんに利用した「北の木の家」、LED照明、木質断熱材、ペレットストーブ、雨水利用タンク、菜園付きなどはすべて「自然資源の節約・再生」の具体化である。しかし、それ以上に、それらを通してコミュニティづくりを考え、町内会加入を入居条件にすることをはじめ、とくに「人をつなぐ菜園」の機能を重視している。野菜づくりの学び合い、家族の触れ合い、収穫物の相互贈与、共用畑での野菜・ハーブづく

り、味噌づくりなどの協同加工などである。それらを支える野菜・ハーブづく
りセミナーから交流会開催、そして情報提供・共有（ホームページに掲載され
る「おおやさん日記」など）まで、すべてが社会教育活動だと言ってよいであ
ろう。大澤氏は、子ども連れ家族の参加で町内会が活性化していることを見な
がら、さらに「自然の中で子育てすることの意味や価値をもう少しブランド化
してみたい」と考えている。

　第 2 の報告「いぶり自然学校」は、「北海道らしい自然体験文化の創造」と
「北海道における持続可能な地域社会の創出」を目的としている NPO「ねおす」
（1999 年創立）の胆振支部として、2008 年に設立された。翌年には拠点を登別
市から苫小牧市に移している。小学生対象の自然体験活動・アフタースクール、
幼稚園での保育活動、自然・文化・地域産業を生かした幼児から大人までの体
験活動の企画・実施をした。さらに管内の地域づくりや人材育成、森づくりボ
ランティアのコーディネートやグリーンツーリズム推進などの事業を展開して
きた。2015 年には「ねおす」から独立して、事業型の NPO「いぶり自然学校」
となった。

　上田融氏は、その代表である。上田氏は、苫小牧市小学校教員から登別市社
会教育主事を経て NPO「ねおす」の職員となった。仕事は「だんだん自由に
なってきたけど、だんだん不安定になってきた」。それゆえに「ボランティア型」
ではなく「事業型」NPO にこだわる。より具体的な地域づくりを目指した自
然学校の展開である[10]。

　報告で紹介されたのは、「森のようちえん」の実践である。全国植樹祭が苫
小牧東部で開催されたのだが、その後の活用についてはノープランだった。そ
こで、たとえば修学旅行生を受け入れて森の手入れをする、地元住民に指導者・
助言者・援助者になってもらう、そこで子ども連れの母親に参加してもらうと
子どものお守りという仕事も生まれる。そうした活動を通して、「お母さんた
ちの自己実現」をどうするかという課題が生まれる。主婦となる前に培った技
能や経験を生かし発展させる機会と場が必要となったのである（全体会で報告

---

(10) 全国的な動向については、阿部治・川島直編『ESD 拠点としての自然学校─持
　　続可能な社会づくりに果たす自然学校の役割─』みくに出版、2012、など。

した吉岡氏の場合が想起される）。この社会的活動と参加者の「自己実現」を
結びつけようとして始まった地域活動が「森のようちえん」（母親が子ども連
れで森にきて遊べる場づくり）である。幼稚園児が薪づくりの仕事をし、その
薪を市内の銭湯に持っていき、無料のお風呂チケットをもらい、親子で汗を流
すといった活動である。単なる自然体験ではなく、木質バイオマスを生み出す
「仕事」をして「収入」を得、そこが母親たちの「居場所」となるということ
を重視している。

　母親たちは、お茶を持ってきて話をする。その話し合いから、枝を利用した
スプーンやボタンづくり、各種イベントでの発売、それを「森のようちえん」
の活動資金にするなど、多様なアイデアが生まれ、新しい実践が展開される。
それが広がると、学校やPTAのイベントなどを請負うような事業が生まれる。
そこで母親たちのビジネスキャリアも活かされ、こうした活動から生まれたノ
ウハウを整えて「パッケージ」にして売る。上田氏は、こうした活動を「ソー
シャルビジネス」[11]だと言う。

　上田氏は、「社会教育は暮らしの中心にある」、しかし、それは日常的には見
えないと考えている。「子どもの自然体験はいいことだ」と言って呼び掛けれ
ば、そう思う人もそれを支援する人も集まる。しかし、重要なことはそのあと
の踏み込みで、活動の反省、そこから生まれた課題・アイデアから、次の実践
を企画立案する。こうすることによって最初は透明だったものや「穴」が見えて、
そこから「次のソーシャル」が浮き彫りになってくる。「いいことをした、自
己実現をした、その後どうするということを練り込んでいくと、社会教育とい
う真ん中にある見えない穴の大切さに気づく」、そのような「環境保全のモデ
ル」を上田氏は狙っているのだと言う。また、「人と人をくっつけるための方
法として森の手入れを使っている」、「普段出会うことのない人たちや業種が出
会って化学反応が起きている」とも言う。それは、全体会で確認された「つな
がり」を作り、「みんなが幸せになること（「いいこと」）プラス自己実現」を

具体化することを通して、学習＝新しい発見をしていくことに「社会教育の面白さ」があるということに重なっているであろう。

　上田氏は最後に、真ん中の穴が見えないこの活動をバウムクーヘンに例え、真ん中の穴は「すごく公共性が高い」ので儲からないことが多いが、その外側を「分厚くしていくことによって価値が上がっていく」と言う。そうすると多様性と経済性をもつ活動になる。ボランティアの母親たちが交通費や謝金をもらえると次につながる。自分のアイデアがそのきっかけだったということになれば、自立心も高まる。上田氏は、そうした活動を発展させることによって、「税金だけで回さなくてもよくなるモデル」ができるのではないか、と提起するのである。

　以上のような実践は、自然環境学習から自然再生（エネルギー再生を含む）学習を経て、地域環境づくり教育への流れにおいて位置づけられるだろう[12]。２つの実践においては、社会教育実践の視点が不可欠であった。討論のまとめにおいては、自然エネルギーについても、単に消費者としてではなく、生活の中で自分たちで創造して、地域のエネルギー管理主体になる、そうした視点でコミュニティづくりを考える必要があることも提起された。大澤氏は、住宅という総合産業のあり方を通して、そこで生活すること（菜園活動を含む）の意味、コミュニティへとつなげることの大切さを指摘した。上田氏は、自然環境教育を社会教育として進めていく際にふまえておくべきことを提起したが、とくに一般行政と学校教育と社会教育とNPOの連携のあり方、これらの連帯で持続可能な地域づくりをどう進めていくかが今後の課題になるということが参加者の共通認識となったように思える。

---

(12) 拙著『持続可能な発展の教育学』前出、第１章を参照されたい。

第**9**章

誰もが安心して生き続けられる地域づくり

　北海道内で展開されている様々な学び、これまで社会教育や生涯学習として考えられてこなかったような学びを含めて、それらをつなげていき、誰もが安心・安全に生き続けられるような地域をつくる力を生み出していく、そうした志向性を持って北海道社会教育フォーラムは設立された。最初の2回のフォーラムで、市民、NPO、社会教育・行政職員あるいは企業の立場から、社会教育実践の理解とその意義、面白さについて議論し合ってきた。第3回目からは、それらを有機的につなげて、具体的に「地域をつくる力」を育てるためには何が必要かを考えるために、特定の市町村に焦点化して、多様な角度から報告・討論していく方式をとることにした。分科会では、そのために比較検討すべき他市町村の実践例と合わせて議論することにした。

　この方式をとってから全体会で取り上げられた市町村は、浦幌町、恵庭市、栗山町、そして剣淵町である。ここでは、前3者を中心にした事例によって、「持続可能で包容的な地域づくり」への実践についてどのような議論がなされてきたかを整理する。

第1節　世代間連帯へ―うらほろスタイル―

　「子どもが変われば大人が変わる、大人が変われば地域が変わる」をキャッチフレーズにする浦幌町の教育実践＝「うらほろスタイル」については、すでに教師教育の立場からそれに関わった研究者たちによる著書も出版されている[1]。筆者は、それを世代間連帯の「参画型市民性教育」の実践例として位

（1）宮前耕史・平岡俊一・安井智恵・添田祥史編『持続可能な地域づくりと学校―地域創造型教師のために―』ぎょうせい、2017。
（2）拙稿「市民性教育と児童・生徒の社会参画」『北海道文教大学論集』第20号、2019。

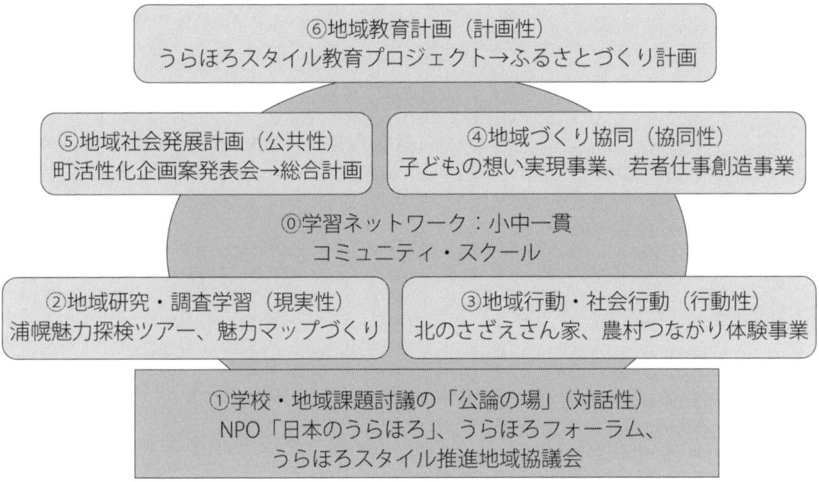

図9-1　うらほろスタイルの地域づくり教育

置付けている⁽²⁾。それらから、「持続可能で包容的な地域づくり教育（「ESIC」）」につながる諸実践を整理してみれば、**図9-1**のようである。

　2016フォーラム全体会では門間孝敬氏（うらほろスタイル推進地域協議会長）が、同会設立の経緯と事業概要について報告した。急激な過疎化の進行で、小学校と中学校の統廃合が相次いだが、2008年、道立浦幌高校も募集停止（2010年閉校）となった。「平成の大合併」の議論もあったが、2005年に「自立」の道を決めていた。町民の中から「自分たちで町をつくらなければならない」という意識が芽生え、後述のNPO「日本のうらほろ」（都市と農村の共生をスローガンとする）も始まって、持続可能な地域をつくるためにも、子どもたちの教育の重要性が理解されてきた。具体的な行動は、2007年、中学校の総合学習「郷土と私〜まちおこし」とくに「まちづくり企画立案学習」（**図9-1**の⑤の実践）から始まった。教師と保護者、NPOの連携で進められた実践であるが、これを行政や教育委員会、各種団体も支援して推進しようということで、2008年、「うらほろスタイル推進地域協議会」が発足した。

　ここに、教師・保護者・地域住民が、子どもたちに地域の魅力を伝え、愛着を持ってもらうことを目的とした「うらほろスタイル教育プロジェクト」が始まるのである。具体的な事業は2008年から5カ年間の「うらほろスタイルふ

るさとづくり計画」という行動計画のもとに展開されることになった。具体的には、生きる力を育むふるさと学習に取り組む「地域への愛着を育む事業」、子どもが提案・企画したことを大人が実現しようとする「子どもの想い実現事業」、そして町内民泊などを進める「農村つながり体験事業」が多様に進められた。そして、2013 年には新たに、若者の雇用や起業・創業を支援するための「若者のしごと創造事業」が始まる。

　これらの活動をとおして「子どもが変われば大人が変わる、大人が変われば地域が変わる」を実現していくのである。その実践をより具体的に紹介したのが、NPO「日本のうらほろ」の代表者であり、うらほろスタイル全体の事業コーディネーターをしている近江正隆氏であった。近江氏はまとめとして、それは「元々意識していたわけではなく、こういう取組の中で必然的に生まれてきた」ことだと言う。まさに実践を通して、世代間連帯の地域づくり運動が生まれてきたのである。近江氏は、多様な事業は「まちづくりと人づくりが被りながら、連携しながら、未来を創っていくという構図かな」と言っている。「地域づくり教育」の特徴をよく示している。

　「地域への愛着を育む事業」は、北海道全域で展開した「ふるさと学習」に共通する側面があり、子どもが地域の自然・歴史・産業などに触れて感動し驚きを示すことが、大人の地域見直しにつながった事例が多い。また、「農村つながり体験事業」は、たとえばグリーンツーリズムによる修学旅行生受け入れが、農林漁業者の生産・生活活動にかかわることによって、子どもが生活規範・道徳までも学ぶ一方、受け入れた人々が「元気をもらう」といった経験と重ねて見ることもできよう。浦幌町には農・林・漁業地区があり、町内で修学旅行生並みの体験ができるのである。しかし、浦幌町の独自性は、第 1 に、「子どもの思い実現事業」によって、子どもたちの希望や発案を大人が「ワークショップ」で取り上げ、具体化しようとしていることである。第 2 は、以上の活動を組織化し、「プロジェクト化」し、さらに「うらほろスタイルふるさとづくり計画」として取りまとめていったことである。第 3 に、第 1 の活動を発展させ、世代間連帯の地域づくりにつながる「若者のしごと創造事業」へとレベルアップしていったことである。こうした展開の背景にあるものは何か。

　近江氏は第 3 分科会でも報告し、自らのライフヒストリーを語っている。高

卒後、船の専門学校、酪農実習を経て、漁業を志して浦幌町へ来たが、船の転覆事故を契機に地域の人に支えられていることを実感した。地域に貢献するためにNPO「日本のうらほろ」を設立、「地域が目指すのは地域を次世代につなげていくこと」、そのために「子どもたちが夢と希望をいだける町づくり」を目指してきたと言う。他市から通う教師が多い中で、最初の「うらほろスタイル」の活動である総合学習「郷土と私」の中心となった教師は浦幌町に住み地域にかかわる活動をしていた教師であったこと、第1分科会で報告した森彩花氏は、教育大学生だった時から浦幌に通い、地域コーディネーターとして地域おこし協力隊員になったことなどと合わせて、外部から地域づくりの中心的担い手になっていくプロセスには共通の論理があるように思われる。1990年代、経験的に、地域づくりには「若者、よそ者、バカ者」が必要だということが言われた。その意味をあらためて考えてみる必要があるが、「バカ者」は私的・個人的生活課題を超えた「地域課題」を常に考え、課題解決に取り組もうとする地域住民であるが、筆者は彼らが集団化することが重要だと考え、「地域課題討議の公論の場」から「地域づくり基礎集団」が生まれることが地域づくり活動にとって重要だと考えてきた[3]。

　しかし、より重要なことは実践展開そのものであろう。それらの主要領域を**図9-1**で示したように、「うらほろスタイルふるさとづくり計画」以前からの活動も重要である。過疎化に対応して何ができるかを討論する懇話会や「うらほろフォーラム」の活動があり、「日本のうらほろ」によるコミュニティハウス「北のサザエさん家」を拠点とする子どもの教育支援の具体的活動があった。その過程で大人も地域のことをよく知らなかったことに気づき、地域のことを学ぶ活動が生まれた。そうしてはじめて「地域の愛着を育む事業」や「農村つながり体験事業」が具体的内容をもって展開できたのである。さらに全体会討議でも議論されたように、具体的には明らかにできなかったが、社会教育の歴史的蓄積も無視できない。コメンテーターの宗本和博氏が提起したように、なぜ浦幌で「子どもが変われば大人が変わる、大人が変われば地域が変わる」ができたのか、さらに検討が必要である。同じく矢崎秀人氏（元置戸町社会教育

（3）拙著『「地域をつくる学び」への道』北樹出版、2000、序章と終章など参照されたい。

主義）が指摘したように、「うらほろスタイルふるさとづくり計画」という地域づくり＝教育計画を策定できたことには大きな意味がある。その際に、「子どもの計画」から「大人の計画」へと展開したところに浦幌町の特徴がある。北海道には、次節で見る恵庭市という全国的に知られた地域生涯学習計画づくりの実践があるが、そうした経験と合わせて地域生涯教育計画づくりの理論と実践を発展させ、道内および全国的に提起していく必要がある[4]。

　もちろん、学校教育のあり方について浦幌町の実践が提起していることも考えなければならない。近江氏が再三述べているように、「地域の課題を解決するための能力を蓄えること」は現行学習指導要領に現れているようなコンピテンシー政策、「主体的・対話的で深い学び」を考え直す上でも重要な提起である[5]。中学３年生の町活性化企画案の中からは「高校復活」が出てきたが、これに対応して、町の特性を生かして農林漁業が学べる「第１次産業高校」を「町立」で復活をという活動も生まれてきた。全国的には島根県の隠岐島前高校、北海道では（道立から市町立に移管した）三笠高校や奥尻高校が注目されている今日、浦幌町の経験は高校改革のあり方としても参考にすべきことであろう[6]。

第２節　出会い、つながり、大人が変わる—恵庭型生涯学習を支えるネットワーク—

　2017北海道社会教育フォーラムは、主たる対象として恵庭市の社会教育・生涯学習を取り上げることになった。恵庭市には、市民主体の生涯学習計画づくりだけでなく、「コミュニティスクール」（政策的に進められている「コミュニティ・スクール」とは区別される恵庭市独自のもの）、「ブックスタート」に始まる図書館活動や「花の街づくり」など、全国的にも知られた実践がある。

（4）拙著『増補改訂版　生涯学習の教育学』北樹出版、2014、終章を参照されたい。
（5）それらの批判的検討と実践的提起については、鈴木敏正・降旗信一編『教育の課程と方法—持続可能で包容的な未来のために—』学文社、2017。
（6）全国的には、内発的発展の視点を重視した、荻野彰『人口減少社会の教育—日本が上手に縮んでいくために—』幻冬舎、2019、など。

それらはどうして可能となったのであろうか。その秘密を探るのが2017年度の課題となった。全体会テーマは、「出会い、つながり、大人が変わる」である。現代生涯学習の出発点である基本的活動＝学習ネットワーク（**図9-1**の⓪）に立ち戻り、そこから大人が地域をつくる学びの世界に入ってくるプロセスを大切にしたかったからである。

　内容的には前年度の議論をふまえ、世代間連帯の地域づくりを念頭において、「子どもから始まる学習ネットワーク」に着目する。そして方法的には、社会教育活動に伝統的なサークル活動に加えて、大小のイベント活動に留意する。1950年代の日本では「共同学習」運動を始め「サークルの季節」と呼ばれるようにサークル活動が広がり、とくに60年代以降の都市化の中で、旧来の団体主義的活動に対して、より加入・脱退が自由なサークルが社会教育的学習組織の中心となる傾向があった。これに対してもう一つの活動形態であったイベント（祭りなど）は、イベントをすること自体が目的となる「イベント主義」として批判され、とくに地域における担い手の中心となってきた青年層の参加の減少に伴い、イベントを維持すること自体が負担となってきた。しかし、イベントは「身体的参加」を伴うものであり、参加することによって「元気をもらう」という側面もあり、それ自体は**図9-1**で示した③地域行動・社会行動という地域づくり教育の一環でもある。その意味を考えつつ、ここではネットワークづくりに果たすその役割に着目したい。

　その際に、ネットワークの多様性をふまえておく必要がある。それは草の根ネットワークに始まり、地域別・課題別ネットワーク活動を経て総合ネットワークとなり、そこから「地域づくり基礎集団」が生まれる[7]。日本で一般的には、そうしたネットワークは学校・公民館・自治会のトリアーデの中から「コミュニティネットワーク」として生まれ、地縁的活動と志縁的活動（旧来のコミュニティとアソシエーション）を結びつけ、地区外・自治体外に広がっていく[8]。それは地域づくり教育の基礎的活動であるが、地域づくり実践そのも

（7）姉崎洋一・鈴木敏正編『公民館実践と「地域をつくる学び」』北樹出版、2002、終章。

（8）鈴木敏正・玉井康之・川前あゆみ編『住民自治へのコミュニティネットワーク ―酪農と自然公園のまち標茶町の地域再生学習―』北樹出版、2010。

のがコミュニティネットワークを拡充していく。

　以上を念頭におきながら恵庭市のコミュニティネットワークにアプローチするために、フォーラム全体会では、世代の異なる3人の代表的実践者に、地域づくりに関わってきた彼・彼女らのライフストーリーを語ってもらった。

　「恵み野花カフェきゃろっと」店長の内倉真裕美氏（60代）は、1988年に恵庭市恵み野地区に移住して「きゃろっと」をオープンしてから、多様なネットワークと地域づくり活動をしながら、2011年には「恵庭花のまちづくり推進会議」会長となって地域づくり活動の中心となってきた経緯を報告した。移住時には子ども3人を抱え、夫は単身赴任、新興住宅地で新しい人たちが集まっているこの街で「恵み野を子どもたちの故郷にしたい」と考える。そのために2つの目標が生まれた。ひとつは、恵み野・恵庭を文化の香るまちにすることである。「おはなしサンタ恵夢」（読み聞かせ、文化活動サークル）など、子どもの居場所、遊びやスポーツをする機会づくりの活動が始まる。それらは、野外劇「エ・エン・イワ（恵庭岳）」や子どもミュージカル「サンタクロース物語」といった大規模文化イベントも生み出す。総合芸術の性格を持つそうした実践が、多様な人々を結びつけネットワーク化していったことは言うまでもない。

　もうひとつは、恵み野・恵庭を美しくやさしい「花のまち」にするということである。「花づくり愛好会」結成から「花のまちづくり」に至る活動の展開である。研修会・視察からコンテスト開催、コンクール参加、全市的な推進協議会・推進会議の設立、個人宅・店舗・街路・各種イベントなどでの「花と緑のまちづくり」の展開である。庭師や花苗生産組合、文化協会と観光協会、そして町内会と小・中学校など、多様な組織が参加してきた。

　こうした活動を通して内倉氏は言う。子どもは家庭と学校だけでは育たない、地域が良くなれば自分の子も良くなる、子どもはみんな違うから面白い、みんなで育てることで大人も育つ、子どもは地域で育つとふるさと意識を持つようになるなど、内倉語録は尽きないが、いずれにおいても浦幌町の実践と共通の理解が生まれていると言える。

　次の世代の報告者・久保純一氏（50代）は、グラフィックデザイナーである。2004年に「えにわシーニックプロジェクト」（恵庭の観光資源をバスツアーやキャンドルナイトなどを通して発信する活動）に参加して市民活動の面白さ

を知る。既存の団体や組織とは関係なく、市民有志が集まって対等な関係で活動することに魅力を感じる。そこで多様な人々と出会い、一緒に市民活動のあり方やまちの未来を考えた。自分の子どもの関係で町内会育成部の活動を始め、2007年からは、小学生の生活体験と地域のつながりをつくることを目的とする「恵庭通学合宿」に参加する。教育委員会が事務局の実行委員会形式だが、シーニックプロジェクトとは異なり、（彼が参加した段階では）参加者の当事者意識が薄く、協力するという立場でしか動かないため、問題や課題があっても先延ばしにすることが多かった。目的が良くても、参加する人が目的・目標をしっかりと理解し、主体的に関わらないと結局ただこなすことになって長続きしない。「恵庭通学合宿」は親たちの「通勤合宿」まで発展したが、2013年で終了することになり、市民活動の深さと難しさを知った。

　しかし、通学合宿自体の意義がなくなるわけではない。久保氏は、同年「恵小っ子と地域をつなぐ会（仮）」を立ち上げ、その代表となる。その目的は、①場をつくる、②人をつなぐ、③地域が人によって成長する循環をつくる、④自らの成長の場となる、である。③は、子どもが成長して大人になることで地域が循環しているという認識のもと、「それぞれの年齢で経験を積み、より良い人間として成長することでしか地域は成長しない」という理解から立てた目的である。④は、仕事だけでは充足しきれない精神面や知性面での欲求を重視し、無償労働でも「創造的かつ評価される方法で貢献する機会を持つことが必要で、そこでの成長こそが大きな幸せにつながっている」という思いを表現したものである。第8章で見たように、自己実現と相互承認の活動が楽しさ＝幸せにつながっているということであろう。

　久保氏は、居住する恵庭地区と恵み野地区の教育水準の違いの原因を考え、「親の教育」の重要性を意識する。また、次にみるプレイセンター出身の親にまちづくりに積極的な市民が多い理由を考え、その運営方法すなわち、まず会議を開き、内容を考え、実行し、反省会を行い、修正してまた実行するという、主体的なPDCA的活動が重要だと考える。これらをふまえた具体的な活動が、新しい「恵庭地区通学合宿」を中心とした「恵小っ子と地域をつなぐ会」の実践である。子どもたちが料理メニューを決めて買い物、調理、大人も一緒に食事・交流会といった活動は従来も見られたが、そば打ちやテント生活など

の体験活動の広がりがあった。農村部（島松地区）で行われたような自然体験学習などは十分にできないが、「ドラム缶風呂」や地域の家庭での「もらい湯」などは、浦幌町での「宿泊学習」にも相当する教育的効果があった。主体的なPDCA的活動、PTA・町内会との話し合いやワークショップが、大人の学び合い・成長の場になっていることは言うまでもない。

こうした活動を通してネットワークを広げた久保氏は、他のNPOや環境協会などの活動にも関わっていき、2016年には上述の「花のまちづくり推進会議」の副会長となり、市全体にネットワークの輪を広げている。

第3の報告者・鈴木祥江氏（40代）は、NPO「ワーカーズコープ恵庭地域福祉事業所」の職員である。2008年に開設された恵庭市プレイセンターに娘と通い始め、幼稚園に通いながらもその活動に関わりたいと考え、プレイセンター「ゴゴプレ」を立ち上げ、「ママカフェくつした」の開設、恵庭プレイパーク実行委員会（のちに代表）や「恵小っ子と地域をつなぐ会」にも参加していく。プレイパークとその運営理念と方法が共通すると考えた上記NPOに入会したのは、2016年である。ニュージーランドで生まれたプレイセンターは「協働保育」の場で、子どもの自由・自発的な学びと親の学び合いを目的に「親が主体的に運営に参加する協働運営」を特徴とする。仲間と協力し、子どもが育つ環境づくりを考える経験が、自然と自分たちが住んでいる地域のことにつながる、と言う。久保氏が着目した点である。

同NPOの活動とその意義については、第1回フォーラム第3文化会での廣奥基氏の報告に基づいて述べたので[9]、繰り返さない。鈴木氏は、「市民が協同・連帯して人と地域に必要な仕事をおこし、よい仕事をし、地域社会の主体者になる働き方（協同労働）を行う協同組合」＝ワーカーズコープの理念に共鳴した。そして、元美容室を改築して開設した「みんなの家」（コモンズと言えよう）を基盤に、新たな「プレイセンターHug!」、学校から排除される子どもたちを受け入れる居場所「ドロップ」、その親たちの話し合い・交流の場「はぴぷれ」、そして子どもが1人でも来られ地域住民と交流できる「子ども食堂」と地域の母親たちが運営する「地域食堂」の実践に取り組みつつある。行政との関係を

（9）拙著『将来社会への学び』筑波書房、2016、第6章第2節。

どうするか、いろいろな助成金や管理委託という形態をとりながら真に自立・協同の活動にするためにいかなる運営をすべきか、取り組むべき課題は多いが、こうした地域行動がコミュニティネットワークの新しい基盤となっていることは間違いない。

　以上で見てきた活動は、大人の世代間連帯として相互に結びつきつつある。内倉氏は、自分の息子を含めて第2世代の子どもたちが恵み野に帰ってきて、商店街に若者の姿が目立ち、子どもたちは「まるで地域に親戚がたくさんいるようだ」と言うようになってきていると報告した。持続可能な地域づくりの姿が見えてきているのである。そうしたネットワークをつなげ、「市全体の地域をつくる学び」を組織化し、構造化していくことが課題となってきている。以前に社会教育委員と社会教育主事が中心となって進めた地域生涯学習計画づくりの経験 [10] があり、その次の世代の社会教育委員が分科会で報告しているが（第1分科会ではプレイセンター活動から社会教育委員・大学院生へ、第2分科会では「子ども回覧板」活動）、上記のような実践とネットワークの広がりをふまえた新たな取組（生涯学習計画づくりを含む）が求められている。

　それでは、社会教育実践の立場から、ここで見てきたような地域住民の自主的・主体的活動をどのように支援しながら組織化・構造化していったらいいのであろうか。次のフォーラムの課題となった。

第3節　自主的・主体的な住民活動を支える―栗山町の地域づくり―

　2018年の北海道社会教育フォーラムは、栗山町の実践を中心に取り上げた。栗山町の実践については、2016年のフォーラム第3部会で、里山再生とそれにかかわる環境教育について「ハサンベツ里山実行委員会」の活動が報告されている。

　もちろん、栗山町で注目すべき実践は環境教育だけではない。事業型福祉を展開した社会福祉（町立の福祉専門学校もある）、北海道では比較的早くから

---

(10) くわしくは、阿部隆之「社会教育委員が公共性を獲得する学びのプロセス」北海道大学教育学研究院社会教育研究室『社会教育研究』第31号、2013。

開拓が進んだことによる伝統産業（酒造、製菓など）や伝統文化、「なんでも
採れる」農業、地域通貨「クリン」、そして最近では自治基本条例に示される「自
治の町」などである。フォーラムでは、それらの活動と関わりをもってきた社
会教育・生涯学習に着目した。その栗山らしさの重要な側面を示すものとして、
全体会では高倉淳（元社会教育主義・前助役）、高橋慎（ハサンベツ里山計画
実行委員会・住民自治基本条例策定委員会住民代表）、宮林葉月（子育て支援
センター職員・匠まつり実行委員）の3氏からの報告があった。これまで見て
きたことの関わりで、高橋・宮林・高倉の順で振り返ってみよう。

　2016年のフォーラムで高橋氏は、「ハサンベツ里山計画」の経緯と現状（当
時）について報告している。小学校職員として、1985年、理科の副読本づく
りの調査で発見した一頭の国蝶オオムラサキ、その保護のために必要な食樹エ
ゾエノキの里親制度創設から、雑木林、森、農業・農村生活を含んだ里山づくり、
それを支える流域生態系保全、それらの活動は夕張川流域にまで進んだ。子ど
もの自然体験型学習だけなく、里山計画づくり・実践から廃校跡地を利用した
都市・農村交流活動、「人と自然と農業との共生」の町づくり活動を展開していっ
たプロセスである。これらの実践の展開について筆者は、里山づくりに伴う地
域環境教育の展開という視点から位置付けて、別に紹介しているので参照され
たい[11]。

　注目すべきは、第1に、「ハサンベツ里山再生事業」は環境庁助成を受けた
町の事業だったとはいえ、その計画づくりから実施まで町民主導で進められた
ということである。それを町民は「第4セクター方式」と言う。「ハサンベツ
里山の日」のボランティア活動、募金と労力提供で生まれたビジターセンター、
町民からの山林の寄贈など、文字通りの町民自治活動である。第2に、オオム
ラサキの森をつくると言うだけでなく、「心の木を植える運動」として、継続
的な「ふれあいトーク」などの活動によって、蝶をはじめ、鳥や木や生態系、
地域農業から芸術文化にもテーマを広げた学習・調査活動が展開されたことで
ある。第3に、重要な活動領域として環境教育を位置付け、「現状をきちっと
受け止めて子どもたちに学問的にきちっと伝えよう」という「自然を尊敬する

---

(11)拙著『持続可能な発展の教育学』東洋館出版社、2013、第1章第5節。

科学」の視点をもって進められてきたことである。里山という「場の教育」[(12)]
だけでなく、以上の視点と実践があって初めて、学校教育と連携した自然体験
学習、「ファーブルの森」の博物館活動や「雨煙別コカ・コーラ環境ハウス」
の全世代対応型環境教育活動が進められ、流域全体に広がる運動が展開された
と言える。

　高橋氏は、2016 年の第 3 分科会では、「教育を栗山の特産物に」と述べ、町
立の介護福祉学校と高校と合併し「福祉と環境と農業と食」の高校をつくると
いう議論もしていることを紹介した。それは、教育活動を通した「FEC（食糧・
エネルギー・ケア）自給圏」(内橋克人) づくりの構想にも繋がってくるであろう。
2018 年フォーラム報告の最後で高橋氏は、「海と川と森と土（農業）と」を結
びつけて「人と自然が共生する町」づくりの夢と思いを、金子みすゞの詩「こ
のみち」を読み上げて表現した。

　町民一人一人が主体であり、真の意味のボランタリー（自発的）な活動を重
視する栗山町の伝統は、より若い世代の中にも生きている。宮林氏の報告は、
彼女が勤務している子育て支援センター「スキップ」とともに、学童クラブで
の「銭だいこクラブ」とイベント「匠まつり」の実践を紹介するものであった。
前者は地域の伝統芸能の継承を通した教育活動であるが、後者は地域産業とく
に工芸文化のもつ教育的可能性を示すものである。

　栗山町は「子どもの健やか育み宣言」をもっている。そこには町役場だけで
なく個人や企業が、「栗山町が『まち』という名の家族になれるように次世代
につなげていく」という宣言が含まれている。宮林氏が仕事以外の活動として
関わっている「匠まつり」は、とくにそうした趣旨に応える実践である。それは、
「木を通して自分たちに何か出来ることはないか」という一人の声かけから始
まったものである。広くは北海道発の「木育」の活動の一環としても考えられ
るが、このイベントでは、子どもたちが普段は接する機会がない大工さんにも
のづくりを教えてもらうという活動を中軸としている。町民の出資（代表と副
代表の寄付）とボランティア活動に支えられ、2018 年で 12 回目、200 名近く

---

(12)岩崎正弥・高野孝子『場の教育─「土地に根ざす学び」の水脈─』農山漁村文
　　化協会、2010。

のスタッフによって参加者 1,700 人を越える活動に膨れ上がった。子どもたち
は、最初はキットで釘を打って一つの物を作り上げるが、次第に自分たちで設
計図を作り、フリーキットで作成し、発想を広げていくなど、楽しみ方を増や
しながら成長していく。スタッフとして参加してきた宮林氏は、大工だけでな
く電気関係・水道配管関係などの専門家からボランティアまで、一緒に苦労し
てイベントを作り上げることによって「本当に信頼できる仲間になれた」と報
告している。既述の「イベントの社会教育的意義」が現れていると言える。

　具体的な経過と活動内容については、第 1 分科会で村中奈穂子氏（出資者で
あり実行委員）が、参加したスタッフを紹介しながら報告している。「物づく
りの楽しさをわかってもらいたい」という思いを持ちながら、何より「自分が
楽しむこと！」をスローガンにして活動していたら仲間が次々の増えてきたと
言う。活動内容も広がり、トンカチ広場、ゲームコーナー、わくわく広場、ド
キドキ広場、食のコーナーの 5 つのブースがある。会場設営は 1 週間、キット
は汽車、巣箱、ベンチ、小物入れ、フラワーボックス、車などで、大工さんが
1 年を通して制作している。親たちも遊び道具・物づくりができるような指導
をしているが、イベントには、大工以外に、和紙職員、木工芸職人、箸職人か
らマジシャンやアーティスト、北海道教育大学学生などが協力している。村中
氏は、「すべての人が、木と学び、木とふれあい、木と生きる、それによって
協調性や主体性を養うこと」、それが「匠まつり」の原点だと言う。

　それでは、以上のようなボランティア的・自治的活動に公的行政・社会教育
はいかに関わってきたのであろうか。高倉氏の報告にその秘密をうかがうこと
ができる。

　高倉氏は、1966 年から 7 年間、十勝・幕別町で農村近代化を目指す移動公
民館や新生活運動・まちづくり運動の実践経験を経て、栗山町社会教育主事
となった。当時地区館 30、分館 25 の公民館があった。栗山は戦後農地改革後、
旧農場制から解放された地区毎に商業的農業が発展し、それぞれが自治的性格
をもっていた。高倉氏は町民の自己教育・相互教育を進めるものとして「公民
館図書室」の充実を考え、毎年図書購入費 1,000 万円を実現したが、それはそ
の後約 40 年続いた。公民館のない地区には、農林省や防衛省の予算を利用し
て事実上の公民館を設立することを推進した。まちおこしグループ「栗の里研

究会」と学び合いながら、文化人誘致などを進めた。既述のオオムラサキ発見に着目し、「オオムラサキの会」を立ち上げた。

　1985 年から企画課へ移動したが、同課は「夢や希望を語ることのできる、社会教育以外の唯一のセクション」であったと言う。開基 100 周年に関わる事業を進めながら、町の来し方・行く末を考える。「介護福祉士」の言葉を新聞記事に見つけてから、紆余曲折を経て「町立北海道介護福祉学校」設立までこぎつける。ふるさと事業では山林原野購入を考えるが、議員・町民の反対があり、3 分の 1 の予算で、「ハサンベツ離農跡地」を購入、そこから既述の里山再生運動が展開された。

　北海道では、「夢や希望を語ることのできる」社会教育主事と企画課を経験し助役や町村長になったケースをしばしば見ることができる。しかし、初回フォーラムから確認してきたように、社会教育はどの行政課でもできる。1992年、高倉氏は福祉課へ異動となった。社会教育主事経験者である町長と主幹の協力をえて、「生涯教育的な方法」で福祉の取り組みをする。全国的に知られた中福祉・中負担の「保健福祉計画」を自前で作り、フラットな官民組織「高齢者サービス調整チーム」を中心に、ケースマネジメント活動を含めて推進する。「福祉情報の公開」にも力を入れ、「より絆を重視した人間関係をつくる」ためのモットーが、よく知られた「栗山ならだいじょうぶ」と、既述の「まちという名の家族」である。

　その後、高倉氏は助役となって、高齢者「既得権益」（敬老会・敬老年金など）を廃止して子ども施策にシフトする一方で、行政情報公開につとめ、全職員に8 年間で 800 通のメールを送る。毎年数人の若い職員を、研修のために派遣してきた。社会教育で学んだことは、「人や時間に手間と思いやりをかけることで職員や町民の意識が変化する」ということだという。退職後も多様な活動をしているが、その中には、専門学校講師、ハサンベツ里山計画実行委員会、オオムラサキの会の活動も含まれる。

　なお、第 2 分科会では、農家である社会教育委員・藤井吉美氏からの報告があった。南空知 4 町社会教育委員連絡協議会「ゆな〜く」と、栗山町の「ふるさと教育協議会」の活動報告である。前者は行政に頼らず自主的に活動する組織であり、研修会・広報活動を通して互いの活動交流と課題解決への学びを続

けている。後者は、第4次総合計画で「ふるさとは栗山です」、教育・文化・スポーツ活動のすべて「ふるさと教育」だと打ち出したことを受けて、2009年、社会教育委員15名と教育委員5名で「栗山地域教育協議会」を立ち上げたことに始まる。教職員との何回もの懇談会、学校サポート活動を経て、2011年に「ふるさと教育協議会」がスタートした。「ふるさと教育」に関わると思われる栗山の多様な人々の参加（ハサンベツ里山づくりや匠まつりを含む）による活動報告・交流会によって「学校と地域と行政がつながった、輪になった」と評価できるようになり、コミュニティ・スクールが始まった時もスムーズに入ることができた。このような社会教育委員・教育委員の活動も、栗山町民の自主的活動を促進しているのである。

　第3分科会における地域産業・小林酒造の小林精志氏の報告は、第7章で述べた「つながり」のさらなる時間的・空間的広がりを示すものであった。小林氏は、100％地元産酒米を使った酒造り・販売に切り替えることによって、地域農業と地域農家（とくに若者）との「つながり」を強化しつつ、持続可能な地域産業を創造しつつある。きびだんごで知られる谷田製菓とジョイントをした「くりやま老舗まつり」を夏祭り・天満宮例大祭と並ぶ栗山3大祭に押し上げ、「北の錦記念館」や「小林家」（古民家）を歴史博物館やカフェとし、蔵を活用したテナント（コロッケ屋や蕎麦屋）、利用しなくなった田畑の公園化など、「歴史におんぶ」した活動の新展開をしている。今考えていることは、なお遊休化している蔵を映画や芸術的な活動の場に転換することである。栗山町はこれらを、「歴史的建造物」を未来に伝承するものとして位置付け、計画的助成を検討している。

　こうした活動は、同じ分科会で報告があった札幌市・「篠路まちづくりテラス和気藹々／わきあいあい篠路まちづくりの会」の活動にも大きな示唆を与えた。篠路東部のまちづくり運動（シンポジウム、ワークショップ、「まちづくりテラス」＝コミュニティカフェでの話し合い・学習会）による都市計画変更、とくに旧農協による北海道で最初の玉ねぎ倉庫（赤煉瓦と札幌軟石使用）の保存・活用運動である。第3分科会は、住民参画による「歴史的建造物を生かした、持続可能なまちづくり」のあり方の学び合いとなった。

　以上で見てきたような時間的・空間的な「つながり」の広がりの中で、栗山

町の地理的・歴史的・社会的条件を生かして展開されてきた社会教育実践の意義が明らかになってきた。そこでは、社会教育主事や公民館の活動だけでなく、町民代表の社会教育委員・教育委員や行政職員に広がる社会教育的活動が、ボランティア・自治的活動に特色のある栗山町の社会教育実践を支えてきたということも、参加者に理解されてきている（参加者アンケートによる）。

第4節　中間まとめ

　以上で見てきたことをふまえるならば、本編「はじめに」でふれた「生涯学習政策終焉」の動向とは異なり、地域の現場からは、生涯学習の必要性はますます高まっており、実際に「生涯学習社会」に向けた実践が展開されていると言える。ただし、それは日本の政府が進めてきた旧来の「生涯学習」ではない。国際的な成人教育運動で進められてきた生涯教育・学習の理論と実践をふまえつつ、戦後日本の社会教育が本質としてきた自己教育・相互教育を今日的に発展させようとする「社会教育としての生涯学習」である。

　生涯学習政策推進においてはしばしば「社会教育の時代は終わった」と言われてきたのにもかかわらず、地域の現場では「社会教育は生涯学習の要」とされ、生涯学習行政においてもそれが追認されてきた。ボトムアップの生涯学習政策においては、「社会教育としての生涯学習」が求められてきたのである。しかし、その発展のためには行政的「社会教育」や「生涯学習」の範囲を超え、広く地域住民の間で進められてきた（自己実現・相互承認を目的とする）自己教育・相互教育の活動に目を向けなければならない。そうした活動をネットワーク化すること、「学習ネットワーク」づくりが、ボトムアップからの「生涯学習社会」づくりの基本的活動となる。そこから生まれる「つながる力」を新たな「学びの力」とし、それを地域再生・地域づくりの力に変えていくことが「社会教育としての生涯学習」が当面する基本的課題となっているのである。北海道社会教育フォーラムは、北海道における社会教育・生涯学習関係者の「学習ネットワーク」づくりを基本とし、その活動を通して内発的な地域づくり実践を促進しようとする地域集会の実践である。

　まず、社会教育そのものの捉え直しが必要となった。第8章で見たように、

それは社会教育活動の「面白さ」「楽しさ」を考えることから始まった。その結果、社会教育の本質＝「自己教育・相互教育」の目的、すなわち実践者たち自身が「自己実現と相互承認」の活動を通して主体形成していく過程の経験を通して、「面白さ」「楽しさ」を実感し、理解していくことの重要性が明らかとなったのである。ここから、そうした学習を地域において発展させていくための「仕組み」をつくり、「つなげる力を高める」ことを通して、地域を創る学びを育てていく方向を探求することになったのである。

　もちろん、とくに社会的に排除されがちな人々（子どもを含む）に関わる実践においては、**表8-1** で示したような、丁寧で多様な取り組みが可能となる「仕組み」が必要であることも明らかになっている。そうした実践を進めるためには、社会教育主事のような専門職員だけでなく、社会教育関連労働者と地域住民の連携・協働が重要になっている。北海道ではとくに社会教育活動を行う地域住民としての「社会教育委員」の役割が注目され、この活動の見直しを重視して「つなげる力を高める」実践のあり方が議論されてきた。そして、これらの実践を基盤にして「暮らし続けられる地域づくり」＝「持続可能で包容的な地域づくり」のあり方、そこにおける社会教育・生涯学習の役割が探究されてきたのである。第3分科会では、その際に NPO や地域産業の活動の中に、地域づくり教育にとって重要な学習的契機があることを確認してきている。

　第9章では、その後、地域づくりの代表的実践を取り上げてからの3年間の討議を紹介した。それらを通して、**図5-1** 及び**図9-1** で示した「地域をつくる学び」の実践諸領域の多面的・多次元的な展開の今日的重要性が明らかになった。

　第1に、世代間連帯の地域づくり教育を進める浦幌町である。中学生の思いや願いを大人が形にしていくことから始まったその実践は、NPO 活動をはじめとする町民に支えられ、「子どもが変われば大人が変わる、大人が変われば地域が変わる」をキャッチフレーズとする「うらほろスタイル」の仕組み、公的教育計画づくりにまで展開した。

　第2に、市民＝社会教育委員を主体とした生涯学習計画づくりの実績のある恵庭市である。その実践はさらに市民一人一人の主体的な地域行動、そして協同実践に支えられたコモンズ（共有資産）を生み、それらに伴う学習のネットワークを広げ深めつつある。「シーニックハイウエイ」や「通勤合宿」の実践

には仕事の見直しが含まれ、ワーカーズコープの実践では「労働への、労働の、労働からの解放」の要素を見ることができる。

　第3に、里山再生活動と環境教育に始まる多様な自治活動の発展を支えてきた栗山町である。その実践は生態域全体に広がる「ヨコのつながり」を発展させると同時に、里山づくりから始まり伝統芸能・地域産業の歴史的蓄積を生かした「タテのつながり」を形成し、文化・工芸的活動の教育的意義とその将来的可能性をも示すものである。恵庭市の子ども文化活動や「花の街づくり」などと合わせて、「生活の文化・芸術化」の活動であり、「教育を第一の本務」とする将来社会の方向（「生活の社会教育・生涯学習化」）を示しているとも言えよう。

　上述の活動のいずれも地域と地域住民の個性を生かしながら「誰もが安心して暮らし続けられる地域」づくりを進めるための不可欠かつ多様な実践である。われわれは、それらがまさにポリフォニー（多声的響同）となり、ボトムアップの「持続可能で包容的な地域づくり教育（ESIC）」として展開していることを見ることができる。

　「地方創生」政策が展開されている今日、とくに地域づくりにかかわる実践の社会教育的価値が問い直されてきているが[13]、本編で紹介した諸実践を見れば明らかなように、その活動は旧来の公的社会教育や行政的生涯学習の枠組みを大きく超えたものとならざるを得ない。ESIC の観点からは、国際比較を超えて、海外の地域づくり教育との相互豊穣的実践交流も必要となってきている[14]。グローカルな視点に立った生涯学習政策はますます重要となり[15]、「生涯学習社会」づくりに向けた条件整備と地域住民の自己教育活動の発展のための「環境醸成」（社会教育法第3条）をより意識的・計画的に拡充することが求められていると言えるであろう。

---

(13) 日本社会教育学会編『地域づくりと社会教育的価値の創造』東洋館出版社、2019。

(14) 拙稿「『地域づくり教育』海外展開の条件と可能性」日本教育学会『教育学研究』第86巻第4号、2019。

(15) 拙稿「新グローバル時代の市民性教育と生涯学習」『北海道文教大学論集』第21号、2020、を参照されたい。

第**10**章

"やさしさ"を絆に：剣淵町「絵本の里」づくりに学ぶ

　世界人権宣言（1948年）には、文化的参加権＝「文化生活に参加する権利」
が規定されている。この宣言を具体化する国際人権規約が発行した1976年に
は、「大衆の文化的生活への参加及び寄与を促進する勧告」（ユネスコ）が提示
され、「文化的発展 cultural development」の推進とその民主化が求められた。
日本では戦後の目標として「文化国家」が提起されたが、その現実化は経済政
策の影に隠れてしまった。高度経済成長の矛盾が露呈する中で「文化庁」が設
立（1968年）され、70年代末からは「文化の時代」も叫ばれたが、体系的法
制度整備はなされなかった。グローバリゼーションに対応した「文化立国」政
策を背景にして、ようやく文化芸術振興基本法（2001年、2017年改定で文化
芸術基本法）が成立し、国民すべての「文化芸術創造享受権」を具体化するこ
とが21世紀的課題となった⁽¹⁾。「文化芸術の社会化」と「生活の文化芸術化」
を地域から社会全体に広げつつ、文化芸術活動の社会的役割を理論的・実践的
に明らかにすることが当面する課題となっている。

　以上のような中で本章は、北海道剣淵町の「絵本の里」づくりの事例を取り
上げ、「地域づくり教育」の視点から、「文化のまちづくり」の可能性と今後
の課題を考える。これまでの「文化のまちづくり」や文化行政は、市民文化活
動や総合行政として進められ、社会教育とくに「地域づくり教育」の視点は希
薄であった。「文化のまちづくり」が展開されたのは、市民文化活動が盛んで、
それらを推進する総合行政が可能な都市が中心であった。本章では、すべての
人々（「大衆」）の「文化的参加（創造享受）権」を保障しつつ「文化的発展」
を推進する「地域づくり教育」の課題を考えつつ、北海道農村からの社会教育
実践論的な提起をしたい。変革は周辺から！

（1）以上の歴史と現状をめぐる議論については、小林真理編『文化政策の現在1
　　文化政策の思想』東京大学出版会、2018、など。

　以下、剣淵町の実践については前章同様、「北海道社会教育フォーラム2019」の準備過程（事前ヒアリング・検討会を含む）で得られた資料・情報と当日における報告・討論に基づいてまとめた。

第1節　文化・芸術の教育的意義

　文化芸術振興基本法と劇場・音楽堂等活性化法（2012年）の成立に尽力した平田オリザは、2001年には『芸術立国論』を著して芸術・文化振興の重要性を指摘し、2013年には『新しい広場をつくる―市民芸術概論綱要―』で、芸術そのものの価値だけでなく「コミュニティの維持、再生のための芸術の役割」を提起した。とくに「文化による社会包摂」を地域レベルで推進する「新しい広場」としての芸術・文化施設の機能の重要性を強調している[2]。そのサブタイトルが示すように、戦前の宮沢賢治『農民芸術概論綱要』の精神を「市民芸術」論として発展させ、公共性を持った「新しい広場」（賢治の「ポラーノの広場」に相当？）として発展させ、「文化のまちづくり」を推進しようとする意図がうかがえる。

　芸術・文化を市民社会に位置付けていくためには、社会学・経済学からの検討も必要である。池上惇は、経済資本や社会関係資本とも異なる「文化資本」を、経済学における「固有価値論」の視点から捉え直し、とくに東日本大震災以降の地域再生とまちづくり、地域の内発的発展に果たす文化の役割を主張している[3]。地域再生については、二宮尊徳の「推譲」と「仕法」（人格協働態）の思想と実践にまで遡った検討がなされているが、芸術・文化論で重視されているのは19世紀から20世紀のイギリスでJ. ラスキン、W. モリスらによって展開された「生活の芸術化」論である[4]。生活の芸術化／芸術の生活化は、宮

（2）平田オリザ『新しい広場をつくる―市民芸術概論綱要―』岩波書店、2013、とくに第3章参照。
（3）池上惇『文化資本論入門』京都大学学術出版会、2017、同『文化と固有価値のまちづくり―人間復興と地域再生のために―』水曜社、2012。
（4）前注のほか、池上惇『生活の芸術化―ラスキン、モリスと現代―』丸善ライブラリー、1993、も参照。

沢賢治の「農民芸術論」にもつながるものであり、池上は、京都市で市民大学院活動を推進すると同時に、賢治の羅須地人協会活動が展開された岩手県の遠野市や住田町での「ふるさと学校」づくりにも積極的に関わっている。

　これらの動向を踏まえて、「文化のまちづくり」への教育学的アプローチが検討されなければならない。

　学校教育と芸術・文化活動については、戦前の大正デモクラシー時代の自由教育や「情操教育」、戦後改革後の生活綴方教育などの歴史的伝統があるが、戦後高度経済成長期以後の受験主義的教育の中で、芸術・文化教育は、課外活動として見るべきものがあったとしても、教科としては周辺に追いやられる傾向があった。受験主義教育の矛盾が吹き出してくる1970年代以降は、それらに対する反省もあり、とくに90年代以降においては、困難を抱えた子どもの支援と学校の再生において芸術・文化活動の役割が再評価されてきている。最近では、創造性教育の必要性が強調され[5]、そうした中で改めて芸術・文化活動の必要性が理解されつつある。しかし、全体として日本の学校教育における芸術・文化活動の位置づけについては今後の課題となっている。

　これに対して社会教育の領域では、とくに高度経済成長期以降、公的社会教育で主流となった学級・講座・サークル活動において、趣味・教養あるいはスポーツ活動で芸術・文化活動は重要な位置を占めてきたといえる。しかし、それらは「教養主義」という批判があるように、必ずしも社会行動や地域づくり活動として発展する方向にはなかった。1998年の生涯学習審議会答申は、そうした生涯学習活動で学んだ成果を社会で活かすための「地域共創」活動の重要性を強調したが、同年成立の「NPO法」以後、民間非営利活動として社会教育・地域づくり活動が量的に拡大してきた。それらの中には、平田オリザが重視する「社会（的）包摂」活動も多く見られる。制度化されたNPO以外にも広がるこうした動向を踏まえて、生活の文化芸術化／文化芸術の生活化を図る、地域に根差した芸術・文化活動をどのように推進するかが、地域再生・地域創生の課題となってきているのである。

（5）たとえば、伊庭崇編『クリエイティブ・ラーニング』慶應義塾大学出版会、2019。

　国民の自己教育運動という視点から見れば、社会教育推進全国協議会が現地実行委員会と共催して毎年開催している社会教育研究全国集会の「地域文化の創造と社会教育」分科会が同テーマによる実践報告と討論を重ねてきた。その成果は、北田耕也・朝田泰編『社会教育における地域文化の創造』（1990年）、北田耕也ほか編『地域と社会教育―伝統と創造―』（1998年）、そして畑潤・草野滋之編『表現・文化活動の社会教育学』（2007年）などにまとめられている。最後の編著で草野は、戦後における民衆の表現・文化活動の歴史を整理し、「文化の時代」と呼ばれてきた1980年以降の特徴を、「豊かな時代」と民衆の文化的貧困、「平和の文化」の発展、文化ホール建設と地域文化の創造、そして福祉文化の実践の展開に整理している[6]。この時代は、市民活動としての草の根文化運動の発展に着目して『文化協同の時代』（佐藤一子、1989年）とも呼ばれてきた。しかし、必ずしも「地域づくり教育」という視点から文化活動の社会教育的意義が検討されてきたわけではない[7]。

　以上のような動向を見てくると、あらためて、北田耕也『現代文化と社会教育』（1980年）に立ち戻って再検討する必要があるように思われる。北田は、高度経済成長を経て、文化（価値の体系）が産業文明（技術の体系）に支配されるようになってきたという時代認識に立ち、歴史的実践蓄積をふまえた「地域に根ざす」文化活動が必要だとしていた。

　それは、①地域に埋もれている革新的伝統の可能性の発展、②文化的中央集権に対する「民衆の手による文化創造」、③民衆内部の差別意識や支配・被支配関係を乗り越え、押しつけられた擬制的「情義的結合」を、地域住民の手で「理性化し実体化」することである。これらのうち③が、地域づくり教育の内実として問われることであるが、そのための学習方法は、「科学的方法と芸術的方

（6）畑潤・草野滋之編『表現・文化活動の社会教育学―生活のなかでの感性と知性を育む―』学文社、2007、第11章。
（7）佐藤一子編『地域学習の創造―地域再生への学びを拓く―』（東京大学出版会、2015）では「第4章　農山村に広がる交流と対話的文化運動」（岡幸江）で「山都町絵本カーニバル」がとりあげられていて、本章の参考となるが、「交流と対話的文化運動」が絵本の固有価値を生かしながら地域づくり教育にどのように発展していったのか、その実践と理論が検討される必要がある。絵本の多面的価値については、柳田邦男『人生の1冊の絵本』岩波新書、2020、など。

法を統合」、つまり「前者は対象の客観的法則の究明を目的とし、後者はその個性的な把握」を目指すものである。こうした理解に立った「社会教育の再組織化」は、「地域社会の学習共同体的再編」の課題につながり、「文化を通して政治の革新をとらえる視座、地域という小世界のうちに日本、世界を発見するという歴史的課題」に迫り、「学習・文化活動の多様な経験と共同の積み重ねを持って、国民自らが創り出す思考と実践の新しい回路」だと北田は言っていた[8]。

　それは、1950 年代からの国民教育運動、とくに歴史化・課題化認識の重要性を指摘した上原専禄の主張や、生産大学に始まって「三多摩テーゼ」(1974 年)にいたる「学習の構造化」の理論と実践を踏まえたものであるといえる。それらを「地域づくり教育」論として展開することが課題であったが[9]、北田の独自性は「芸術文化」の固有の意味を強調したところにある。北田は、芸術文化活動は「人間の主体を育て人の人らしさを作り出すいとなみ」であるが、その創造活動は「自己対象化と自己否定の果てもない連鎖」でもあり、それが人を引きつけ他人の共感を誘うのは、芸術的表現が普遍性を持っているからであり、「感動をとおして人が人と結ばれていくこと─共感が享受の本質である」と言う。そこに現代社会（高度産業化社会）に支配的な価値を相対化する芸術文化活動の意義があり、「文化の自律性を擁護しつつ、その現実変革の内在的契機を求めること、すなわち内面性の真実に裏付けられた社会意識が、所与の秩序をのりこえていくすじ道をそれ自体として重んじること」が必要だと言う。

　そして最後に、地域文化をおこすための「学習の計画化」にふれ、①地域の文化遺産の継承化が根本、②地域学習の総合化（既述の科学的方法と芸術的方法の統合化）、③地域の教材化、を課題として挙げ、地域の再発見、価値転換の基軸に芸術文化活動を位置づける必要性を強調している[10]。今日、地域における学習と教育の「未来に向けた総括」としての「地域生涯学習・教育の計画化」を地域づくり教育の一環として位置付けることが必要となっている[11]。

---

(8)北田耕也『現代文化と社会教育』青木書店、1980、pp.10、15、27、29。
(9)拙著『生涯学習の構造化─地域創造教育総論─』北樹出版、2001、を参照されたい。
(10)北田耕也『現代文化と社会教育』前出、pp.193-194、199、204-206。

そうした視野を持った実践の中における、芸術・文化活動の固有の役割が検討されなければならないであろう。

　以上のような北田の提起については、今日まで十分に引き継がれ、発展させられているとは言えない[12]。こうした現状では、多様な領域にわたる芸術・文化活動のそれぞれに即して、多面的な視点から「文化の地域づくり」の展開論理を探っていくことが求められるであろう。たとえば北海道では、置戸町の木工芸、函館市の野外劇、富良野市の演劇、清水町のベートーベン「第九」、東川町の写真、そして各地の伝統芸能など、文化によるまちづくりが多様に試みられてきた。本章では、剣淵町における「絵本の里」づくりの実践を取り上げる。上記の③「地域の教材化」の事例として北田は、「地域の伝承をもととした手づくりの絵本を子どもにわたす母親たちの活動」を挙げていた。剣淵町では、そうした活動にとどまらず「絵本」そのものの価値を捉え直し、その価値によって、福祉や農業にも広がる「絵本の里」づくりを展開している。

　既述の平田オリザは、社会における芸術（文化）の役割として、①（公共材としての）芸術そのものの役割、②コミュニティの維持や再生のための役割、③教育・観光・医療・福祉など、目に見える形で直接的に「役に立つ」役割、さらに④文化による社会包摂、を挙げている[13]。本編で紹介した「おとどけ

---

(11) 拙著『増補改訂　生涯学習の教育学』北樹出版、2014、終章。

(12) たとえば、「追悼　北田耕也先生」『明治大学社会教育主事課程年報』No.29、2020。同年報中の立柳聡「『現代文化と社会教育』の今日的示唆」は北田が「地域の文化創造に寄与する社会教育の振興の重要性」を早くから提起していたことを指摘しているが、それを地域創造教育や地域づくり教育としてどのように展開するかについては触れていない。もう一つの追悼論文は小林繁「子どものけなげさと教育感情を求めて」であるが、芸術・文化活動における感情の重要性は言うまでもない。北田の業績としては、自己肯定・自己否定の絶え間ない過程を焦点にした主張『自己という課題』（学文社、1999年）も取り上げる必要があるが、これらは「地域づくり教育」の前提・基盤としての感性や教養（悟性）、自己意識とその普遍化に関わるものであり、ここでは立ち入らない。
　　なお、環境社会学の視点からアートプロジェクトに焦点化したものであるが、アートと地域づくりの関係については、宮本結佳『アートと地域づくりの社会学―直島・大島・越後妻有に見る記憶と創造―』昭和堂、2018、が参考になる。

(13) 平田オリザ『新しい広場をつくる』前出、まえがき。

アート」や栗山町の「匠まつり」の実践は③、北海道自由が丘学園のアート活
動は④の事例であるが、ここではそれらを含みつつ、主に②に関わる「絵本の
里」づくりの実践を紹介する。

第2節　戦後北海道農村教育の歴史と剣淵町

　剣淵町は、屯田兵と稲作の北限地域にある農村である。その農村教育は、教
育政策だけでなく農業政策に影響されてきた。フォーラム全体会で最初に報告
した半田幸清氏（元剣淵町社会教育主事、現教育長）は、剣淵町における戦後
社会教育の全体的流れを概説した。北海道農村社会の変容と地帯別比較歴史の
研究も必要であるが [14]、ここではその余裕はない。学校農業・農村教育で重
要な役割を果たした、北海道の町村立高校を中心とした動向については、別著
[15] を参照されたい。これらを踏まえつつ、**表 10-1** に北海道の農村・農業教
育の全体的流れを示しておく（詳しくは表注の文献を参照されたい）。

　半田氏は、戦後の引き揚げ、人口増、農村の疲弊から脱却するための剣淵村
の諸活動、とくに農村民主化と生活文化の向上を図る、公民館の分館づくりか
ら戦後社会教育が始まったと言う。活動は、1950 年策定の「新生活実施要領」
に基づく「新生活運動」に沿ったものが中心であった。保健婦や農業改良普及
員と連携した活動である。農業雑誌『家の光』の普及やナトコ映写機による公
民館映画会なども開催され、半田氏は、この時期は「知の地域づくり」の始ま
りであったと言う。

　1962 年町制施行後は、町立剣淵高校や農業学園の開設と合わせて、地域の
担い手づくりに向けての活動が意識され、青年・婦人団体の結成が促進された。
生活向上に合わせて公民館の文化活動が、公民講座（文化サークル、町民文化
祭を含む）、故郷運動（太鼓・神楽の伝承芸能など）、そして生活改善運動とし

---

(14)たとえば、「農事組合型」とされてきた北海道農村の最近の変容と未来像に関
　　して、柳村俊介・小内純子編『北海道農村社会のゆくえ—農事組合型農村社会
　　の変容と近未来像—』農林統計出版、2019。
(15)拙著『現代教育計画論への道程—城戸構想から「新しい教育学」へ—』大月書店、
　　2008、第 2 章。

表 10-1　戦後北海道農村・農業教育の展開過程

国家の動向	行政国家 （1945〜59）	開発国家 （1960〜70）	構造調整国家 （1971〜94）	グローバル国家 （1995〜現在）
農業政策	食料増産農政（農業開発・農村近代化）	農業基本法農政 （農業近代化・構造改善）	調整農政 （生産調整・国際化）	新農業基本法農政 （WTO・TPP 対応）
教育政策	教育機構整備	長期総合教育計画	生涯教育・学習体系化	教育基本改革・新教育基本法
農村教育	農村民主化	施設農業教育	コミュニティ形成	地域生涯教育
学校農業教育	地域社会学校	後継者育成	多様化・個性化	学社・学校間連携
改良普及事業	考える農民	構造改善推進	地域農業振興	広域指導
農協営農指導	専門部署不在	自立経営育成	地区担当指導	横断的専任指導
社会教育運動	共同学習・サークル活動	大学化・構造化	学習ネットワーク	地域再生

（注）大田原高昭・鈴木敏正監修『北の大地に挑む農業教育の軌跡』北海道協同組合通信社、2013、p.27. 一部削除。

て展開された。70 年代のオイルショック以後の構造的不況下でコミュニティ政策が展開される中、生活改善再建運動が展開されたのが剣淵町社会教育の特徴である。80 年代になると公民館運営審議会「新生活運動実施要領」（1985 年）が策定され、「新しい町づくり運動」（ふるさと運動、ふれあい運動、生活見直し運動）が、再編された 15 分館＝自治公民館を基盤に、公民館長＝教育長＝新しいまちづくり運動会長のもと、推進委員体制をとって進められるようになった。この活動がその後の剣淵町社会教育の基盤にある。

　この時期には地域住民が多様化しており、生涯学習政策が登場する中、個人の多様な学習要求に対応するための講座の設定などにも取り組んだ。しかし、それらは公民館の「カルチャーセンター化」を生み出すという傾向を持っていた。「学びの成果を地域づくりに活かす仕掛け」が必要であった。そのために取り組まれたのが「新しいコミュニティ」づくりであり、世代や職域、価値観を超えた新しいつながりを作るような「ゆるやかなコミュニティネットワーク」を形成する方向で進めた。社会教育は「町と住民の多様な協働のまちづくり」を進めるために、アイデンティティ（ふるさとへの思い、まちづくり意識）、主体性と協働意識（ボランティアと相互学習）、学びと実践の場（新たな集い、つながり、実践）、そして新たな公共（NPO、住民運動、自治活動）の形成を

意識的に追求した。ここから、絵本・芸術文化・農業・福祉・観光・スポーツ
など、様々な領域での活動が展開されてくる。それらは地域の絆・信頼・コミュ
ニティの再構築から将来社会に向けたまちづくりへの運動であり、半田氏はそ
れを「コミュニティネットワークからソーシャル・キャピタルへ」と表現した。

　安倍政権が推進した地域創生政策から「自治体戦略2040構想」への展開⁽¹⁶⁾
の中で、地域運営組織・地域自治組織などのコミュニティ組織論が重要争点と
なってきた。これまで農村社会の多様化に伴い、農業生産だけでなく生活・福
祉活動がコミュニティ活動として注目され、女性や高齢者、農家以外の住民の
役割が見直され、2009年度からの地域おこし協力隊をはじめ「外部人材」の
役割も注目されてきた。2018年からの「自治体戦略2040」は、人口減少社会
における地域運営組織・自治組織＝共助組織の重要性を強調しており、そこで
ソーシャル・キャピタルやソーシャル・ビジネスとともに公民館・社会教育の
果たすべき役割があらためて注目されている。剣淵町は、農村社会多様化の中
で、農業生産・農家生活を超えつつ、それらを包括する文化活動、次節で見る
「絵本の里」を展開してきた。

第3節　"やさしさ"でつながる絵本と福祉と農業

　高橋毅氏（けんぶち絵本の里を創ろう会初代会長、元公民館長、天の川農園
主）は、「絵本の里」づくりが始まった経緯とそれにかける思いを語った。

　それは、1988年、商工会青年部主催のまちづくり講演会に、隣接する士別
市在住の銅版画家・小池暢子氏を招いたことがきっかけであった。当時はバブ
ル絶頂期、参加者たちはパリ在住経験のある彼女に「日本人は金と物を大事に
するが、人と心、芸術を忘れていては世界に通用しない」と言われてショック
を受ける。そして、彼女に紹介された児童図書編集長・松居友氏を招き「すば
らしい絵本の世界とまちづくり」という講演会を開催し、彼女から、「剣淵町
はフランスやドイツの田園風景に似ていて、ここに絵本原画美術館があったら

---

(16)その動向と問題点については、『住民と自治』2019年2月号、「特集　見のがせ
　　ない！　解読、2040自治体危機論」など。

いいね」と言われて、それを実現しようという話が盛り上がる。

　そのための資金を考え、当時の「ふるさと創生資金」1 億円事業に目をつけて町長に交渉するも、「もっと仲間を増やし、町民の理解を得てからにして欲しい」と言われる。のちに大澤町長は、「行政が主導すると民力が死滅し活力を失うこと、また、絵本は出版社や絵本画家・作家と密接な関係が必要であり、さらに絵本に対し、それぞれの好みや思いを異にするため、民主導であればそれらの対応が自由にできるから」と考えたと述べている。有志たちは 300 人の会員を集めて「けんぶち絵本の里を創ろう会」(高橋氏が会長となる、以下、「会」)を発足させた。会員は様々な職業の人で構成されたが、とくに 30 ～ 40 代の「絵本を知らない」男性が中心であった。再度交渉した結果、創生資金の約半分を得て、旧役場庁舎を改装（絵本 1,000 冊と絵本原画も購入）して初代「絵本の館」＝活動拠点とする。住民運動を大切にし、あとは「お金は出すが、口は出さない」という行政の対応が重要であり、栗山町の場合と重なるところがある。「会」では、「絵本でメシが喰えるか」という住民にも理解してもらうべく、絵本原画展、絵本作家・編集者などの講演会やシンポジウム、関連行事への参加など、絵本について学びながら、イベントを中心にした活動の場を広げていった。

　1991 年には、訪問者の投票による「絵本の里大賞」創設、「絵本まつり」も開催し、それらは現在まで続く。活動が広がり、北海道からの助成や国からの地域づくり大賞受賞、マスコミにも取り上げられたことで、住民意識も変わった。2004 年には新館が新築された。2010 年には、俳優・大地康雄が「絵本の館」を訪れて、その活動に感動、絵本に託して娘への思いを伝えようとする父と、絵本の中に溢れる愛の深さを知る娘という物語「じんじん」を映画化している（スローシネマ方式で全国公開）。高橋氏は「たかが絵本、されど絵本」で、「絵本の多様性と包容力」がこうした広がりを可能にしたと振り返る。そして、「絵本は世代、国境、人の垣根を超える包容力を持っている」と言う。そのキーワードは「やさしさ」であるが、いま学校で求められているケアリング[(17)] だけで

---

(17) N. ノディングズ『学校におけるケアの挑戦—もう一つの教育を求めて—』佐藤学監訳、ゆるみ出版、2007（原著1992）。ノディングズはここから広げて「幸せのための教育」を提起している。N. ノディングズ『幸せのための教育』山崎洋子・菱刈晃夫監訳、知泉書館、2008（原著2003）。

なく、ひろく地域の農業や福祉にもつながるものである。実際、それらの領域
の活動が「絵本の里」づくりに大きな役割を果たしてきた。

　「会」の中には、有機農業に関心のある若い農業者たちがいた。初代会長と
なった農家・高橋氏はその代表である。彼らは「絵本の里」にふさわしい「自
然や人に優しい農業経営」をし、安全・安心な農産物を消費者に届けようとし
て、1990 年、「剣淵・生命を育てる大地の会」を結成した。「心の栄養は絵本
から、身体の栄養は農業から」がスローガンである。絵本作家デザインによる
ポスターやパッケージを作成、付加価値を高めて販路拡大をしたり、「絵本の
里大賞」の副賞として農産物 3 年分を提供したりしてきた。そうした実践を見
てきた次世代の若者たちが、「絵本の里」や福祉活動に関わる新たな活動を始
めた。次節で触れよう。

　剣淵町西原地区に、「西原の里」がある。1980 年に、知的障がい者の更生施
設「剣淵西原学園」、1993 年に、授産施設「剣淵北の杜」が開設された。ここ
での障がい者支援活動は、施設内の活動にとどまることなく、剣淵粘土利用の
陶器づくり、農産物の生産・加工など、地域と連携した活動をしている。高橋
氏は、「会」の初期の頃は西原学園の人々に支えてもらったと言う。事務的活
動を通して、ブレーンとして、参加者として（学園長は文化に造詣が深かった）。
その後も「西原の里」は、福祉ネットワークを通した PR に始まり、「絵本の館」
での障がい者自立・社会参加の場としての「喫茶らくがき」の運営など、多様
な活動を通して「絵本の里」の活動に参加している。その意味については、次々
節で考えることにしよう。

　もちろん、活動とネットワークの広がりにより、「絵本の館」の図書館・
美術館としての機能も拡充した。2019 年度始めで蔵書は 73,180（うち絵本
41,700）冊、閲覧室の他に 2 つの展示室や体験教室、木のおもちゃワールド、
そして喫茶らくがきもある。これを拠点（コモンズ！）に各種イベントのほか、
各学校への巡回文庫、絵本の読み聞かせ、創作活動などが展開されているので
ある。それらは絵本・読書普及事業、子育て支援事業、子どもの居場所づくり
事業などとして広がり、公民館サークルや高校生から高齢者までの多世代のボ
ランティア活動によって支えられている。たとえば、高齢者大学（「剣淵町平
波大学」）には学生自治会活動があり、10 のクラブが活動しているが、その中

に「絵本の里」ボランティアもある。ここでは、全体会で報告された小柳美和
氏（農家の主婦で「読み聞かせグループ　おはなし会　芽ぶっく」代表）の活
動を見てみよう。

　同会は、子どもたちや高齢者に絵本・紙芝居・手話・手遊び・折り紙などを届け、
「世代を越えて地域の方々の繋がりのきっかけとなる」ように、月1回の定例
会で、お互いの得意分野を教え合い、不得意分野を学び、情報交換をしている。
きっかけは小柳氏が、小学校2年の子どもの国語の単元「むかしのお話を読む」
の手伝いをし、子どもたちがあまり本に親しんでいないことを発見したことで
ある。教師に頼んで、夏休みに読んだらどうかと思う本を勧める「ブックトー
ク」を始めた。その活動を各年で進めるようになってきた時、4年生数名から
「読み聞かせをしたい」と言う声があがった。彼女が娘と一緒にやっていたブ
ラックパネルシアターを高齢者が喜ぶ姿を見てのことであった。保育所や学童
保育、ふれあいサロンで読ませていただくことが重なっていくと、子どもたち
の方から、絵本の読み方、それに手遊びを加えたらどうかといった様々な工夫
が生まれてくることに感動し、「芽ぶっく」の活動に取り入れていった。その
活動は、さらに中学校から高校、地域交流館や高齢者福祉施設などに広がって
いった。大人になってから意味や価値がわかる絵本も多い。世代間交流のきっ
かけづくりには特に配慮している。道北の読み聞かせグループの交流会も実施
しながら、終わりのない「絵本の価値」探究が続いている。

　読み終わっての「ありがとう、またきてね」と「こちらこそ聞いていただい
てありがとう」の交歓、それは数字では現れない活動であると小柳氏は言う。
絵本は入り口が狭くとも出口は多様で、「楽しみ方は無限」であるが、「声を出
さない生命」であり「平和文化」である。小柳氏は今、SDGsを絵本でできな
いかと考えている。

第4節　媒介するエコロジカル農業：大地の会からVIVAマルシェへ

　絵本は、教育・福祉の活動とは親近性がある。「絵本の里けんぶち」で注目
される独自性のひとつは、そのまちづくり活動に農業生産者が深く関わってき
たと言うことにある。

　戦後の高度経済成長を経て農業が「衰退」する中、農業の持つ「多面的な価値」が評価されるようになってきた。国土保全・環境保全・景観保全にとっての価値、地域産業構造上の「基幹産業」的価値、そして教育的価値などである。最近では、環境哲学や未来社会論の視点からの農業の評価もなされている[18]。その際の農業は、いわゆる工業型あるいは加工型ではなく、自然や環境に「やさしい」持続型の農業であることは言うまでもない。ここでのテーマは、そうした環境保全や持続型農業を持続可能な地域づくりにおいて具体化する際の学習活動の社会教育的意味である。筆者らはこれまで、北海道での取り組みとして浜中町の環境保全＝地域づくり運動や別海町の「マイペース酪農」の実践[19]、本フォーラムで取り上げた栗山町の「里山再生」活動を見てきたところである。それでは、剣淵町における「持続可能で包容的な地域づくり」を目指す農家の実践はいかなる目的を持って、どのように展開されてきたのであろうか。

　「剣淵・生命を育てる大地の会」は、1990年、移動村づくり大学に参加して有機農業に関心を持った農家など5人で設立され、事務局を「西原学園」においた（横井学園長の支援）。その後は仲町に事務所（事務員3名）を構え、会員14名が有機栽培・特別栽培を続け、宅配事業や有機栽培資材の販売なども加えた活動をしている。その活動趣意書によれば、「『食は生命』であるという認識にたち、消費者が求める安全な農産物とその加工品を生産し供給すべきであるという自覚に基づいて、『次代に誇りうる』安全な農産物を生産していこうとするもの」である。この趣意書に「絵本の里」づくりの理念を加えて販売活動をしているのであるが、会員それぞれは個性的な生産活動をしている。

　一本松、ひまわり、どんぐり、赤トンボ、クロッカス、やまねこ、ひばがらす等、それぞれの思いを載せた農園名にもその一端が窺える。たとえば、初代会長の

(18)尾関周二・亀山純生ほか編『〈農〉と共生の思想─〈農〉の復権の哲学的探求─』農林統計出版、2011、古沢広祐・津野好人・岡野一郎編『共生社会Ⅱ─共生社会をつくる─』農林統計出版、2016、など。本書第6章第4節も参照されたい。
(19)鈴木敏正・伊東俊和編『環境保全から地域創造へ─霧多布湿原の町で─』北樹出版、2001、山田定市編『地域づくりと生涯学習の計画化』北海道大学図書刊行会、1997、その後の動向については拙著『持続可能な発展の教育学』第1編、など。

農園名は「天の川農園」であるが、それは単に自然との共生というだけでなく、宮沢賢治と種田山頭火の思想に共鳴し、牛や犬、猫など多くの生き物や家族に囲まれて楽しい生き方をしているということを表現している。『農民芸術概論綱要』に示された宮沢賢治の理念と実践は、最近では持続可能な将来社会づくりの思想として改めて見直されてきている[20]。西原学園の活動とも連携し、「西原の里健康農場」に会員として参加していることも、障がい者をはじめ社会的に排除されがちな人々と共生して、みんなの「幸せ」と健やかな「生命」をお手伝いするという理念の具体化である。

　注目すべきことは、こうした運動を引き継ぐ次世代の活動が生まれてきていることである。その代表例は、「VIVA マルシェ」である。その活動は、恵庭市の実践を取り上げた 2017 年フォーラムの第 3 分科会でも報告されている。恵庭市には、若手農業者の会「ルーキーズ・カンパニー」があり、都市近郊型の有機農業生産をすると同時に、各種地域活動への参加、地元の北海道文教大学と連携した食育活動も展開している。

　「VIVA マルシェ」代表者・高橋朋一氏（当時 40 歳）は、U ターンの若手農業者として剣淵に根差した活動を展開している。高橋氏は、剣淵高校卒業後、剣淵農協に勤務するが 1 年で退職、実家農業に携わった後 9 年間、札幌で住宅リフォーム、輸入電化製品、洗剤などの各種営業、さらに飲食店、運送会社、IT 関連などの多様な職種を経験。それらが、2006 年、結婚を機に U ターン就農してからの活動に役立った。異業種町おこし団体や JA 青年部活動を経験し、より自由な活動を求めて 2012 年、「軽トラマルシェ」を運営する「絵本の里けんぶち VIVA マルシェ」を立ち上げる。軽トラックで自分たちが生産した農産物を売り歩く活動であるが、「絵本の里」を冠していることに窺えるように、その理念を踏まえた町づくりの一環として自らを位置付けていることがわかる。2 年後には事務所を開設、翌年にはメンバー 14 人で「株式会社けんぶち VIVA マルシュ」を設立して代表取締役となる。

　当初、北海道型の大規模農業・農協一括販売という体制下で農業生産に携わっ

(20) たとえば、今福龍太『宮沢賢治　デクノボーの叡智』新潮社、2019。南方熊楠とともに日本的な「生態智」を探求したものとして、鎌田東二『南方熊楠と宮沢賢治—日本的スピリチュアリティの系譜—』平凡社新書、2020。

ていたほとんどのメンバーは、野菜を作ったことも販売したこともない、接客も話すことさえ恥ずかしいという状態であった。最初は町内の公共的な場やイベントでの販売であったが、地域に根差したその活動は次第に他市町村でも知られるようになり、旭川市や道北市町村、そして札幌から東京進出までなされるようになる。しかし、あくまで地域資源を生かした「少量多品種栽培」にこだわり、直接販売、食育活動、地域ブランドづくり、剣淵高校をはじめ地域との連携を基本活動としている。

　少量多品種は実に400品種以上になった。しかし、東京開催を契機に販路は急速に拡大、各イベント等からも声がかかるようになると、ブランドづくりや情報発信の仕方、内部組織や他団体との連携のあり方にも工夫が必要となった。株式会社化はその一つの対応であるが、軽トラマルシェは簡素化し、多様な自主企画、カラフルトマト100品種など新アイテム栽培、宅配用ギフト箱、各種加工品開発、札幌のホテルやコーヒー店や企業向けの販売、そしてサハリンやタイ、台湾への輸出など、新しい取組が展開されるようになった。こうなると従来の活動スタイルをそのまま続けるわけにはいかない。今後の方向性として高橋氏は、少量多品種ではなく「大量多品種栽培」となり、そのための農地の拡充、加工品の拡充、新規就農受け入れも必要になってくるであろうと言う。一つの転換期にあると言えるが、高橋氏は新しい理念として、①ニーズを捉えた、妥協しない「ものづくり」、②道理・礼儀・摂理を守る、あきらめない「人づくり」、③連携して子どもたちに魅力を伝えることのできる「地域づくり」を挙げていた。とくに食育活動を通した人づくり、地域ネットワークを育てる地域づくりという点では、基本理念は変わっていない。

　それは、自らの活動を「絵本の里」づくりの一環として考えているからであろう。たとえば、海外輸出も「絵本の里」の海外展開と並行している。第1分科会では「VIVAアルパカ牧場」の経営者・小沢祐子氏が活動報告をしている。同牧場はスキー場跡地を利用したもので、山全体を利用した自然体験活動、ロッジでは地域住民参加の各種講座を開催している。アルパカは、2009年、剣淵にふさわしい動物としてペルーから導入されたされたものである（のちにペルーのパルカマヨ区およびタルマ市と姉妹都市提携）。そのアルパカが主人公となって剣淵の四季を訪ねる絵本「いろをさがして　絵本の里けんぶち

の旅」が台湾で出版された。絵本を通した海外交流はタイでも展開され、「絵本の里けんぶち観光地域づくり推進事業」によって、両国で絵本コンテストが開催され、選ばれた作家の剣淵町招聘などを通して、絵本制作・交流を行っている。剣淵町ではじまった「やさしさ」でつながる絆づくりが、まさに「平和文化」の広がりとなって、グローカルな「持続可能で包容的な地域づくり」の一環となりつつあるのである。

第5節　共生社会への農福連携：「西原学園」と「サトニクラス」

　「剣淵西原学園」が生まれたきっかけは、過疎化の中、西原小中学校が閉鎖されたことである（1978年）。地域の文化センターを失った「見返り」として福祉施設の導入が計画され、1980年、知的障がい者施設「剣淵西原学園」（以下、「学園」）が生まれた。その活動経過は、施設長の平川覚氏によって第3分科会で報告された。

　「学園」の理念は、①利用者の基本的人権・人格の尊重、②個性・生活史の重視（個室、絵画などの創作活動）、③地域との関わり（みんなが集まれる場所という機能、地域に根差した福祉）である。とくに地域福祉施設であることを重視し、学園後援会づくりを始めた。最終的には農家を中心とする地区の全戸が加盟してくれたのだが、その過程で聞いたある農業者の一言は重かった。「（会費の）千円という金額は学園にとっては大した金額ではないだろうが、農業情勢の厳しい時に、大変だと思う農家がいることをわかってほしい」、と。当時の農業情勢の厳しさに加えて、進められていた土地改良事業に伴う賦課金の問題があった。後継者不足を含めて、過疎化で直面している問題と向き合わなければ学園は支持されないということを痛感したのである。

　最初に地域活動として取り組んだのは、演劇の公演であった。過疎地で必要な文化活動として取り組んだことであったが、地域の将来に危機感を持った30〜40代の青年たちが準備委員会に参加してくれた。文化活動への理解が高くない地域での宣伝活動は順調なスタートとは言えなかったが、学園と農協と役場の職域を越えた支援活動によって、公演は大成功、その経験が町づくりへの機運を促し、「絵本の里」づくりにつながっていった。

　障がい者福祉に理解がある絵本作家との出会い、障がい者の働く場を創ろうという目的もあって、「絵本の里を創ろう会」には学園も協力・参加した。と言うよりも、施設の持っている機能を活かせる学園が事務局＝会議の場所となり、職員の事務処理、利用者の作業参加が大きな役割を果たした。外部からの参加者は、当初、施設利用者が怖かったが、頻繁にであい、共同作業をしながらコミュニケーションを深める中で相互理解が得られるようになったと述べている。この過程で、絵本の里にふさわしい無農薬農業の推進（既述の「大地の会」につながる）、農業と福祉の協働の意義も語られていく。平川氏は、それが剣淵町における「農福連携の誕生」だったという。

　学園は、絵本の里づくりとは別に、授産施設「北の杜社」を設立（1993 年）、地域に積極的に乗り出していく「西原の里」づくり、グループホーム・ケアホームを含めた地域福祉活動を始める。第 3 分科会に参加した「北の杜社」の清水俊之氏は、「絵本の里フォーラム」と「北の杜社フェスティバル」、それまで利用者が施設内活動で制作してきた作品の展示・即売などの各種イベントとともに、利用者による農作業支援、伝票整理と生産物箱詰め、そして年間を通した活動として農産加工などの活動が展開されてきた様子を報告してくれた。現在、学園での療育活動として、窯芸、手芸、園芸、そして「るんるん」（自由な文化・余暇活動）のサークルと工房「うつわや」（陶器制作）と木工班があるが、「北の杜社」では、農業科、窯業科、加工科、さらに町内に「ワークショップ風」（さをり織の制作・販売）、そして「絵本の館」の「喫茶らくがき」がある。これらを通して学園の理念が地域に浸透しつつあるのである。

　第 3 分科会では、もうひとつ、月形町で活動する NPO「サトニクラス」理事長の楠順一氏からの報告があった。月形町は刑務所、花づくり、そして福祉の町として知られている。2006 年、その南部にあった中和小学校（複式 6 名）が閉校となった。地域にあった「雪の聖母園」（カトリック系の障がい者支援施設）の新築移転に伴い、成人寮が残された。2012 年、そこで困難を抱えた若者の支援をする「サトニクラス」が設立された。引きこもりやニートと呼ばれる若者たちが都会からやってきて、労働力不足に悩む農家の農作業の手伝いをするようになった。農家から感謝されて若者が定住するようになるのを機に、「サトニクラス」は彼ら 3 名を雇用、漬物製造を始めた。そして、2014 年には

就労継続支援Ａ型事業所「サトニクラス酵房」を開設、福祉事業所としての
スタートを切る。企業などに就労することが困難な人に、雇用契約に基づく生
産活動の機会を提供し、知識および能力の向上のために必要な訓練などを行う
ことが目的である。

　現在のサトニクラスの活動は、上記のような①福祉活動、②就労活動、そし
て③地域活動（直売所の運営、イベント開催・参加を通じて地域の活性化に貢
献する）である。就労活動は、農作業受託、自家用野菜の栽培、漬物・乾燥野
菜の製造、農協の出荷用箱折り作業受託に広がっている。直売所「花の里月形」
での販売・交流、とくに主催の「漬物まつり」では中心的役割を果たしている
が、サトニクラスの活動には町内ボランティアサークルの支援もあり、高齢者
のたまり場にもなっている。

　楠氏は、暮らし続けられる地域づくりのためには、「シゴト」を通して人・
金・モノをつなげていくことが必要で、変化に対応していくと同時に、変わら
ないもの・受け継いでいくべきものを大切にしなければならないと言う。サト
ニクラスは「里に暮らす、里に学ぶ」を表現したものであるが、とくに農業が
持っている付加価値＝「人を育てること」が重要だと強調していた。「農業の
教育的価値」として議論されてきたことであろう。時間をかければ人は必ず成
長する、それを期待し待って育てる力が農業にはある、と言うのである。ここ
で、そうした価値をもつ「農業」が成り立つ条件のことを考える必要がある。

　楠氏自身は農家であり、彼の実践は地域の農家によって支えられている。剣
淵町の「大地の会」も「VIVIマルシェ」もその構成員は家族農業をする農家
である。「2014年国際家族農業年」を契機として、小規模農業・家族農業の評
価が高まっている[21]。日本の家族農業＝「戦後自作農」は、分解・崩壊の危
機に晒されてきたが、その価値を見直して再生するグローカルな活動が求めら
れている[22]。第6章で述べたように、家族農業を支えてきた農法、農村加工

---

(21) 国連世界食料保障委員会ハイレベル・パネル『人口・食料・資源・環境　家
　　族農業が世界の未来を拓く―食料保障のための小規模農業への投資―』家族農
　　業研究会・（株）農林中金総合研究所訳、農山漁村文化協会、2014（原著2013）。
(22) 拙稿「戦後自作農体制の崩壊をめぐって（上）（中）（下）」『歴史評論』第333、
　　339、342号、1978、野田公夫『日本農業の発展論理』農山漁村文化協会、2012。

業、農村共同体、そして総合農協などの再検討・再評価も必要である。家族農業が地域農林業、里地・里山、そして流域全体の環境保全によって支えられてきたことは、栗山町の「里山再生」活動が実践を通して学んできたことである。現代の資本主義に対するオルターナティヴとしての位置付けもある。それらは、国際開発・教育開発の反省によって明らかになってきたように、地域の「適正技術」（E. F. シューマッハー）の創造と継承、それを支える不定型教育としての内発的地域づくり教育の課題 (23) として考えることができる。

　楠氏が支援した若者たちの自立に向けた「シゴト」は、第8章で述べた人間的活動＝自己実現と相互承認の実践に他ならない。サトニクラスの「シゴト」で見たことは、恵庭市の「みんなの家」や栗山町の「匠まつり」、「西原の里」の様々な制作活動についても言えるであろう。「労働・作業 Labour」を「シゴト Work」（自己実現と相互承認の活動）にし、その生産物を芸術作品としていくこと、それは未来社会への夢でもあったが (24)、障がい者や社会的に排除された子ども・若者への支援によって、誰もが共生して生き続けられる地域づくりへ教育の中に、いま現実に展開していると言えるであろう。

　もちろん、苫小牧市の事業型 NPO や恵庭市のワーカーズコープの活動でも見たように、こうした活動は、現状では様々な補助事業によって支えられている場合が多い。それゆえ、楠氏も言うように「最終的には人」であっても、行政の役割は大きい。「匠まつり」や歴史的風土・遺産を活かした地域づくりが進んでいる栗山町の事例も示すように、地域自治的住民運動を育てる（社会教育的）地域自治体活動の重要性がより増してきていると言えよう。

　以上で述べたように、"やさしさ"で繋がる剣淵町「絵本の里」づくりは、本書で提起してきた「持続可能（エコロジカル）で包容的な（誰をも排除しない）社会」づくりの一環だと言えよう。そして、その実践はさらに、その先の将来社会に向けた「生活の文化芸術化」「生活の教育化」の運動であるとともに、「労働への、労働の、労働からの解放」の可能性を含んだ「すでに始まっている未来」の実践だと言うことができるのである。

（23）拙著『持続可能な発展の教育学』東洋館出版社、2014、第5章とくに第4節。
（24）たとえば、既述の宮沢賢治のほか、W. モリスがある。本書第6章第3節参照。

あとがき
——総括を兼ねて——

　新型コロナウィルス（COVID-19）の世界的感染（パンデミック）の拡大は止まるところがない。日本では1月初めの国内感染第1号の確認、2月初めの「ダイヤモンド・プリンセス」号の集団感染判明後から国内感染が広がり、2月27日突然の一斉休校の首相要請、3月末の感染者急増を経て、4月7日の7都道府県そして16日の全国への緊急事態宣言（のちに期間延長されて5月末日まで）、政府は「コロナ対策」のために、5月27に約32兆円の第2次補正予算案（それまでの対策費と合わせて117兆円）の閣議決定をした。こうした経過を辿った第1波に続いて、7月には公式発表の感染者数が第1波を大きく越えて急増しつつあり、7月末の現在、（政府は認めていないが）「第2波」に入っていると考えられる。

　本書ではこのパンデミックがもたらす人間社会への災禍を「コロナ危機」と表現してきた。具体的動向についてはすでに多様な出版物もあり、たとえば滝田洋一『コロナクライシス』（日経BP、2020年6月）も「クライシス（危機）」という用語を使用している。しかし、危機とは本来、それまでのシステムでは直面している内的・外的課題に対応できないことが見えているのにもかかわらず、それを克服していく将来の方向が見えず、見えたとしてもその転換を担う主体が形成されていないという状態を示すものであろう。われわれが生きている日本という社会システムは、「新自由主義プラス新保守主義＝大国主義（「グローバル国家」）」の政策理念に主導された「先進国モデル」＝「グラムシ的3次元」の一つである（本書序章および第1章）。将来社会は、その批判的検討を抜きに展望することはできない。

　すでに第1波の「コロナ危機」に関して、多様な議論があった。「コロナ危機」下における人々の実態をふまえ、現実的な提案をしたものとして注目されるのは、雑誌『世界』2020年6月号の特集1「生存のために—コロナ禍のもとの生活と生命」であろう。そこには、本書第3章第5節で取り上げたS. ジジェ

クと D. ハーヴェイの論稿も掲載されている。それらにふれながら、本書の総括を兼ねた、少し長い「あとがき」を記しておこう。

　ハーヴェイの指摘は、翻訳者の大屋定晴が適切に整理しているように、①感染症流行は、新自由主義的現代の公的医療・予防体制の不備を露呈させた、②最富裕国では「代償的消費様式型」（A. ゴルツ、彼の将来社会論については第7章第3節でふれた）の資本制蓄積が崩壊しつつある、③ジェンダー・人種・民族差別と絡まる階級間格差も先鋭化する、④危機が製造業に及ぶ場合、経済の社会化さえ展望される、ということである。いずれも的確な指摘であるが、④については社会主義的な展開の可能性と同時に、国家社会主義の恐れもあるとされている。ハーヴェイの言う（本書でも紹介した）「資本にとっての危険な矛盾」をふまえた、反資本主義的な「政治的実践」の視点からの提起である。

　この特集1では、「生存のためのコロナ対策ネットワーク」による「生存する権利を保障するための31の緊急提案」がなされている。休業・失業、住まい、生活保護、女性、外国人、学生、債務問題にわたるもので、コロナ対策において最も基本的な生存権を守るための諸提案である。生存権を支える医療・介護施設が逼迫状況にある現状では、これらに医療・介護従事者への支援、ひろくエッセンシャルワーカーとくに「対人援助者への援助」を加えることが不可欠であろう。本書は、社会権としての「生存権」を守るためのこのような提案を重視しながらも、「人権中の人権」としての学習権を「現代的人権」として発展させる作業から始めた（序章）。

　なお、ハーヴェイは上記論稿で、コロナウィルス感染について考えるためには、「自然との物質代謝関係という、より弁証法的な関係的見地」が必要であることを指摘している。それは、同誌の特集2「大恐慌とグリーン・ニューディール」に繋がっている。特集1と特集2を合わせて、これまでの資本主義的グローバリゼーションがもたらした「双子の基本問題」（グローカルな環境問題と貧困・社会的排除問題）の深刻化への対応だと言える。

　本書では、この「双子の基本問題」への取り組みが当面する基本課題だと考え、「コロナ後社会」は、少なくとも「持続可能（エコロジカル）で包容的な（誰をも排除しない）社会」でなければならないことを主張してきた。それゆえ序章では、生存権を保障するための、「連帯権」や「環境権」に始まる「現

代的人権」の展開論理を提起し、それを具体化する社会的協同実践の重要性を強調した。将来社会論（第Ⅱ編）については、旧来の「脱成長論」やエコロジカルな社会論の批判的検討をし、「（人間と自然の物質代謝を媒介する）労働への、労働の、労働からの解放」の方向について考えてきた。そこには、肯定的にであれ否定的にであれ、旧来の将来社会論の軸をなしてきた社会主義（共産主義）論の見直しも含まれる。

　ハーヴェイが指摘した「社会主義的」な動向の理解に関連するのが、ジジェクの主張である。彼は、「コロナ危機」における権威主義的ポピュリズム、「例外状態」を「生政治（M. フーコー）」的管理体制の強化と捉えて、それらに対抗する自由を主張する（本書第3章第3節で見た G. アガンベンらのような）諸議論に対して、危機対応への「コミュニズム的措置」、人間的な「生き延び」の努力などの中に、今後の可能性を見ている。ジジェクは、「社会倫理の基本的前提」（老いた者、弱いものへのケア）を毀損する権力者たちの「人間の顔をした野蛮」を批判する。そして、医療危機・経済危機・精神衛生危機を克服するために、証券取引所と利潤の論理の外で「必要な資源を生産し配分する別のやり方」を見つけなければならないと言う。トランプ政権の私的セクター接収計画などに「むき出しの生き延びという必要性によって強いられたコミュニズム」を見出しながら、それが「災事便乗型資本主義」や「金持ちのための社会主義」ではなく「新しい（質素で均衡の取れた）世界秩序」をもたらすような運動を提起しているのである。ハーヴェイのいう「政治的実践」としての「経済の社会化」と重なっていると言えよう。本書では、将来社会は「民主主義の徹底・進化」の先にあると考える立場から、「権威主義的ポピュリズム」に抗する「現代民主主義」を、政治社会・市民社会・経済構造、そしてそれらの基盤としての人間−自然関係にわたる「ヘゲモニー＝教育学的関係」（A. グラムシ）の展開として検討した（第1章）。

　ジジェクは別に雑誌『現代思想』2020年5月号の緊急特集「感染／パンデミック　新型コロナウィルスから考える」に寄せた論文で、「ウィルス感染の脅威はローカルおよびグローバルな連帯の新たな諸形態を大きく後押しし、権力そのものを制御する必要性を明らかにした」と言っている。第3章第6節でふれた「グローバル市民性」形成の課題であろう。その際にジジェクは、「われわ

れは自分を統御し規律化する術も学ぶべき」だとし、死に対応する否認・怒り・取引・抑うつ・受容の５段階（E. K. ロス）をウィルス感染についても援用して、「情動的触発にあふれた文化的要素」を含んだ「トルストイ的」受容に向けた感染対応を提起している。それは、本書第６章で述べた「生活の芸術化」を含む「ウィルスとの共生」のあり方であり、**表8-1** で示した実践の課題であろうが、否認から受容、さらにウィルスとの共生への「自己規律的実践」論が示されているわけではない。同誌ではアガンベンらの議論とジジェクらの思想的提起を受けて、感染症の専門の立場から「危機の現在地」を確認した上で、「生政治のゆくえ」、対策のあり方に始まり、世界史・日本史の経験、さらには人類学や日常的生活の視点からの多様な議論が紹介されている。

　本書は、これらのいずれかの論点に限定し、立ち入って検討することを課題としたのではない。すでに日本はアメリカとともに OECD で最悪の格差社会のグループに入っていたが、コロナ危機は格差をさらに拡大し深刻化させている。その災禍は年齢別・地域別・職業別・階層別に最も弱い立場におかれている人々に集中している一方、GAFA をはじめとする ICT 企業や「災事便乗型」あるいは「政商的」企業に大きな利益をもたらしている。こうした中で、**表序 -2** で示した人格＝学習権の展開を支える社会的協同実践、現代民主主義の質や成熟度が問われているのである（第３章から第４章および第５章へ）。

　『世界』７月号は、引き続き「転換点としてのコロナ危機」を特集している（「生存のためのコロナ対策ネットワーク」による「現場からの報告と提言」および政策提言 Ver2 も掲載されている）。そこで吉田徹は、「コロナ時代のデモクラシー」を論じ、ケア・エコノミーを中心にしたコモン（共有財）の拡充、「デモクラシーをより厚いもの、すなわち政治と社会のより緊密な相互作用と相互信頼による統治様式の創出」が求められるとしている。その際に、コロナウィルスを「コモンウィルス」と呼ぶことを提唱している水嶋一憲「コモン／ウィルス」（前出『現代思想』５月号所収）を引用している。水嶋は本書第３章で取り上げたネグリ／ハート『コモンウェルス』の監訳者であり、「コモンウィルス」論は彼らの「絶対的民主主義」論の「コロナ危機」に際しての展開という側面を持っている。『コモンウェルス』論の影響は、ネグリを批判したジジェクのコミュニズム論にも見られる。**図5-1** と**図9-1** で示したように、コモン

ズ（共有資産）形成を含む地域社会づくりの実践を支えるような理論の展開と
グローカルな連帯が求められていると言えよう。

　国家的および地球レベルで当面する課題は、とくに『世界』6月号の両特集
に端的に示されているように「持続可能な発展（SD）」、すなわち「世代間・
世代内の公正」を実現するような政治的・社会的・経済的な転換である。そう
した中でハーヴェイとジジェクの特徴は、民主主義一般や地球的環境問題を超
えて、社会主義ないしコミュニズムの視点から将来的方向を考えようとしてい
るところにある。本書ではこうした主張を含めて、「コロナ危機」を乗り越え
る「将来社会論」について包括的に検討してきた。第Ⅱ編「近未来への将来社
会論」では、人類史・文明論的検討から始まり、「グリーン・ニューディール」
や「脱成長」論を超え、よりエコロジカルな将来社会を目指した産業や労働の
転換、社会主義・コミュニズム論の見直しと現代的展開にもふれた。

　ただし、第3章の第2節から第4節にかけてくわしく検討したように、ネグ
リ／ハートの主張は実践論としてはきわめて不十分であり、同じく第5節でも
述べたように、ハーヴェイやジジェクには実践論が欠落している。われわれは
まず、批判に終始したポスト・モダンの学から、創造への実践を位置付けるよ
うなポスト・ポストモダンの学、グローカルな「実践の学」を必要としている
（第4章第2節）。批判から創造への社会科学＝教育学の視点を持つことによっ
て、「すでに始まっている未来」への諸実践を読み取ることが可能になるから
である。

　第Ⅲ編では、そうした視点から北海道の実践事例を紹介してきた。それらは
人間的実践（自己実現と相互承認を統一する楽しい活動）のネットワークから
始まる「誰もが暮らし続けられる地域づくり」の諸実践であり、とくに "やさ
しさ"（第10章）で人間的諸実践が結び付く「すでに始まっている未来」を
示している。こうした実践の発展とそれらを支える基礎自治体をまさに「基礎」
とした「補完性原理」の強化こそ、災害や感染症にも強い、レジリアントな社
会づくりにつながっていくであろう。これまでの「コロナ対策」では、基礎自
治体レベルの実態と課題を把握することすらしていない。前著『将来社会への
学び』（筑波書房、2014）で紹介した東日本大震災後の諸実践と合わせて、こ
れらの実践から「コロナ後」の将来社会（「やさしい社会」）のイメージを創っ

ていただけたら幸いである。

　「コロナ危機」下で問われていることは、まず雇用・就労の確保（労働への開放）であり、労働をより安全で尊厳のあるものとすること（労働の解放）であるが、同時に生活全体を「文化化」「教育化」すること（労働からの解放）である（第6章）。

　たとえば「コロナ危機」下で、トップダウンを象徴する「アベノマスク」とは対照的な、ボトムアップの「手作りマスク」づくりが隠れた世界的流行になった。もともとはマスク不足に対応するために始まった活動であるが、いまや自己表現の手段ともなり、「コロナ危機」風刺、さらには優れた芸術作品と評価されているものも生まれてきている（筆者はコーラスを趣味としているが、合唱用マスクも開発されている）。これは本書第5章第1節で紹介したユートピア的文化活動の批判的機能、第6章第3節で述べた「生活の芸術化」（W.モリス）の実践につながるものであり、「すでに始まっている未来」の一つであると言えよう。筆者はこうした活動を、東日本大震災後の福島県飯舘村からの避難者仮設住宅における「までい着」（和服古着を利用した工芸品）づくり、最大の避難所「ビッグパレット」における文化活動、そして各地の伝統文化再建活動、学校復興教育における地域の未来像づくりなどでも見てきた。芸術・文化活動は「不要・不急」の領域とされがちであるが、人間にとってエッセンシャルな活動として位置付けられなければならない。それらが多様なネットワーク活動に支えられていたことや、内発的復興が住民参画の放射能汚染度調査から始まったことも重要な教訓である（第5章第4節）。

　被災地の現在については、たとえば『月刊　社会教育』2020年7月号特集「震災後に根を張る新たな『学び舎』」が伝えている。地域もコンテクストも全く異なるが、報告されている6つの実践には、本書第Ⅲ編で紹介した「誰もが安心して生き続けられる地域づくり」との共通性を見ることができるであろう。同誌巻頭の「かがり火」には、本書で「生活の文化・芸術化」を考える際に学んだ日本の代表的文化経済学者・池上惇の文章がある。池上はその理論と実践経験に基づいて、コロナ後には、「ふるさと創生大学と地域公民館の連携」による農村再生、テレワークをしながら、都市と農村に家を持ち、家族とともに農村に拠点を置き、「自然の中で、食料を自給しながら学習・研究する人々が続々

と登場してくる」であろうと展望している。第6章第5節で述べた方向に重なるであろう。

　本書の視点みから見た「すでに始まっている未来」の実践を主流化（「生活の社会教育・生涯学習化」）するのは、今後の課題である。しかし、本書図5-1 および図9-1 で示した実践論理は、第Ⅱ編の最後〈中間考察〉でふれたように、自然科学・人文社会科学の全体にわたる「未来共創の哲学」とも相通ずる側面も持っている。「コロナ危機」によって押しつけられたソーシャルディスタンシングとテレワークやオンライン・コミュニケーション、そして「ニューライフ」は、新しい「自己・非自己関係」を生み、生活と労働の見直しを通して「自己実現と相互承認の新しい様式」を創出し、"やさしさ"を含んだ民主主義を進化させる可能性を持っている。もちろん、デジタル社会化は新たな格差を生み出し、国家的・企業的管理を強化するという側面も持っていることにも目を向ける必要があるのだが（第4章第1節、第6章第1節）。

　「コロナ危機」への対応を直接分析対象としたのではなく、遠回りあるいは先回りして「将来社会論」を提起することに重点をおいた本書が何らかの意味あるものとなるかどうか、基本的には、今後の諸科学の展開と経済的・社会的・政治的ヘゲモニーのあり方、とくに序章と第Ⅰ編で述べた現代民主主義の動向によるであろう。

　本書脱稿後、村上陽一郎編『コロナ後の世界を生きる』（岩波新書、2020年7月）を読んだ。24名もの多様な分野からの発言であるが、「いかに、人間価値の値切りと切り捨てに抗うか」と言う藤原辰史や新しい都市と建築のあり方を提起する隈研吾、「コロナ後社会」にかかわる9つの主張（第Ⅳ章）は本書の論点と重なるものが多い。とくに内橋克人の「FEC（食農・エネルギー・ケア）自給圏」の再提起や、M. アウトウッドの「人間を人間たらしめるもの」＝芸術文化活動の重要性の指摘は注目されるが、本書の立場からすれば、これらに"やさしさ"を基盤とする「（最広義の）教育」が付け加えられなければならない。

　本書は「コロナ後社会」の先をも考えて「『コロナ危機』を乗り越える将来社会論」を論じたものである。今後盛んになるであろう「コロナ後社会」論の中で、本書に何らかの存在意義があるかどうか、その判断は読者にお任せするしかない。

　本書は筆者が最近書いたものをもとにしている。第Ⅰ編は、『開発論集』（北海学園大学開発研究所）に掲載している連続論稿「教育制度改革への基礎理論」の（5）「ヘゲモニー＝教育学関係と民主主義」（2019年）を改稿したものである。第Ⅱ編は同（7）「将来社会論によせて」（2020年）がもとになっている。第Ⅲ篇は、「北海道社会教育フォーラム」実行委員会でこれまでの活動を振り返るために整理したものを、本書のために再構成した。序章とともに、書き下ろしということになる。本書に収めたい関連する既発表論文もあったが、紙幅の都合もあり割愛した。適宜本文中で引用したので、それらによって本書での叙述の不足を補っていただければ幸いである。

　この場をお借りして、ともに「北海道社会教育フォーラム」の活動を進めてきた実行委員の皆さん、各年の同フォーラムで報告いただいた実践者の皆さん（第Ⅲ編でお名前を挙げさせていただいた）、そして集会での討論に参加していただいたすべての皆さんにお礼を申し上げたい。皆さんのご協力が念頭になければ本書の出版はできなかった、と言うよりも思い付きもしなかったであろう。

　本書の出版については、前著『将来社会への学び』との関わりがあるため、筑波書房の鶴見治彦社長にご相談したところ、快くお引き受けいただいた。立場は異なれ、「コロナ危機」を乗り越える新しい社会づくりに貢献したいという思いに共感していただき、採算は度外視してのことだったと思う。深甚の謝意を表したい。

　2020年7月末日
　新型コロナウィルス感染が日本全国に広がり、確認された感染者数が連日過去最多を越えているというニュースを聞きながら。
　（追記：8月に入って感染者数が減少する中、28日、安倍首相が辞任を表明した。構造化された権威主義ポピュリズムからの転換の契機となることを期待したいが・・・）

鈴木　敏正

著者略歴

鈴木　敏正（すずき　としまさ）
1947年静岡県生まれ

経歴
京都大学農学研究科博士課程修了（農学博士）、博士（教育学、北海道大学）
島根大学農学部助手・助教授、北海道大学教育学部助教授・教授、同学部
長・研究科長、教育学研究院教授、札幌国際大学教授を経て、現在は北海
道文教大学教授（専門は教育学、生涯学習論）。元日本社会教育学会会長、
北海道大学名誉教授

主な著書
『自己教育の論理』（筑波書房、1992）、『平和への地域づくり教育』（筑波書房、
1995）、『学校型教育を超えて』（北樹出版、1997）、『地域づくり教育の誕生』
（北海道大学図書刊行会、1998）、『エンパワーメントの教育学』（北樹出版、
1999）、『「地域をつくる学び」への道』（北樹出版、2000）、『主体形成の教
育学』（御茶の水書房、2000）、『生涯学習の構造化』（北樹出版、2001）、『社
会的排除と「協同の教育」』（御茶の水書房、2002、編著）、『地域づくり教
育の新展開』（北樹出版、2004、編著）、『教育の公共化と社会的協同』（北樹
出版、2006）、『現代教育計画論への道程』（大月書店、2008）、『新版　教育
学をひらく』（青木書店、2009）、『排除型社会と生涯学習』（北海道大学出版会、
2011、編著）、『持続可能で包容的な社会のために』（北樹出版、2012）、『持
続可能な発展の教育学』（東洋館出版社、2013）、『増補改定版　生涯学習の
教育学』（北樹出版、2014）、『将来社会への学び』（筑波書房、2016）、『持続
可能な未来のための教育制度論』（学文社、2018、共編著）、『21世紀に生き
る資本論』（ナカニシヤ出版、2020、共編著）

「コロナ危機」を乗り越える将来社会論
楽しく、やさしさへ

2020年11月17日　第1版第1刷発行

著　者　鈴木敏正
発行者　鶴見治彦
発行所　筑波書房
東京都新宿区神楽坂2−19 銀鈴会館
〒162−0825
電話03（3267）8599
郵便振替00150−3−39715
http://www.tsukuba-shobo.co.jp

定価はカバーに表示してあります

印刷／製本　平河工業社
©Toshimasa Suzuki 2020 Printed in Japan
ISBN978-4-8119-582-2 C3037